思想理论
教育研究

（第2辑）

主　编　徐海鑫　纪志耿
副主编　李明凤　赵淑亮　孙化显　胡亚兰

四川大学出版社

项目策划：罗永平
责任编辑：王　冰
责任校对：罗永平
封面设计：墨创文化
责任印制：王　炜

图书在版编目（CIP）数据

思想理论教育研究．第2辑 / 徐海鑫，纪志耿主编．
— 成都：四川大学出版社，2018.12
ISBN 978-7-5690-2688-7

Ⅰ．①思… Ⅱ．①徐… ②纪… Ⅲ．①高等学校－思
想政治教育－研究－中国 Ⅳ．① G641

中国版本图书馆 CIP 数据核字（2018）第 297307 号

书名	思想理论教育研究（第2辑）
主　编	徐海鑫　纪志耿
副主编	李明凤　赵淑亮　孙化显　胡亚兰
出　版	四川大学出版社
地　址	成都市一环路南一段 24 号（610065）
发　行	四川大学出版社
书　号	ISBN 978-7-5690-2688-7
印前制作	四川胜翔数码印务设计有限公司
印　刷	四川盛图彩色印刷有限公司
成品尺寸	185mm×260mm
印　张	14.5
字　数	263 千字
版　次	2019 年 4 月第 1 版
印　次	2019 年 4 月第 1 次印刷
定　价	55.00 元

扫码加入读者圈

◆ 读者邮购本书，请与本社发行科联系。
电话：(028)85408408/(028)85401670/
(028)86408023　邮政编码：610065
◆ 本社图书如有印装质量问题，请寄回出版社调换。
◆ 网址：http://press.scu.edu.cn

四川大学出版社
微信公众号

卷 首 语

用习近平新时代中国特色社会主义思想铸魂育人

　　思想政治工作是学校各项工作的生命线，思想政治理论课是落实立德树人根本任务的关键课程。办好思想政治理论课，最根本的是要全面贯彻党的教育方针，解决好培养什么人、怎样培养人、为谁培养人的问题。在学校思想政治理论课教师座谈会上，习近平总书记从党和国家事业发展的全局出发，深刻阐述了办好思想政治理论课的重大意义，深入分析了教师的关键作用，明确提出了推动思想政治理论课改革创新的要求，为我们推进思想政治理论课建设指明了前进方向、提供了重要遵循，使我们坚定了把思想政治理论课办得越来越好的信心和决心。

　　《思想理论教育研究》为广大思想政治理论课教师、思想政治教育工作者提供了广阔的研究平台，鼓励广大教师开展理论研究、进行学理分析，产出高质量、有深度的研究成果，用真理的力量感召学生，以深厚的理论功底赢得学生，切实用习近平新时代中国特色社会主义思想铸魂育人、立德树人。

　　《思想理论教育研究》第 2 辑设置了"学习贯彻习近平新时代中国特色社会主义思想"专栏，聚焦习近平总书记关于精准扶贫、党的建设重要论述及关于宣传思想工作的重要思想等研究；设置了"高校思想政治理论课改革"专栏，结合当前学习贯彻习近平总书记在学校思想政治理论课教师座谈会上的重要讲话精神的热潮，研究高校增强思想政治理论课思想性、理论性和亲和力、针对性的举措；设置了"高校思想政治工作"专栏，围绕如何加强高校思想政治工作、创新大学生思想政治教育进行研究；设置了"社会主义核心价值观建设"专栏，重点探讨了在高校师生中培育社会主义核心价值观的路径；设置了"高校意识形态工作"专栏，针对高校具体工作中存在的意识形态风险以及加强主流意识形态建设、强化意识形态调查研究工作进行了思考。设置了"高校党的建设"专栏，从学风建设、脱贫攻坚实践、学生党支部建设等不同层面开展研究；设置了"理论与实践"专栏，既有对国家监察体制改革等的理论研究，又有对改革开放40年来高等教育改革发展的探索。

岁序常易，华章日新。2019年，我们将在习近平新时代中国特色社会主义思想的引领下，努力在高校思想政治理论研究上达到新高度、取得新突破，把理论成果转化为推动高等教育改革发展的强大动力，以优异成绩迎接中华人民共和国成立70周年。

《思想理论教育研究》编辑部

2019 年 4 月

目录

学习贯彻习近平新时代中国特色社会主义思想

高校思想政治理论课改革

高校思想政治工作

社会主义核心价值观建设

高校意识形态工作

高校党的建设

理论与实践

学习贯彻习近平新时代中国特色社会主义思想

XUEXI GUANCHE XIJINPING XINSHIDAI

ZHONGGUO TESE SHEHUI ZHUYI SIXIANG

习近平总书记关于精准扶贫重要论述的形成逻辑和理论创新①

张浩淼　程　洋②

摘　要： 习近平总书记关于精准扶贫的重要论述是十八大以来党中央关于扶贫开发理论创新的重要成果，其形成是全面建成小康社会的必然选择，是实现共享发展的核心要求，是提升扶贫开发效果的现实需要，也是习近平总书记高度重视贫困治理的结果。习近平总书记关于精准扶贫的重要论述具有重要的理论创新价值，主要体现在它是马克思主义反贫困理论的丰富和发展，是中国共产党扶贫开发理论的拓展和深化，是当代贫困治理理论的凝练和升华。

关键词： 精准扶贫　扶贫开发　形成逻辑　理论创新

　　贫困问题一直困扰着人类社会，当今世界各国几乎都面临着减贫的国家治理责任。我国党和政府一直高度关注贫困问题，把消除贫困、促进发展、维护公平正义作为治国理政的重要战略任务。尤其是党的十八大以来，在习近平总书记关于精准扶贫的系列重要讲话精神的指导下，我国扶贫开发工作成效显著，硕果累累。习近平总书记关于精准扶贫的重要论述是习近平新时代中国特色社会主义思想的核心内容，也是新时代贫困治

———————————

　　① 本文是教育部人文社科基金青年项目（项目编号：16YJC840032）阶段性研究成果。

　　② 张浩淼，四川大学公共管理学院教授，硕士生导师，主要研究方向为社会保障、社会政策研究。程洋，四川大学公共管理学院硕士研究生，主要研究方向为社会保障理论与实务。

理工作的指导思想，具有重大战略意义。本文重点探讨习近平总书记关于精准扶贫的重要论述的形成逻辑及其理论创新，以认识与深入理解该理念所蕴含的理论价值。

一、习近平总书记关于精准扶贫的重要论述的形成过程

中华人民共和国成立以来，党和政府制定并实施了多项扶贫开发计划，我国的贫困人口大幅度减少。党的十八大以来，国家减贫事业进入瓶颈期，以习近平同志为核心的党中央破除万难，对扶贫事业进行了新探索和新思考，精准扶贫思想正是在这种新探索和新实践中逐步形成的。

2012年12月，习近平总书记在河北考察时提出"帮助困难乡亲脱贫致富要有针对性，要一家一户摸情况"[1]，体现出精准化扶贫思路，这是精准扶贫思想的萌芽。2013年11月，习近平在湘西调研时指出："扶贫要实事求是，因地制宜。要精准扶贫，切忌喊口号。"[2]这是习近平总书记首次提出"精准扶贫"一词，此后精准扶贫思想慢慢引起相关部门重视。之后，习近平多次谈到要实施精准扶贫，强调精准扶贫的重要性。精准扶贫的理念开始进入全国性、机制化探索阶段，精准扶贫思想逐渐运用于实践。[3]

2015年6月，习近平总书记首次提出，扶贫工作要做到"扶持对象精准、项目安排精准、资金使用精准、措施到户精准、因村派人（第一书记）精准、脱贫成效精准"，要在这"六个精准"上想办法，出实招、见真效。2015年10月，习近平在减贫与发展高层论坛主旨演讲中，将"四个一批"拓展为"五个一批"，即通过扶持生产和就业发展一批，通过易地搬迁安置一批，通过生态保护脱贫一批，通过教育扶贫脱贫一批，通过低保政策兜底一批。以上"六个精准"是精准扶贫的基本要求，"五个一批"是精准扶贫的基本思路，两者共同构成了习近平精准扶贫的重要论述的核心内容。这样，以"六个精准"和"五个一批"为核心内涵、以"精准脱贫"为主要目标的精准扶贫思想基本形成。

随着脱贫攻坚的深入开展，习近平总书记进一步强调了扶贫开发中"精准"的重要性。2017年3月，习近平总书记指出，要继续坚持精准扶贫、精准脱贫方略，用绣花的功夫实施精准扶贫。[4]各级扶贫人员要在精准扶贫上多下功夫。2017年10月，习近平总书记进一步指出："要动员全党全国全社会力量，坚持精准扶贫、精准脱

贫。"[5]以上内容说明了习近平总书记关于精准扶贫的重要论述在不断深化、发展、丰富。

二、习近平总书记关于精准扶贫的重要论述的形成原因

习近平总书记关于精准扶贫的重要论述的形成有着深刻的原因，它是全面建成小康社会的必然选择，是实现共享发展的核心要求，是提升扶贫开发效果的现实需要，是习近平总书记高度重视贫困治理的结果，也是我国扶贫工作的指导思想和基本遵循，指引着我国打赢脱贫攻坚战，不断提高老百姓的获得感和幸福感。

（一）全面建成小康社会的必然选择

党的十八大首次提出，到 2020 年，我国要实现全面建成小康社会的宏伟目标。全面建成小康社会的关键一环就是要增强贫困人口脱贫的能力，让他们有能力、有机会获得脱贫资源，如期实现脱贫，为进入小康社会迈出重要一步。习近平总书记强调："全面建成小康社会，最艰巨、最繁重的任务在农村，特别是在贫困地区。没有农村的小康，特别是没有贫困地区的小康，就没有全面建成小康社会。"[6]进入小康社会不能也不应该落下农村贫困地区和贫困人口。当前的情况是，我国的扶贫工作已进入了攻坚克难的关键阶段，"灌水式""输血式"的传统扶贫模式很难再在减贫工作中取得明显成效，需要精准的扶贫举措，针对贫困户和贫困人口的特殊性，采取有针对性的扶贫政策和措施，帮助贫困地区全面脱贫、整体脱贫、如期脱贫。正如习近平总书记所说："不能胡子眉毛一把抓，而要下好'精准'这盘棋，做到扶贫对象精准、扶贫产业精准、扶贫方式精准、扶贫成效精准。"[7]以"精准"作为武器，全面动员各级扶贫工作者深入了解贫困地区的真实情况和贫困人口的迫切需求，调动老百姓的积极性和主动性，打赢脱贫攻坚战，带领人们迈入小康社会。精准扶贫思想的产生和形成是全面建成小康社会的必然选择。

（二）实现共享发展的核心要求

十八大以来，党中央在深刻分析国内外形势的基础上，提出了创新、协调、绿色、开放、共享的发展理念，其中共享发展理念倡导人人参与、人人享有。[8]要实现共享发

展，就须注重机会公平、起点公平，从解决关系人民切身利益的问题入手。精准扶贫就是要通过不同分类标准，将贫困人口划分为不同类型，根据每种类型的致贫因素采取有针对性的扶贫政策。例如，从收入和支出角度，可以将贫困分为收入型贫困和支出型贫困。针对前者可以创造更多增收机会，提高其收入；针对后者可以分析其支出的项目，节约不必要的开支，由国家增加对刚性支出的补贴。精准扶贫让每位社会成员共享改革发展的成果，是一种利益共享方式。精准扶贫要求"精准识别"到村到户到人，就是要让每个人觉得他的存在是有意义和价值的，这种意义和价值在成果共享中得以实现。此外，精准扶贫倡导机会平等，每个人都能享有共同劳动和获得相应收入的机会，这种涉及生产领域的共享是实质意义上的共享。由此可见，推动实施精准扶贫的过程就是践行共享发展理念的过程，精准扶贫思想的出现和形成是实现共享发展的核心要求。

（三）提升扶贫开发效果的现实需要

1986年以来，通过开发式扶贫，我国贫困人口不断减少，在反贫困方面取得了重大成就，但随着传统扶贫开发"减贫效应"的边际递减，过去的旧方法已经不适应贫困地区发展的新情况，这主要体现在以下五方面：一是扶贫对象情况不清，在具体工作中还存在贫困人口目标定位不清和致贫原因模糊的情况，导致采取的扶贫措施没有针对性，治标不治本，可能导致脱贫后又返贫，甚至陷入更深的贫困窘境；二是扶贫项目偏离需求，农户实际参与的项目与希望参与的项目之间存在较大偏差，已经参与的项目满足不了农户需求，对脱贫帮助不大，往往导致脱贫事业事倍功半；三是扶贫资金跑偏滴漏，贫困地区扶贫资金在分配、使用和管理上存在着一定的虚报冒领、挤占挪用、损失浪费等现象，扶贫资金使用效率不高，造成国家财力的巨大损失；四是扶贫到户效果不佳，扶贫动员到户、项目帮扶到户等方面存在不足，导致扶贫对象的脱贫作用有限，扶贫工作的精准性有待加强；五是驻村帮扶形式主义，驻村帮扶干部有些不了解农村情况和农民生活，不愿意深入基层，或怕苦怕累，提出的意见建议不符合实际，没有真正发挥帮扶作用。[9]以上问题说明传统扶贫"大水漫灌"的方法存在不足，已经不适应新时代的要求，减贫收效甚微。为了解决上述问题，提升扶贫开发的效果，扶贫政策迫切需要向精准化的方向迈进，提高其针对性，助力更多贫困人口脱贫致富。精准扶贫思想正是在这种情况下应运而生，它不仅有助于解决扶贫开发的既有问题，而且有利于提升扶贫效果。

（四）习近平总书记高度重视贫困治理的结果

习近平总书记一直以来高度重视扶贫开发工作，他在回顾自己的工作经历时说："40 多年来，我先后在中国县、市、省、中央工作，扶贫始终是我工作的一个重要内容，我花的精力最多。"[10]由此可知，习近平总书记在从政生涯中始终密切关注贫困问题并积极推行扶贫政策，帮助贫困人口脱贫致富。早在 1982 至 1985 年，习近平总书记在河北省正定县任职时，就针对当时该地区贫困落后的情况，提出了围绕石家庄盘活经济的大思路，取得了很好的效果。1988 至 1990 年，习近平在福建省宁德市任职时，为了带领群众脱贫致富，提出发挥山海资源优势，打造新的经济增长点，收效显著。党的十八大以来，习近平总书记一如既往地高度重视贫困治理，几乎走遍了全国最贫困的地区，深入基层贫困群众，急贫困人口所急，想贫困人口所想。精准扶贫重要论述就是在这些贴民心、接地气的持续思考和不断实践中开花结果的。[11]由此可见，精准扶贫重要论述的形成和发展是习近平总书记长期以来高度重视贫困治理的结果。

三、习近平总书记关于精准扶贫的重要论述的理论创新

（一）马克思主义反贫困理论的丰富和发展

习近平总书记关于精准扶贫的重要论述从当代中国实际出发，一方面，深化了对贫困和社会主义之间本质的认识。习近平总书记指出，消除贫困、实现共同富裕必须要走中国特色社会主义之路。[12]扶贫必须在党和政府的领导下，深入贫困地区，走访贫困户，了解致贫原因，精准发力，走出一条具有中国特色的扶贫之路。另一方面，丰富了关于贫困和人的全面发展关系的认识。人的全面发展思想不仅是马克思主义的核心，也是马克思主义反贫困理论的本质所在。脱贫不仅要帮助贫困人口提高物质生活水平，还要提升其精神层次，实现贫困人口的全面发展。总之，贫困不仅仅是指物质贫困，还包括精神贫困。习近平总书记关于精准扶贫的重要论述深化了"物质贫困"和"精神贫困"的概念，表明了社会主义反贫困是"物质扶贫"和"精神扶贫"相统一的，不可偏废其一。[13]以上两方面分别对应马克思主义反贫困理论关于贫困本质的认识和贫困形式及减贫途径的认识，是对马克思主义反贫困理论的丰富和发展，促进了马克思主义反贫

困理论的中国化和时代化。

（二）中国共产党扶贫开发理论的拓展和深化

中华人民共和国成立之初，面对我国贫穷落后的现实状况，党和国家领导人把反贫困作为巩固和发展社会主义制度的基础，形成了对贫困及扶贫的初步认识。毛泽东提出中国共产党是消除贫困的领导力量，全体人民尤其农民群众是反贫困的主导力量。[14]改革开放后，尤其是1986年后，我国开始实施了大规模的农村扶贫开发，通过政策引导和资金支持，大幅削减了贫困人口，减贫成效明显；同时，在扶贫开发实践中总结经验教训，提出了反贫困的总战略，初步形成了较系统的扶贫开发理论，为此后扶贫开发理论的进一步发展与深化奠定了基础。

党的十八大以来，减贫成就显著。同时，传统扶贫开发面临新挑战，全国扶贫开发工作进入瓶颈期，习近平总书记密切关注扶贫开发，强调扶贫开发对保障民生、实现共同富裕和全面建成小康社会的重要意义，创新性地提出了精准扶贫、精准脱贫方略，有力地推动了中国共产党扶贫开发理论的拓展与深化。

（三）当代贫困治理理论的凝练和升华

世界各国在应对贫困问题的实践中，总结出各具特色的贫困治理理论，主要包括赋权和参与式发展理论、社会融入理论、贫困代际传递理论等。赋权和参与式发展理论是在对发展中国家贫困问题的研究中形成的，认为贫困是"权利失效"的结果，因此需要从权利和参与的视角对贫困群体进行干预，让他们积极主动参与发展过程，并在这一过程中通过劳动实现自身价值，摆脱贫困，创造社会财富。社会融入理论认为贫困不只是收入短缺，而且是在教育、就业、医疗等各方面受到排斥，无法获得发展所需要的教育资源、就业信息和医疗资源，无法充分融入社会的结果，因此，贫困治理必须着眼于社会融入，让贫困者有机会充分融入社会，平等地获得发展所需要的相应资源，顺利实现自身价值，赢得社会尊重。贫困代际传递理论由美国经济学家发现，它是指在家庭内部、社区、一定阶层范围内，贫困以及致贫因素在代际延续，使后辈重蹈前辈的贫困境遇，难以摆脱贫困。它指出贫困具有长期性的特征。

习近平总书记关于精准扶贫的重要论述的内涵丰富深刻，充分体现了以人为本的思想。脱贫攻坚必须紧紧依靠广大人民群众，政策方针必须按照满足人民群众的需求制定，政策实施必须落到实处，科学组织和大力支持贫困群众艰苦奋斗、自力更生，发挥人民群众的力量，坚持扶贫同扶志、扶智有机结合；同时，要全力推进民生改善，提升基本公共服务水平和社会保障水平，重视教育、医疗卫生方面的扶贫行动。[15]以上内容充分体现出赋权和参与式发展、社会融入的贫困治理理论，防止贫困的代际传递，很好地发挥了贫困群众的主体性，调动了贫困人口的积极性。由此可见，习近平总书记关于精准扶贫的重要论述是对当代贫困治理理论的凝练和升华。

参考文献

[1] 习近平. 做焦裕禄式的县委书记 [M]. 北京：中央文献出版社，2015：21.

[2] "平语"近人——习近平的"三农观" [EB/OL]. (2015−12−29). http://www.xinhuanet.com/politics/2015−12/29/c_1117601781.htm.

[3] [11] 杨伟智. "用绣花的功夫实施精准扶贫"——学习习近平关于精准扶贫的重要论述 [J]. 党的文献，2017 (6).

[4] 习近平主持中共中央政治局会议 听取 2016 年省级党委和政府脱贫攻坚工作成效考核情况汇报 [N]. 人民日报，2017−04−01.

[5] 本书编写组. 党的十九大报告辅导读本 [M]. 北京：人民出版社，2017：47.

[6] 中共中央文献研究室. 习近平关于协调推进"四个全面"战略布局论述摘编 [M]. 北京：中央文献出版社，2015：47.

[7] 习近平春节前夕赴河北张家口看望慰问基层干部群众 [N]. 人民日报，2017−01−25.

[8] 粟锋，吴家庆. 精准扶贫：中国共产党领导农村共享发展的历史方位与逻辑 [J]. 城市学刊，2017 (2).

[9] 韩广富，刘心蕊. 习近平精准扶贫精准脱贫方略的时代意蕴 [J]. 理论月刊，2017 (12).

[10] 习近平. 携手消除贫困 促进共同发展 [N]. 人民日报，2015−10−17.

[12] 刘永富. 打赢全面建设小康社会的扶贫攻坚战 [N]. 人民日报，2014−04−09.

[13] 杨增崾，张琦. 习近平精准扶贫精准脱贫思想的哲学基础与理论创新 [J]. 贵州社会科学，2018 (3).

[14] 黄承伟，刘欣. 新中国扶贫思想的形成与发展 [J]. 国家行政学院学报，2016 (3).

[15] 刘永富. 中国特色扶贫开发道路的新拓展新成就 [N]. 人民日报，2017−09−04.

略论脱贫攻坚时期践行谷文昌精神的现实意义

——学习习近平"弘扬谷文昌精神"重要指示的认识

雷志敏　牟　巧[①]

摘　要：谷文昌同志是千百万共产党人学习的楷模，习近平称之为"在老百姓心中树起了一座不朽的丰碑"。谷文昌精神有着丰富的内涵与时代价值。本文从谷文昌精神的主要内涵的分析出发，基于基层党员干部在脱贫工作开展过程中存在的突出问题，力求揭示基层党员干部学习和践行谷文昌精神对于打好脱贫攻坚战、决胜全面小康的现实意义。

关键词：谷文昌精神　基层党员干部　脱贫攻坚　现实意义

谷文昌，在中华人民共和国成立初期任福建省东山县委书记，在职期间，谷文昌始终坚持一心为民、兢兢业业、克己奉公的工作理念和工作作风，一生为百姓干实事、干好事，赢得了百姓的肯定和领导人的称颂。谷文昌的生命是短暂的，风骨却是永存的。习近平总书记曾多达六次为谷文昌同志"点赞"，并称赞他"在老百姓心中树起了一座不朽的丰碑"[1]，号召全体党员干部学习谷文昌精神，争做人民的好公仆。目前，我国正处在打好脱贫攻坚战、携贫困人口迈向全面小康的关键时期，此时，对于从事基层扶

---

①　雷志敏，四川农业大学马克思主义学院副教授，硕士生导师。牟巧，四川农业大学马克思主义学院在读硕士研究生。

贫开发的党员干部来说，能否响应习近平总书记的号召，把握好和学习好谷文昌精神的深刻内涵，对打好脱贫攻坚战具有重要的现实意义。

一、谷文昌精神的丰富内涵

（一）坚定的理想信念

谷文昌精神的内涵体现在他坚定的理想信念之中。谷文昌出生和成长于祖国的危难时期，在抗日战争和解放战争中都曾立下过汗马功劳。东山县解放以后，谷文昌便服从组织安排留在了东山县。刚到东山不久，他就了解到东山的自然环境：由于其特殊的地理位置，东山县的人民饱受风、沙的危害，别说让东山人民齐心协力地建设家园，他们就连基本的生活需求都很难满足。谷文昌看到苦不堪言的人民，十分悲痛，一方面反复思考着"群众希望共产党给他们带来幸福，如果我们不为民造福，要我们到这里来干什么？群众分到了土地，但种不出粮食，分地又有什么用"[2]这样一个问题；另一方面不断重复着"再穷也要建设社会主义"的坚定信念。于是，谷文昌暗暗发誓一定要想尽办法治理风沙，解除人民疾苦。在防风治沙、种植木麻黄的过程中，不管是政策制定、技术开发，还是幼苗培育、田间试验，谷文昌都全程参与。在同东山人民一起进行了长达14个春秋的战斗后，谷文昌终于把曾经寸草不生的东山小岛变成了"绿色宝岛"，极大地改善了东山县人民的生产和生活条件。直至今天，东山县的人民依然享受着当年谷文昌带来的福祉。

在东山县的谷文昌纪念馆里，刻着这样一段话："为官有两条标准：一要看是否对百姓有利；二要看是否有损党的威信。只要对百姓有利的事，哪怕排除万难也要做到，凡是对党威信有损害的事，哪怕是再小事也不能做。"[3]这是一名优秀共产党人的自述，也是千万共产党人的行为准则。在谷文昌心中，在党的领导下建设社会主义、造福于人民群众就是他的毕生理想，并成为他投身于社会主义建设事业的不懈精神动力。

（二）求真务实的工作作风

谷文昌的精神内涵也体现在他求真务实的工作作风之中。谷文昌作为东山县委书记，从不空谈，从不唱高调，而是看老百姓需要什么，东山缺什么，他就带领着人民干什么。东山有风沙，农民无保障，他就种树苗、治风沙，一干就是十多年；东山有旱涝，他就发动和带领群众挖水井、修建水库、开发利用地下水资源，提高人民的生产生活质量；东山教育文化落后，他就筹资建剧场、修剧院、扫文盲、拉广播，旨在给东山人民提供丰富的娱乐文化场所；东山经济落后，他就在种植生态林的前提下种植经济作物，还利用东山岛的地理优势，大力发展制盐业、养殖业和捕鱼业，为东山的发展打下良好的经济基础。

1958年，全国"浮夸风"盛行，谷文昌在面对"东山的猪还没有外县的猪尾巴大"的言论时，并没有自惭形秽，因为他心里有数，那种虚妄的言论是不切实际的。顶着右倾保守批评的谷文昌在实地考察后，决定先搞试验种植，绝不盲目跟风。在面对作物的发黄、死亡，人们没有粮食吃的情况下，他一方面向上级反映实际情况，另一方面抓紧时间抢种蔬菜和早熟作物，目的是解决人民的温饱。不管在什么时候，就算是与整个社会氛围相悖，谷文昌仍然坚持自己的群众观点、群众路线，从群众的实际出发，真真切切地为老百姓干实事，这正集中体现了他求真务实的工作作风。

（三）艰苦奋斗的高尚品质

谷文昌的精神内涵还体现在他艰苦奋斗的高尚品质中。20世纪五六十年代，社会经济基础薄弱，各项体制机制不够完善，社会主义建设的条件十分艰苦，谷文昌所在的东山县也不例外。经过1958年的"大跃进""浮夸风"后，东山人民原本困苦的生活更是雪上加霜。为了尽快地将东山人民从贫苦的泥潭中解救出来，谷文昌在草屋里和群众一起吃住，白天挽着袖子和群众一起在田间干活，晚上和群众一起促膝长谈，交流意见。在那几个月里，谷文昌的字典里没有"休息"二字，甚至他还带着胃病、肺病和人民群众奋斗在一线，陪伴着群众熬过了最艰难的日子。

将东山这个孤岛变成半岛是东山人民的心愿，为了实现这个愿望，谷文昌不怕苦、不怕累，四处勘探，并听取技术人员的建议和意见，最后拍板决定修建大堤。由于是在海上施工，工程量巨大，但是谷文昌和东山人民毫不退缩、迎难而上，开始了浩大的工程建设。施工期间，谷文昌去现场指导施工、参加劳动，毫无"官架子"。很快，经过一年多的艰苦奋斗，大堤建成了，世世代代东山人民的愿望终于实现了。谷文昌用自己的行动彰显了他作为共产党人应该具有的百折不挠、艰苦奋斗的精神品质[4]，也正是这种品质带领着东山人民迈向了更加幸福的未来。

（四）廉洁奉公的优良风尚

谷文昌的精神内涵还体现在他廉洁奉公的优良风尚之中。很多人认为他作为地方领导可以在合理的范围内利用职务之便为家人提供便利。然而，谷文昌并没有为高考落榜的大女儿安排工作，没有因为自己工作的调离而让女儿去经济发达的地方工作，也没有因为小女儿结婚就私自批发木材为其做家具，更没有利用自己的职务之便给自己的爱人升职加薪。在外人看来，谷文昌对自己家人的要求很严格，甚至是严苛。县委、县政府觉得谷文昌东奔西走很辛苦，于是就配发了一辆自行车给他，谷文昌对其十分爱惜，他的大女儿见到自行车很新奇，就拿来骑着玩儿，谷文昌知道后非常气愤，批评了女儿，教育她不能随便动用公家的东西。谷文昌去世后托家人把自行车交还给了组织。后来谷文昌的妻子解释道："这是老谷交代的，活着因公使用，死后还给国家。"[5]

克己奉公不仅是谷文昌对自己的要求，也是对家人的嘱托：不能因为一己私利而忘记了老百姓需要的是什么，国家需要的是什么。所以谷文昌以及他的家人在这种家风的影响下，坚持不谋公家一点私、不谋公家一点利，就算在谷文昌逝世这么多年后，谷文昌的家人也从来没有找县委、县政府帮过忙。谷文昌这种廉洁自律的风尚不仅没有过时，反而是这个时代、这个社会不可或缺的精神食粮。

二、基层党员干部在脱贫攻坚工作开展过程中存在的主要问题

党的十八大以来，在以习近平同志为核心的党中央的指导下，我国各地的脱贫工作进展有序，取得了不小的成绩。但是由于各地区基层党员干部自身能力和思想素质的差异，在脱贫工作的具体开展过程中，仍存在一些问题。

（一）部分基层党员干部注重政绩指标考核而忽视了扶贫脱贫工作的长期性

贫困是历史的和动态的，这本身就决定了脱贫不会是短期的和一蹴而就的。

截至 2017 年，我国仍有 6000 万贫困人口，在这样的背景下，国家在新时代、新阶段提出了 2020 年实现贫困人口全部脱贫、全面建成小康社会的政治任务，这一任务也为广大基层党员干部提供了努力的方向。但是一些地方在具体的工作开展过程中，唯指标、唯数据的氛围浓厚，这就很容易使得部分基层党员干部对脱贫工作的长期性特征缺

乏认识，导致扶贫工作呈现出以下三个特征：其一，重扶贫、轻扶智。在开展扶贫工作的过程中，部分基层党员干部仅依靠政府在资金、项目上的扶持和优待来辅助贫困人口，急于在短时间内改变贫困户的生活现状，把精力停留在表格和数据上，以便尽早完成上级组织及政府下达的硬性指标。这样一来基层党员干部就忽视了脱贫工作的另一项重要内容：通过长期的沟通交流、技术帮扶来转变贫困户的思想观念以培养他们自己创造幸福生活的信念和能力。其二，脱贫项目缺乏可持续性。脱贫项目是脱贫工作的重要一环，但是贫困地区的扶贫项目大多呈现出单一性、盲目性、依赖性的特征，基层党员干部在开发产业项目时无法将其与贫困地区的自然地理优势和当地劳动力的数量、质量相结合，并且产业项目多与市场脱节，使得脱贫项目缺乏生命力和竞争力[6]，最终无法可持续地存在和发展，更不能长期地为贫困地区带来效益。其三，跟踪调查工作不彻底。脱贫要看成效，但需要一个过程。基层党员干部在开展扶贫工作后忽视了对贫困户的继续跟踪以及对贫困户反馈意见的收集，对脱贫成效的检验也只是通过表格、数据和资料来衡量而缺乏实地的考察与调研。如此一来，贫困户后续的生活状况及其存在的问题就可能得不到及时发现和解决。部分基层党员干部这种脱离初心、急功近利的工作状态对脱贫工作的进展造成了一定的负面影响。

（二）扶贫政策落实不到位加剧了扶贫脱贫工作开展的艰巨性

在扶贫脱贫工作中，基层党员干部作为政策的解读者和实施者，是影响扶贫工作成效的关键因素。而贫困地区的人民群众是打好脱贫攻坚战的主力军，基层党员干部能否解决好贫困群众面临的困难、满足贫困群众的需求直接影响着脱贫攻坚的进程。

首先，在实际的脱贫攻坚进程中，部分基层党员干部由于对政策措施执行不到位导致这场原本不容易打赢的"战役"更加难打。例如，某些村干部就是利用贫困群众低文化、高年纪的特征以及闭塞的居住环境，对政府制定的某些政策根本没有实施，政策在这里形同虚设，连形式都没有，何来内容？而在当代，这种信息的闭塞只是一时的，当群众得知真相以后，双方就会产生隔阂，村干部以后的群众工作包括扶贫脱贫工作就变得很难开展。其次，部分驻村干部和帮扶人员缺乏艰苦奋斗、为人民服务的精神品质，在扶贫过程中敷衍了事、脱离群众。在村与村交叉检查工作的过程中，还存在帮扶对象与帮扶人员素未谋面、党员干部将政策措施束之高阁、党员干部与贫困群众之间人心疏离的现象，更不利于打好脱贫攻坚这场战役。最后，一些扶贫项目的开发不仅没有与当地实际结合形成产业效益，而且是建立在破坏贫困地区群众耕地和生态环境的基础上，这种不切实际的扶贫项目从表面上看是民生工程，实则是基层党员干部为了应付政策搞的花拳绣腿，不仅没有解决贫困地区人民的生活需求，还在一定程度上损害了人民群众的利益。这样一来，就会使贫困群众丧失对基层党员干部的信任以及打赢脱贫攻坚战的斗志和信心，再次增加扶贫脱贫工作开展的难度。

（三）信息公开制度的不完善导致扶贫脱贫工作缺乏针对性和有效性

国家以及地方政府基于不同贫困地区的特殊性和差异性，在深度扶贫工作中给予基层党员干部更大的权力，目的是让基层党员干部结合本地区实际情况更好更快地开展扶贫工作。

信息公开制度的不完善、扶贫工作缺乏有效的监督，导致一部分基层党员干部在扶贫工作中以权谋利。资料显示，仅 2016 年，针对扶贫领域贪污挪用、虚报冒领、挥霍浪费等突出问题，各级纪检监察机关查处扶贫领域腐败问题 16193 件、处理 20083 人[7]。其中，具体的腐败行为主要体现在两方面：第一，贫困对象的认定具有倾向性。精准扶贫才能精准脱贫，因此贫困对象的准确认定是打好脱贫攻坚战的关键，但是面对政府提供的高福利扶贫政策，一些意志不坚定的干部在认定贫困对象时有意识地倾向于自己的亲友，脱离实际、张冠李戴，使得非贫困户享受着优待和帮扶，而真正贫困的群众仍然处在困苦之中，严重影响扶贫脱贫工作开展的成效。第二，利用扶贫产业项目谋取私利。基层党员干部通过对政策的把握，虚报产业规模及种类甚至虚设扶贫项目，以此来骗取政府资助，私下挪用资金，在造成资金流失、资源浪费的同时还损害了贫困地区群众的切身利益，使得扶贫工程缺乏应有的针对性，没有真正惠及贫困户本身。以上两种体现只是基层党员干部腐败行为的冰山一角，究其原因除了信息公开制度的不健全导致扶贫工作缺乏必要的监督以外，更深层次的原因是基层党员干部缺少内省和自觉，这也是扶贫工作呈现出高投入、低效益特征的重要原因之一。

三、践行谷文昌精神对于打好脱贫攻坚战的现实意义

在党的十九大报告中，习近平总书记强调我们要坚决打赢脱贫攻坚战。这场"战役"的组织者和领导者——广大的党员干部是这场"战役"能否取得胜利的关键所在，

特别是政策的最终实施者——基层党员干部，而如今我们却面临着个别基层党员干部在脱贫攻坚工作的开展过程中存在的突出问题，因此，习近平总书记在这个特殊的背景下号召广大党员干部像谷文昌书记——这位带领东山县人民走上脱贫致富道路的时代楷模学习，这对于打赢脱贫攻坚战具有很强的现实意义。

（一）坚定的理想信念是打好脱贫攻坚战的前提

"理想信念是共产党人的精神支柱和政治灵魂。"[8] "理想信念就是共产党人精神上的'钙'，没有理想信念，理想信念不坚定，精神上就会'缺钙'，就会得'软骨病'。"[9] 张国焘，怀着远大的救国理想成为五四运动中的积极分子，但是在长征途中，却想要一揽大权而另立"中央"，犯了重大的政治错误。信念的动摇、思想的偏差是导致张国焘的革命行为出现问题的直接原因。因此，党员干部有什么样的理想信念，就会有什么样的行动和主张。作为共产党的一员，作为社会主义建设事业的重要参与者，用马克思主义思想武装自己，牢固树立共产主义远大理想和中国特色社会主义共同理想是基层党员干部的基本要求。

根据我国国情，想要尽快实现中华民族的伟大复兴，在现阶段共产党最主要的历史任务就是带领中国人民走上脱贫致富道路、奔向全面小康。信念正确，行动才不会偏离：在脱贫攻坚这场战斗中，基层党员干部是与贫困人民群众联系最紧密的人，所以，他们是否将实现人民的美好生活需要作为自己坚定不移的信念将会直接影响政策的实施、脱贫项目的进展乃至人民根本利益的实现。信念坚定，行动才坚定：脱贫攻坚战是艰巨的和长期的，这就需要必胜的坚定信念作为精神支撑。一旦党员干部在思想上有所松懈和动摇，就会直接影响脱贫、扶贫的成效。因此，党员干部的理想信念教育一刻也不能松懈，这也是习近平总书记亲自撰文称赞谷书记的目的所在。如此看来，为党为民的坚定信念是当年谷文昌同志进行社会主义建设的法宝，也是如今打好脱贫攻坚战的方向和前提，这种信念在任何时候都是基层党员干部改变不得和动摇不得的。

（二）求真务实的工作作风是打好脱贫攻坚战的基础

古人有训："为政贵在行，以实则治，以文则不治。"[10] 保持求真务实、实事求是的工作作风是马克思主义哲学的指导思想，也是共产党思想路线的重要组成部分。毛泽东的《湖南农民运动考察报告》《寻乌调查》都是去实地展开了调查，了解了问题的，只有了解了问题才能形成解决问题的思路，最终才能解决问题，而扶贫工作的开展亦是如此。

"脱贫攻坚工作要实打实干，一切工作都要落实到为贫困群众解决实际问题上，切实防止形式主义，不能搞花拳绣腿，不能搞繁文缛节，不能做表面文章。"[11] 正如习近平总书记所指出的那样，打赢脱贫攻坚战、摘除贫困帽不是喊喊口号、做做样子，要落到实处。如何落到实处，就要求广大党员干部向谷文昌看齐，认真践行谷文昌求真务实的工作作风。广大基层党员干部在扶贫过程中，弄清楚哪些地区贫困、哪些人口贫困、贫困的程度如何是打好脱贫攻坚战的基础工作，而这些不是讨论讨论、填填表格就能解决得了的。基层党员干部只有把工作重心落实到贫困地区和贫困人口上，搞清楚哪户需要易地搬迁，哪户需要医疗救助，哪户需要就业帮扶，才能够根据贫困户的实际情况实施相应的措施，做到有的放矢，真正地为老百姓做实事。否则，党员干部想扶谁、怎么扶都只能是纸上谈兵、坐而论道，何来打好脱贫攻坚战之说？

1992 年，邓小平同志在南方讲话中提出"实干兴邦，空谈误国"的政治口号，这是来自历史的警醒，也是来自时代的警醒。目前，共产党肩负着打赢脱贫攻坚战、实现全面小康的历史使命，广大党员干部就更应该发挥探索真理、踏实肯干的工作作风，坚持贫困百姓需要什么、我们就干什么的工作态度，才能为打赢脱贫攻坚战打下良好的基石。

（三）艰苦奋斗的高尚品质是打好脱贫攻坚战的关键

面对社会相对和谐、经济相对发达的生活环境，某些党员干部同志在享受着社会发展带来的成果时却忘记了还存在一些贫困地区和贫困人民，从而出现精神懈怠、得过且过的工作状态。如果干部想要真正改变民众对其"一杯茶，一支烟，一张报纸看半天"的刻板印象，真正带领全国人民走上幸福之路，学习和践行谷文昌同志艰苦奋斗的作风就成了题中应有之义。

"脱贫攻坚"的"攻坚"意味着脱贫、扶贫工作到了最艰难的时期，此时更需要广大党员干部发挥不怕苦、不怕累的精神。由于历史和地理原因，贫困人口多分布在偏远山区、少数民族地区和红色革命根据地，这些地区有着共同的特点，就是自然条件恶劣、基础设施落后、信息封闭，这是困难之一；贫困地区人口教育普及率低，技术落后，政策推广难度大，这是困难之二；此时处在脱贫扶贫的攻坚期，干部群众在面对脱贫工作成效不显著时很容易丧失信心，这是困难之三。基层党员干部作为脱贫攻坚战的引路人，面对这些困难更要有披荆斩棘的雄风，做好调研、跟踪调查工作，做好技术培育、宣传教育工作，做好沟通交流、群众说服工作，一日不行就一月，一月不行就一年。头上的风雪、脚下的泥泞、黝黑的皮肤和群众的不理解是暂时的，而人民群众幸福的未来才是永恒的。

艰苦奋斗是我们党优良的历史传统，是党取得革命胜利、建立和建设国家的重要法宝，可以说，没有这个法宝，就没有如今新时代取得的伟大历史成就。摆在广大党员干部面前的脱贫攻坚战是块硬骨头，但它是建设全面小康社会的必经之路，是为人民群众赢得幸福生活的必然要求，所以再难再苦也要啃。保持和发扬艰苦奋斗的品质不仅仅是对基层党员干部的期望和要求，更是贫困群众走出困境、迈向小康的必需武器。

（四）廉洁奉公的优良风尚是打好脱贫攻坚战的保障

杨崇勇，原河北省人大常委会副主任，利用自己的职务之便和特定的人际关系为他人提供方便，在 2008 年至 2016 年，收受他人贿赂达 2 亿多元。天津市第二中级人民法院决定以受贿罪判处杨崇勇无期徒刑，并剥夺政治权利终身。党的十八大以来，类似于杨崇勇这样落网的"大老虎"数不胜数，让人欣喜的是诸如此类的案件反映了我国反腐机制的不断完善以及彰显了党和国家反腐的决心，而让人痛心的是这一系列的案件折射出人民的利益受到巨大破坏，我国的廉政建设道阻且长。实施监管是保证工作落到实处的重要措施，但最主要的是党员干部的内省和自觉。

任何工作都需要人来做，不能否认人都有利己之心、都是有感情的，因此我们也不难看到个别党员干部在认定贫困地区、贫困人员的时候会有所倾斜[12]。但是，一旦认定对象不准确，真正贫困的地区和人户就会依然贫困，而较为优越的家庭却享受着国家的帮扶和优惠政策，这与国家和党的初衷背道而驰。家人、亲戚、朋友是党员干部关心的人，广大人民群众更是党员干部应该关注的对象，尤其是饱受磨难的贫困群众。深度扶贫赋予了基层党员干部更多的权力，这种权力不是用来谋便利，而是用来给人民谋幸福的。在扶贫开发过程中，如果党员干部真正做到"不沾公家一滴油"，把权力、资金、项目通通用到贫困地区和贫困人口上，脱贫攻坚战的胜利就指日可待。谷文昌是带领人民群众走上富裕之路的楷模，而他最令人敬佩的就是这种廉洁自律的风尚，不用权为自己谋私谋利，更不为家人提供便利，脱贫攻坚战的决胜正需要这种风气作为保障，让脱贫扶贫工程真正惠及贫困百姓。

"先拜谷公，再拜祖宗"，这是东山人民历代延续的风俗。谷文昌在逝世多年后，上到国家领导人，下到老百姓，无一不赞不绝口，无一不感到悲痛惋惜。臧克家在纪念鲁迅先生的时候说道："有的人活着，他已经死了；有的人死了，他还活着。"躯壳是短暂的，精神却是永恒的，谷文昌之所以永远活在人民的心中，正是因为他的精神品质是不朽的。

习近平总书记曾多次倡导广大党员干部向谷文昌同志学习，时隔三十多年，总书记为何仍对这位县委书记念念不忘？那是因为我们的国家需要这样的党员干部，我们的人民需要这样的党员干部。谷文昌精神有着丰富的精神内涵，对于从事国家建设和发展事业的广大党员干部来说，谷文昌同志的事迹和精神就是他们的必读物。脱贫攻坚是一项艰巨而伟大的历史任务，2020 年我们要实现贫困县全部摘帽、贫困人口全部脱贫的目标，时间紧、任务重，尤其是在十九大后，脱贫工作已经进入攻坚期。面对这个历史难题，全国上下都应该有强烈的紧迫感和使命感，尤其是目前面临着基层党员干部在脱贫攻坚过程中存在的突出问题，就更加凸显了习近平总书记号召基层党员干部学习好、践行好谷文昌精神的时代意义和时代价值。通过学习，广大党员干部将谷文昌坚定的理想信念、求真务实的作风、艰苦奋斗的品质以及廉洁奉公的风尚融入实际的工作中、融入脱贫攻坚的战斗中，发挥好党员干部的先锋模范作用，真正做到精准扶贫、精准脱贫，打赢脱贫攻坚战，带领广大人民群众迈进全面小康社会。

参考文献

[1] 习近平. 之江新语 [M]. 杭州：浙江人民出版社，2007.

[2] 冯琳. 合格共产党员的楷模——谷文昌 [J]. 改革与开放，2018（4）.

[3] 李烈满. 试论谷文昌精神的内涵及实质 [J]. 福建理论学习，2014（10）.

[4] 陈贤滨. 谷文昌精神产生的历史背景与内涵探讨 [J]. 中共福建省委党校学报，2016（10）.

[5] 谷豫东. 父亲像座巍峨的山 [J]. 中国纪检监察，2015（10）.

[6] 牛胜强. 多维视角下深度贫困地区脱贫攻坚困境及战略路径选择 [J]. 理论月刊，2017（12）.

[7] 赵振宇. 切实加强扶贫领域监督执纪问责——严明纪律保障脱贫攻坚首战告捷 [J]. 中国纪检监察，2017（7）.

［8］苏希胜. 关于理想信念的几点思考［EB/OL］. （2014－04－12）. http：//www. cssn. cn/dzyx/dzyx＿mtgz/201704/t20170412－3483527. shtm.

［9］"平语"近人——习近平谈理想信念［EB/OL］. （2017－10－05）. http：//www. xinhuanet. com//politics/2017－10/05/c＿1121763712. htm.

［10］梁俊杰. 为政贵在行［N］. 河南日报，2015－07－17.

［11］习近平谈如何打赢脱贫攻坚战［EB/OL］. （2017－08－14）. http：//www. xinhuanet. com/politics/2017－08/14/c＿1123264758. htm.

［12］王思铁. "十三五"时期四川脱贫攻坚构想［J］. 党政研究，2016（1）.

习近平总书记关于党的建设重要论述研究综述[①]

李晓辉　任　璐　赵葳仪[②]

摘　要：党的十八大以来，习近平总书记关于党的建设重要论述方面的研究十分深入，研究成果丰硕。从研究内容来看，主要集中在相关理论渊源、科学内涵、基本特征、理论体系、重要意义等五个方面；从研究现状来看，需要进一步加强对习近平总书记关于党的建设重要论述的系统化研究、实施策略研究及实证研究。

关键词：党的建设　从严治党　研究综述

重视和加强党的自身建设，是中国共产党的优良政治传统，是党在领导中国革命、社会主义建设和改革开放中取得一系列胜利的重要法宝。党的十八大以来，为了不断提高党的执政能力和领导水平，习近平总书记运用马克思主义基本理论，紧密结合当前中国社会实际，对党面临的新形势、新任务和新问题进行了积极探索，提出了一系列重要的思想观点。这些思想观点不仅为党的建设注入了新的活力，而且有助于提升党的建设质量。党的十九大把习近平新时代中国特色社会主义思想写进党章，将其确立为党的行动指南。目前，习近平总书记关于党的建设重要论述在国内外引起了强烈反响，也成为

---

　　① 本文是四川农业大学 2015 年度社科研究专题项目"习近平反腐倡廉思想研究"（项目编号：2015ZT01）阶段性研究成果。

　　② 李晓辉，四川农业大学马克思主义学院法学博士，副教授，主要研究方向为党史党建研究。任璐，四川农业大学思想政治教育专业 2017 级硕士研究生。赵葳仪，四川农业大学思想政治教育专业 2018 级硕士研究生。

学术界热切关注的课题之一。

一、学术界有关习近平总书记关于党的建设重要论述的理论渊源与科学内涵研究

对于习近平总书记关于党的建设重要论述的理论渊源问题，学者们已经从不同层面展开了诸多研究。吴莹在《习近平丰富和发展了马克思主义政党学说》一文中指出："马克思主义政党学说是习近平党建思想的理论来源。"[1]秦晋芳在《习近平党建思想对马克思主义党建理论的创新》一文中指出："习近平党建思想与马克思主义党建理论是一脉相承的，其理论源头是马克思列宁主义中的党建思想，重要基础是毛泽东思想关于党的建设部分，直接来源是形成和发展中的中国特色社会主义理论体系中的党建思想。"[2]陶厚勇在《习近平执政党建设思想初探》一文中指出：中国共产党党史中的有益党建思想是习近平总书记党的建设思想的直接理论来源。[3]张颖、姜晶晶则认为习近平总书记关于党的建设重要论述形成于世情、国情、党情发生深刻变化的新时代背景下，与马克思、列宁的相关理论，与毛泽东、邓小平等党建经验是一脉相承的。[4]高振岗认为习近平总书记关于党的建设重要论述"继承了马克思主义伦理学之精华，将中国共产党人的执政伦理品格建立在如何缔造广大人民的福祉之上，从当代中国人民的内心渴望和真实期盼出发"[5]。张书林则认为马克思主义经典作家及中国共产党历代主要领导人关于执政党建设的思想，是构成习近平总书记党的建设重要论述的理论基础。[6]此外，也有研究者认为习近平总书记关于党的建设重要论述的形成，主要来源于他任县委书记、市委书记、省委书记、中央常委直到总书记这30余年的实际工作经验的总结。[7]还有学者认为，习近平总书记党的建设重要论述的产生是与特定的时代背景分不开的，认为"习近平党建思想也是时代的精神精华，是在建设中国特色社会主义的特定背景下产生的"[8]。由上可知，学者们对习近平总书记关于党的建设重要论述的理论渊源问题的考察基本上选取了较为相近的角度。

习近平总书记关于党的建设重要论述的科学内涵是一个需要持续深入研究的重要课题。从现有成果来看，研究者主要是从党的建设内容的角度对习近平总书记关于党的建设重要论述的科学内涵进行了凝练和概括。张尚兵认为习近平总书记关于党的建设重要论述是指以习近平同志为核心的党中央紧紧围绕"建设学习型、服务型、创新型的马克

思主义执政党"的建党目标，全面推进从严治党，在党的思想建设、组织建设、作风建设、反腐倡廉建设及制度建设等方面提出了一系列新思想、新观点。[9]王钰鑫从本质特征论、党建主线论、人民立场论、政治统领论、刚柔并济论、从严治吏论、作风形象论、严明纪律论、廉洁政治论、政治生态论[10]等10个方面对习近平总书记关于党的建设重要论述的科学内涵进行了概括。任建军认为习近平总书记关于党的建设重要论述包括四个方面："中国梦"是其战略目标；党的思想建设、组织建设、作风建设、反腐倡廉建设和制度建设是其主要内容；践行群众路线是其实践支撑；全面从严治党、突出领导示范、坚持问题导向是其核心创新之处。[11]缪听雨、刘鹏从"全面"之维解读习近平总书记的党建思想，认为习近平总书记关于党的建设重要论述主要包括内容全面（政治建设、思想武装、正风肃纪、反腐倡廉）、主体全面（德才兼备的干部培育、基层组织建设）、方法全面（预防、容错纠错与惩治相结合、党委监督与纪委监督相结合、党内监督与党外监督相结合、规范党内政治生活与遵守党内政治规矩相结合、政治文化与法治文化教育相结合）三个方面。[12]刘宇赤、杜艳艳认为习近平总书记关于党的建设的主要内容包括思想建设、组织建设、作风建设、制度建设、反腐倡廉建设五个方面。[13]张书林从习近平总书记关于党的建设重要论述的主体内容角度将习近平总书记党的建设重要论述界定为党的思想理论建设、干部队伍建设、作风建设、廉政建设及党的建设制度改革。[14]

从上述研究成果可以看出，针对习近平总书记关于党的建设重要论述的科学内涵的考察，学者们的认识既存在分歧，又具有统一之处，这与各学者的研究视角有关，同时也反映出研究路径的不断深化与拓展。

二、学术界有关习近平总书记关于党的建设重要论述的基本特征研究

习近平总书记关于党的建设重要论述不仅内涵丰富，而且特征鲜明。目前，学术界关于习近平总书记党的建设重要论述的基本特征的研究十分深入，研究成果丰硕。

研究者认为，习近平总书记关于党的建设重要论述具有高度的理论性，是熟练地把马克思列宁主义政党建设思想与中国共产党建设实际相结合的理论成果，是对中国共产党党史上有益党建理论的继承和发扬，同时其本身也是中国共产党党建理论的重要组成

部分；具有鲜明的时代性，是中国共产党面对当前复杂形势，迫切需要加强党的建设的现实回应；具有独特的创新性，初创了以"中国梦"统领执政理念并对其做了系统阐述；具有实效的、可操作的指导性，对于党的建设的探索实践具有理论和实践上的指导价值。

具体言之，回味用"严、实、新"三个字概括了习近平总书记关于党的建设重要论述的特点，认为"严"主要是指一定要坚持党要管党、从严治党的方针，把从严治党贯穿于党的建设各方面和全过程；"实"主要是指坚持一切从实际出发，实事求是、求真务实，讲实话、办实事、求实效；"新"主要是指在继承前人的基础上，讲了许多让人耳目一新的观点，形成了鲜明的创新品格。[15]梁代生、高清认为习近平总书记关于党的建设重要论述可以用"五性"来概括，即深远的战略性、深厚的理论性、深刻的思想性、丰富的实践性和完整的系统性。[16]高振岗认为习近平总书记关于党的建设重要论述蕴含着忧患意识、责任意识、公仆意识。[17]雷蕾、雷厚礼以"习近平新时代党建思想对中国化马克思主义党建理论的创新"为视角，指出习近平总书记关于党的建设重要论述的创新集中体现在对科学内涵的新界定、地位作用的新阐释、目标任务的新要求、理念方法的新探索和科学体系的新构建五个方面。[18]为了深入说明问题，高振岗进一步指出习近平总书记关于党的建设重要论述的逻辑出发点是现实的人的需要和中国人民的幸福安康，逻辑归宿是中华民族伟大复兴的"中国梦"。[19]而戴立兴从人民主体、中国梦、全面从严治党、党内法规制度建设四个方面概括习近平总书记关于党的建设重要论述的特点，认为树立牢固的人民主体观是其思想的最根本基础；以"中国梦"统领执政理念是其重要论述的突出亮点；坚持全面从严管党治党是其重要论述的最大特色；注重党内法规制度建设是其重要论述的最重要内容。[20]张书林对习近平总书记关于党的建设重要论述进行了高度凝练，认为其具有问题意识、人民立场、率先垂范、底线思维、实干兴党、大众风格五大鲜明特征。[21]陈志刚以习近平总书记关于党的建设重要论述的创新内容为研究视角，指出习近平总书记关于党的建设重要论述具有从严治党"打铁论"、理想信念"补钙论"、组织建设"优化论"、作风建设"抓早抓小论"、反腐败"零容忍论"、制度建设"笼子论"等特点。[22]杨凤城认为习近平总书记关于党的建设重要论述的特点与贡献，是以党风廉政建设为突破口和第一着力点，坚持理想信念教育和制度建设，两轮驱动、缺一不可，将执政党建设推进到一个新阶段。[23]邓纯东认为习近平总书记关于党的建设重要论述具有五大特点：党要管党、从严治党，思想建党，解决党内突出问题，弘扬党的优良传统与勇于改革创新，自律和他律相结合。[24]左雪松、夏道玉以新常态作为全面从严治党的新要求为视角，提出了管党治党的刚柔并济、双管齐下、标本兼治、破立并举、内外兼顾、上下联动等六大基本特征。[25]刘贵丰以习近平总书记全面从严治党为视角，指出其具有总览全局的战略思维、忧党兴党的责任担当、爱民为民的价值取向等特征。[26]郭亚丁认为共产党人的问题意识、务实风格是习近平党建思想的鲜明特征。[27]此外，也有研究者以"习近平党建思想演进历程中的主要脉络"为视角，认为习近平总书记关于党的建设重要论述的主要特征是始终抱有一种情怀——为民、始终具备一种精神——务实、始终保持一种定力——抓作风建设、始终坚持一种思路——思想建党与制度建党并重。[28]也有研究者认为习近平总书记关于党的建设重要论述呈现出继承性与创新性、辩证性、现实针对性、实践指导性的特征。[29]还有研究者认为习近平党建思想具有独特的政治品格，蕴含着深厚的理论积淀，具有强大的精神力量。[30]

总之，研究者对习近平总书记关于党的建设思想基本特征的研究，十分深入和广泛，但部分研究成果存在重复研究的现象，在一定程度上还缺乏创新性。

三、学术界有关习近平总书记关于党的建设重要论述的理论体系研究

从现有成果来看，对习近平总书记关于党的建设重要论述的理论体系研究大都集中于如何架构其主要内容。一些学者认为党的思想建设、组织建设、作风建设、制度建设、反腐倡廉建设五个方面构成了习近平总书记关于党的建设重要论述的理论体系。因此，从上述五个方面来展开研究成为热点，同时也有学者以整体性、"中国梦"和"中心思想"等为视角展开研究。

具体言之，李敏昌认为，习近平总书记关于党的建设重要论述形成了以"确保党的领导核心地位"为主题、以"增强党的执政能力建设、先进性和纯洁性建设"为主线、以"立足党情、不忘初心"为出发点、以"政治建设为统帅、全面推进党的其他各方面建设"为总体布局的一个比较完整的党建思想理论体系。[31]在任建军看来，习近平总书记关于党的建设重要论述是一个"逻辑严密、内容丰富、辩证统一、各组成部分相互联

系和相互影响"的理论体系。他认为习近平总书记关于党的建设重要论述的理论体系是由战略目标、主要内容、实践支撑、创新之处四个部分组成。[32]何祥林、吴长锦认为，在新形势下，从严从实推进全面从严治党，必须坚持"五位一体"的管党治党新格局。思想建设是灵魂，要从严强基固本，坚持思想建党；组织建设是核心，要严格选人用人，夯实组织根基；作风建设是关键，要严格率先垂范，倡导真抓实干；反腐倡廉建设是手段，要敢于铁腕反腐，促进标本兼治；制度建设是根本，要扎紧制度笼子，强化制度治党。[33]

以"中国梦"为视角的研究者认为，"中国梦"是习近平总书记关于党的建设重要论述的理论体系的战略目标、主要内容和实践支撑。戴立兴认为，之所以把"中国梦"作为研究视角，主要是因为它"明确了党的执政目标、突出了党的执政宗旨，完善了党的执政原则、丰富了党的执政方略"[34]。

以"中心思想"为视角的研究者指出，"党要管党，从严治党"是习近平总书记关于党的建设重要论述的中心，主要表现为：在思想建设方面，强调共产党员特别是领导干部要率先垂范，做共产主义远大理想和中国特色社会主义共同理想的坚定信仰者和忠实执行者；在组织建设方面，强调要认真执行民主集中制，坚持从严治吏，严格管好干部，做好基层基础工作，破除潜规则；在作风建设方面，强调领导干部要带头发扬优良作风，逐步建立长效机制；在反腐倡廉建设方面，坚持有腐必反，有贪必肃，坚决铲除滋生腐败的土壤，以实际成效取信于民；在制度建设方面，强调制度一经形成，就要严格遵守，坚决把权力关进制度的笼子里，强调执行制度没有例外。[35]

贺方彬高度凝练了习近平总书记关于党的建设的观点，指出其科学体系是由以下几个部分构成的：理想信念是共产党人的"精神之钙"；以"三言三实"建设一支高素质领导干部队伍；"作风建设永远在路上"；坚持"老虎""苍蝇"一起打；"把权力关进制度的笼子里"。[36]黄亦君从党在改革开放中的深刻变化指出习近平总书记关于党的建设重要论述是"以中国梦为目标引领党的建设，以全面从严治党为主线加强党的建设，以党的群众路线教育实践活动为载体推进党的建设"[37]。

习近平总书记关于党的建设重要论述的理论体系由党的思想建设、组织建设、作风建设、制度建设、反腐倡廉建设等五个方面构成，学界对这一点已基本达成共识。但就体系中各个方面的建设来说，看法还具有差异，各有侧重，如关于理论体系中的各个组成部分之间的内在关系的研究就存在各种观点。

四、学术界有关习近平总书记关于党的建设重要论述的重要意义研究

对于习近平总书记关于党的建设重要论述在马克思主义建党学说、中国特色社会主义党建学说中的地位、作用及其重要意义，研究者的看法虽然具有差别，但都一致给予了高度评价。丁俊萍从党建理论的发展历史、社会历史条件、主要内容和实践效果等方面论述了习近平总书记关于党的建设理论具有重大意义。[38]任建军认为习近平总书记关于党的建设重要论述具有重大的历史意义。它是中国共产党人建设中国特色社会主义、实现中华民族伟大复兴的科学指南，是新形势下中国共产党作为执政党提升执政能力的科学指南。[39]陶厚勇从继承与发展的视角出发，认为习近平总书记关于党的建设重要论述"不仅进一步丰富和发展了马克思主义建党学说的宝库，而且把当代中国共产党人关于执政党建设的理论思考推向了一个新的高度"，尤其是"习近平的忧党治党管党思想为新形势下进一步推进党的建设、顺利完成党和国家的各项事业提供重要的理论指导和精神动力"[40]。曲建武、郑晶晶以习近平总书记关于党的建设重要论述的立足点和着眼点为视角，认为其立足于实现中华民族伟大复兴的中国梦，着眼新形势下党肩负的历史使命与党自身存在的现实问题，将继承和弘扬马克思主义政党学说同新的历史条件下党的自身特点相结合，丰富和发展了中国特色社会主义党建学说。[41]

有的研究者从改变社会中存在的迫切问题为视角，对习近平总书记关于党的建设重要论述给予了高度评价。如高振岗认为，习近平党建思想立足于现实，在思想建党、组织建党、作风建党、制度建党、反腐倡廉建党方面提出了一系列重要论述，对提高党的建设的科学化水平具有重要的指导意义。[42]有的研究者认为习近平总书记关于党的建设重要论述，有助于凝练社会主义核心价值观和形成风清气正的社会环境。有的研究者认为习近平总书记关于党的建设重要论述，丰富了马克思主义建党学说，深刻总结了中国共产党建设的历史经验教训，深化了对执政党规律的认识。这些新观点、新论断、新要求，既有高瞻远瞩的战略思考，又有短期的战术谋划，既有视野的广度，又有思想的深度，为当前和今后一个时期党的建设指明了方向。[43]有的研究者认为习近平总书记关于党的建设重要论述进一步丰富和发展了党的科学理论，升华了中国共产党对中国特色社

会主义建设规律和马克思主义执政党建设规律的认识。[44]有的研究者从全面从严治党的角度阐述了习近平总书记关于加强执政党建设的重要意义，指出全面从严治党是加强党的建设新的伟大工程的必然要求，是协调推进"四个全面"战略布局的根本保证，也是应对当今世界深刻变化的现实需要。[45]有的研究者从党的建设理论创新为出发点，指出习近平总书记关于党的建设重要论述，不仅继承和发展了马克思列宁主义从严建党治党的思想，而且结合中国共产党建设实际创新了马克思主义建党治党学说，开创了全面从严治党的新局面，形成了全面从严治党的新思想，从而为我们协调推进"四个全面"战略布局，实现中华民族伟大复兴的中国梦提供了根本保障。[46]

可见，上述研究成果都是从整体上研究习近平总书记关于党的建设重要论述的重要意义。但也有部分研究成果偏重于对习近平总书记关于党的建设重要论述中的反腐倡廉思想的重要意义的研究。尤其是党的十八大以来，学界掀起了研究习近平总书记反腐倡廉思想的热潮。赵秉志、彭新林特别关注习近平总书记关于党的建设重要论述中的反腐倡廉思想的重大意义，认为习近平总书记反腐倡廉思想是中国特色反腐倡廉理论创新的最新成果，是"四个全面"战略思想的重要组成部分，也是对我国反腐倡廉实践的理论表达和新时期我国反腐倡廉建设的根本遵循。[47]蒋国栋、吴学凡从"三个有利于"谈习近平总书记反腐倡廉思想的重要意义，即有利于丰富和发展党的建设的思想理论成果，有利于净化党内固有的浑浊空气，有利于加强党的作风建设、组织建设和制度建设。[48]赵志刚从反腐倡廉关系到党和国家生死存亡的高度评价了习近平总书记反腐倡廉思想的价值。[49]杨晓梅认为反腐倡廉是维护党的纯洁性的有效途径。[50]

总体上看，研究者能够从多个角度、客观而理性地评价习近平总书记关于党的建设重要论述的重大意义，在揭示习近平总书记关于党的建设重要论述对马克思主义党建学说、中国特色社会主义党建学说的继承与创新上有了很大进展。

五、今后的研究方向和展望

总体上看，党的十八大以来，我国学者对习近平总书记关于党的建设重要论述的研究倾注了很多心血，并取得了一定的成绩，尤其是对习近平总书记关于党的建设重要论述的理论渊源、重要意义的阐述是比较全面和深入的，在探讨中达成了诸多共识。但目前的相关研究也存在一些薄弱之处，还需要进一步思考和探索。

首先，应进一步加强习近平总书记关于党的建设重要论述的系统性研究。目前这方面的研究较为零散，缺乏系统性。研究习近平总书记关于党的建设重要论述，需要对马克思列宁主义经典作家、毛泽东思想以及中国特色社会主义理论体系中有关党的建设的理论进行系统梳理，挖掘习近平总书记关于党的建设重要论述的理论基础，对开展系统性研究是非常必要的。

其次，应进一步加强习近平总书记关于党的建设重要论述的深刻性研究。学界针对习近平总书记关于党的建设重要论述的研究，多以习近平总书记的相关讲话和中共中央出台的相关文件精神为着眼点，而对党的建设理论本身缺乏深入的剖析，致使研究成果有肤浅化倾向。

最后，应进一步加强习近平总书记关于党的建设重要论述的实施路径研究。当前，学界对这方面的研究主要是进行理论上的一般探究和宏观阐述，缺乏相应的实践研究。这就要求我们立足现实，理论联系实际，拓展当前的研究思路和方法，加强对习近平总书记关于党的建设实施路径和策略的研究。

参考文献

[1] 吴莹. 习近平丰富和发展了马克思主义政党学说 [J]. 社会主义论坛，2018 (6).

[2] 秦晋芳. 习近平党建思想对马克思主义党建理论的创新 [J]. 山西大同大学学报（社会科学版），2017 (6).

[3] [40] 陶厚勇. 习近平执政党建设思想初探 [J]. 中共山西省直机关党校学报，2015 (2).

[4] 张颖，姜晶晶. 习近平党建思想的理论渊源 [J]. 中共南宁市委党校学报，2014 (6).

[5] [17] [19] [42] 高振岗. 习近平党建思想的逻辑脉络与伦理特质 [J]. 中共福建省委党校学报，2015 (2).

[6] [14] [21] 张书林. 习近平执政党建设思想：基础、架构和特点 [J]. 理论探索，2015 (2).

[7] [28] 马赛，高科. 习近平党建思想演进历程研究 [J]. 中共太原市委党校学报，2016 (2).

[8] 张荣臣. 习近平执政党建设思想研究 [J]. 湖湘论坛，2018 (1).

[9] 张尚兵. 习近平党建思想内涵缕析 [J]. 河海大学学报（哲学社会科学版），2015 (3).

[10] 王钰鑫. 习近平新时代党建思想的科学内涵与理论意蕴 [J]. 广西师范大学学报（哲学社会科学版），2018 (5).

[11] [32] [39] 任建军. 习近平党建思想的科学体系与创新价值 [J]. 兰州大学学报（社会科学版），2015 (3).

[12] 缪听雨，刘鹏. "全面"之维：新时代下习近平党建思想内涵管窥 [J]. 兵团党校学报，2017 (5).

[13] 刘宇赤，杜艳艳. 习近平党建战略思想述要 [J]. 大连干部学刊，2015 (6).

[15] 回味. 学习习近平党建思想的创新点 [J]. 中国浦东干部学院学报，2015 (1).

[16] 梁代生，高清. 试论习近平党建战略思想的基本特征 [J]. 攀登，2015 (1).

[18] 雷蕾，雷厚礼. 习近平新时代党建思想的五大创新 [J]. 贵州社会科学，2018 (2).

[20] [43] 戴立兴. 习近平党建思想的特征分析 [J]. 浙江学刊，2015 (3).

[22] 陈志刚. 习近平关于党的建设思想六论 [J]. 理论探索，2014 (6).

[23] 杨凤城. 习近平执政党建设思想谈 [J]. 中国特色社会主义研究，2014 (6).

[24] 邓纯东. 习近平同志关于党的建设重要论述的鲜明特点 [J]. 红旗文稿，2016 (8).

[25] 左雪松，夏道玉. 论习近平构建全面从严治党的新常态 [J]. 井冈山大学学报（社会科学版），2016 (1).

[26] 刘贵丰. 习近平全面从严治党思想研究 [J]. 党的建设，2016 (1).

[27] 郭亚丁. 习近平党建思想的鲜明特点 [N]. 浙江日报，2016−01−13.

[29] 牛田盛. 中国共产党良治之道：习近平执政党治理观初探 [J]. 甘肃理论学刊，2017 (3).

[30] 王京清. 习近平党建思想略论 [J]. 党建研究，2018 (4).

[31] 李敏昌. 习近平党建思想理论体系框架论略 [J]. 三峡大学学报（人文社会科学版），2018 (2).

[33] [45] 何祥林，吴长锦. 坚持"五位一体"，全面从严治党——学习习近平关于党的建设的重要论述 [J]. 华中师范大学学报（人文社会科学版），2016 (1).

[34] 戴立兴. 习近平党建思想四大特点 [J]. 人民论坛，2015 (2).

[35] 姚桓. 党要管党 从严治党——习近平执政党建设讲话的中心思想 [J]. 理论探索，2014 (5).

[36] [46] 贺方彬. 习近平全面从严治党思想解析 [J]. 宁夏党校学报，2016 (1).

[37] 黄亦君. 习近平党建思想的历史逻辑与现实关照 [J]. 学习论坛，2016 (4).

[38] 丁俊萍. 习近平党建思想的鲜明特征和重大意义 [J]. 马克思主义理论学科研究，2018 (3).

[41] 曲建武，郑晶晶. 论习近平党建思想的科学体系 [J]. 思想教育研究，2015 (7).

[44] 本书编写组. 习近平总书记系列讲话精神学习读本 [M]. 北京：中共中央党校出版社，2013.

[47] 赵秉志，彭新林. 习近平反腐倡廉思想研究 [J]. 北京师范大学学报（社会科学版），2015 (5).

［48］蒋国栋，吴学凡. 深化反腐倡廉与加强党的建设——兼论习近平反腐倡廉思想［J］. 大连干部学刊，2015（1）.

［49］赵志刚. 习近平党风廉政建设和反腐败斗争重要论述研究［J］. 西安政治学院学报，2015（1）.

［50］杨晓梅. 反腐倡廉是维护党的纯洁性的有效途径——习近平反腐系列讲话精神学习体会［J］. 社科纵横，2014（12）.

习近平总书记关于宣传思想工作的重要思想及其高校实践

龙　莉①

摘　要： 习近平总书记关于宣传思想工作的重要思想为新时代党的宣传思想工作做出了一系列新部署和新要求，提供了前进方向和根本遵循，是习近平新时代中国特色社会主义思想的重要组成部分。高校宣传思想战线要增强"四个意识"、坚定"四个自信"，以习近平新时代中国特色社会主义思想为指导，自觉承担起"举旗帜、聚民心、育新人、兴文化、展形象"的使命任务，为办好中国特色社会主义大学凝心聚力。

关键词： 习近平新时代中国特色社会主义思想　宣传思想工作　高校

党的十八大以来，以习近平同志为核心的党中央高度重视宣传思想工作，两次组织召开全国宣传思想工作会议，习近平总书记发表系列重要讲话，对做好新时代党的宣传思想工作提出了一系列新观点、新论断、新要求。这些重要思想是习近平新时代中国特色社会主义思想的重要组成部分，是马克思主义中国化的重要成果，为新时代宣传思想工作指明了前进方向，提供了根本遵循。

---

①　龙莉，四川大学党委宣传部干部，博士，主要研究方向为新闻传播、文化事业建设和文化产业发展。

一、习近平总书记关于宣传思想工作的重要思想的主要内容

（一）关于新时代宣传思想工作战略任务的新部署

2018 年 8 月 21 日，习近平总书记在全国宣传思想工作会议上明确指出："建设具有强大凝聚力和引领力的社会主义意识形态，是全党特别是宣传思想战线必须担负起的一个战略任务。"[1]

意识形态是一种观念的集合，一种看待事物的方法，是由政治、经济、社会、法律、哲学、伦理、艺术等思想构成的有机思想体系，与一个国家和社会的政治和经济直接相关。不同的意识形态决定了国家和社会的不同发展方向、道路、目标。强大的意识形态具有引领人、教育人、激励人、鼓舞人的特殊功能，可以调动每一个社会成员的工作热情，为实现全社会的共同目标不懈奋斗。

习近平总书记在 2013 年召开的全国宣传思想工作会议上指出，意识形态工作是党的一项极端重要的工作，能否做好意识形态工作，事关党的前途命运，事关国家长治久安，事关民族凝聚力和向心力。新形势下，我们要建设具有强大凝聚力和引领力的社会主义意识形态，为中国发展举旗定向、凝心聚力，调动全国人民的奋斗热情，为实现中华民族伟大复兴砥砺奋进。

（二）关于新时代宣传思想工作使命任务的新安排

习近平总书记在 2018 年召开的全国宣传思想工作会议上强调："做好新形势下宣传思想工作，必须自觉承担起举旗帜、聚民心、育新人、兴文化、展形象的使命任务。"[2]

"举旗帜"是新形势下做好宣传思想工作的重要使命任务之一。马克思指出："人是由思想和行动构成的，不见诸行动的思想，只不过是人的影子；不受思想指导和推崇的行动，只不过是行尸走肉——没有灵魂的躯体。"[2]中国古代哲学家王阳明指出，"知行合一，止于至善"，"知是行之始，行是知之成"。人类行为以思想为先导，统一思想是统一社会行动力的重要前提。在互联网高度发展的今天，各种社会思潮借助互联网平台广泛传播，对世界各国的意识形态工作和社会稳定造成了巨大的冲击。新形势下做好宣传思想工作，首先就要高举马克思主义、中国特色社会主义的旗帜，以社会主义意识形

态引领国家发展和社会进步，让社会主义核心价值观深入人心。

"聚民心"是新形势下做好宣传思想工作的重要使命任务之一。宣传活动在人类文明发展史中扮演着重要的作用，其核心功能是劝服和引导，即通过丰富的宣传内容和多样化的宣传形式，深刻阐释并广泛传播宣传主体的某种观点或思想，以获得受众的广泛认同，并最终影响受众的行为。宣传思想工作的成败关系着国家事业的成败。近百年来，中国共产党始终高度重视宣传思想工作，把宣传思想工作放在重要的位置，充分发挥宣传思想工作在凝聚民心、汇聚力量方面的重要作用。新形势下，我们要充分认识到在国际形势错综复杂、国内改革进入深水区的今天，各种社会问题更多、更复杂，舆论生态也因现代传播技术的发展更加复杂和多样，任何一个小问题都可能借助发达的现代传播体系，放大、变形、扭曲，成为影响巨大的事件。要确保国家发展长治久安，就要做好宣传思想工作，通过深入人心的宣传思想教育、灵活多样的宣传手段和通俗易懂的宣传文化作品，为全面建设社会主义现代化强国营造良好的舆论氛围。

"育新人"是新形势下做好宣传思想工作的重要使命任务之一。"人"是国家发展、社会进步的关键因素。中华民族伟大复兴的宏伟事业需要靠一代代中国人的努力奋斗来完成。宣传思想战线承担着"育新人"的重要使命，就是要以坚定的马克思主义信仰教育人、引导人，让人民自觉践行社会主义核心价值观；要让青少年树立正确的价值观和人生观，扣好人生第一粒扣子；要广泛开展先进模范学习宣传活动，大力弘扬新风正气。最终通过卓有成效的宣传思想工作，坚定国民的理想信念，提高国民的道德品质和科学文化素质，让国人尤其是青年一代成为信仰坚定、品德高尚、本领高强，能够担当民族复兴大任的时代新人。

"兴文化"是新形势下做好宣传思想工作的重要使命任务之一。一个国家的文化内涵广泛渗透于社会政治经济生活的各个方面，潜移默化地影响着人们的言行，为国家发展提供强大的精神支柱和动力支持。"兴文化"是提升国家文化软实力的重要手段，是坚持文化自信的重要保障，是建设社会主义文化强国的必然要求。宣传思想战线承担着"兴文化"的重要使命，就要坚持以人民为中心，从人民群众的现实文化需求出发，以社会主义核心价值观为引领，推出更多有筋骨、有道德、有温度的让人民满意的文化艺术作品，不断破解新时代人民群众更广泛、更高质量的文化消费需求与文化发展不够充分之间的矛盾，增强人民群众的文化获得感和幸福感，满足人民群众对美好文化生活的新期待。[3]

"展形象"是新形势下做好宣传思想工作的重要使命任务之一。今天的中国已经成为世界第二大经济体，并不断走向世界舞台中央，在世界传播格局中有了更多的话语权和影响力，有了更多机会去改变一些西方媒体偏见报道中扭曲变形的中国形象。这就要求我们坚定自信、增强本领，充分利用各种媒介形式和媒体平台，讲好中国故事，推进国际传播能力建设，不断解决"说不出、传不开、叫不响"等问题，更好地向国际社会展示真实、立体、全面的中国形象，让世界人民更好地了解中国，为国家发展创造积极、良好的国际舆论环境。

二、新时代做好高校宣传思想工作的重要性

（一）做好高校宣传思想工作是立德树人的重要保障

高校是马克思主义学习、研究、宣传、阐释的重要阵地。用中国特色社会主义理论体系武装头脑、教育人民，高校是重要渠道，广大教师是重要力量，广大学生是重要对象。[4]做好高校宣传思想工作是巩固马克思主义在意识形态领域的指导地位，推动马克思主义深入人心、落地生根的根本保障。

高校承担着培养社会主义事业建设者和接班人的重要任务，高校学子是"育新人"的重要对象。做好高校宣传思想工作就要立德树人，坚持以马克思主义教育广大青年学子，让青年一代树立崇高的理想信念，养成良好的道德品质，努力成长为能够担当民族复兴大任的时代新人。

文化传承创新是高校的重要功能，高校是"兴文化"的重要阵地。做好高校的宣传思想工作，营造良好的校园文化氛围，激发高校师生的文化创新创造活力，鼓励师生深入开展中华传统文化研究，推出更多文化创新作品，借助各种国际学术交流活动和国际平台向世界传播中国文化，是建设社会主义文化强国的重要途径。

（二）做好高校宣传思想工作是确保高校稳定发展的重要保障

高校的稳定发展是关系国家稳定发展的重要因素。要确保高校稳定发展就必须做好高校的宣传思想工作。

随着我国综合国力的不断增强，国际竞争环境不断变化，一些西方敌对势力加紧对我国实施"西化""分化"，搞意识形态渗透，各种思潮的冲突更加激烈，高校往往成为各种社会思潮的发源地、聚集地和传播中心，纷繁复杂的社会思潮对高校宣传思想工作提出了挑战，对高校的稳定发展造成了冲击。能否在纷繁复杂的环境下做好宣传思想工作，坚持马克思主义的指导地位和社会主义意识形态是影响高校稳定发展的关键因素。

高校学子是国家未来发展的中坚力量，他们的理想信念、思想品质决定着中华民族的前途命运。良好的大学教育是引导大学生树立正确的人生观、世界观、价值观的重要因素。作为网络原住民的当代大学生，看待事物和问题的方式与以往不同，他们个性鲜明，不盲从权威，善于接受新信息、新观点、新事物，但又缺乏足够的辨别能力。海量的网络信息良莠不齐，各种思潮交织，对青年一代的思想认识造成了巨大影响。因此，做好高校宣传思想工作，创新理念和方法，推出更多满足青年需求的网络文化作品，抢占网络传播制高点，为青年一代的成长营造风清气正的网络文化环境是确保当代青年坚定马克思主义理念信念、健康成长成才的重要保障。

三、习近平总书记关于宣传思想工作的重要思想在高校的践行路径

（一）举旗帜：夯实马克思主义学习、研究、宣传、阐释阵地，为青年一代筑牢精神之基

一方面，高校宣传思想工作要"举旗帜"，必须坚持党性原则，加强党对宣传思想工作的全面领导，旗帜鲜明地坚持党管宣传、党管意识形态。做好高校宣传思想工作要坚持高校党委的领导地位，服从党委领导，围绕学校中心工作，服务学校发展大局。高校宣传思想战线的所有同志要坚持党性原则，牢固树立"四个意识"，坚决维护党中央权威和集中统一领导，牢牢把握正确的政治方向，从政治的高度和全局的角度来考虑应该提倡什么、允许什么、限制什么、反对什么，以高度的责任感和使命感，做好马克思主义学习、教育、研究、宣传、阐释工作，以对国家、民族、社会、学生高度负责的态度，坚守教学纪律，坚持研究原则，管理好舆论宣传阵地，不给错误言论可乘之机，为学生成长、学校发展营造良好的舆论氛围。

另一方面，高校宣传思想工作要"举旗帜"，就要高度重视马克思主义学科建设，

充分发挥我国高校的特色和优势，建设世界一流的马克思主义学科。要明确马克思主义学科的定位。马克思主义学科既具有科学属性，又具有意识形态属性，高校要努力彰显马克思主义学科的意识形态属性，确保马克思主义在意识形态领域的指导地位，努力杜绝各种虚化弱化马克思主义学科意识形态属性问题的出现。要加强马克思主义学科人才队伍建设。高校要大力培养一批信仰坚定、品德高尚、研究能力强、教学水平高的教学名师名家，通过强化师资队伍，提高思政课质量，用生动有趣的课堂激发大学生学习研究马克思主义的兴趣，分析解答大学生关注的敏感疑难问题，增强大学生对马克思主义的情感认同、理论认同和实践认同，引导他们树立正确的世界观、人生观和价值观。要增加马克思主义学科研究经费，鼓励研究人员深入社会生活一线，运用马克思主义基本原理分析阐释和解答现实问题，深刻阐释马克思主义中国化的理论成果，推出一系列具有深厚学理性和广泛实践指导意义的高水平研究成果，发挥马克思主义理论在哲学社会科学研究中的引导作用。

（二）聚民心：凝心聚力，为办好中国特色社会主义高校提供强大的精神支柱和良好的舆论氛围

一方面，高校宣传思想工作要"聚民心"，必须牢牢把握好正确的舆论导向，唱响主旋律，凝聚正能量，做大做强社会主义主流思想舆论。要全面做好马克思主义宣传教育研究工作，坚持马克思主义在哲学社会科学领域的指导地位，建设具有中国特色的哲学社会科学。要积极宣传党的路线方针政策，引导全校师生在学懂、弄通、做实新时代中国特色社会主义思想上下功夫。要提高舆论引导能力，熟练掌握新闻传播规律，把握好舆论引导的"时、度、效"，以正面宣传为主，创新宣传报道方式和手段，提高宣传报道的吸引力、感染力和影响力。要坚定立场和信仰，坚持真理，批驳谬误，及时传递权威声音，及时回应和处置负面舆情，推进问题解决，减小和避免负面舆论给学校发展带来的不良影响。

另一方面，高校宣传思想工作要"聚民心"，必须坚持围绕中心、服务大局的原则，通过宣传报道和思想引领，为办好中国特色社会主义高校凝心聚力。高校宣传思想战线承担着高校内部上情下达、下情上传的重要桥梁和纽带作用。做好高校宣传思想工作必须紧密围绕高校教学、科研等中心工作，服务学校改革发展大局，全面宣传学校办学的重大举措，深入教学科研一线开展工作，善于发现、宣传和塑造师德高尚、教学水平

高、科研能力强的典型教师代表，引导全校教师向先进典型学习，将主要精力放在教学科研上，将个人发展与学校发展融为一体，共同为办好中国特色社会主义大学贡献力量。

（三）育新人：立德树人，培养能够担当民族复兴大任的时代新人

一方面，高校宣传思想工作要"育新人"，必须坚持把德育工作放在首位。习近平总书记在全国高校思想政治工作会议上强调："高校要坚持把立德树人作为中心环节，把思想政治工作贯穿教育教学全过程，实现全程育人、全方位育人，努力开创我国高等教育事业发展新局面。"[5]高校宣传思想工作要高度重视思想政治理论课体系建设，加强思政课教师队伍建设、完善教材体系，深化教学改革，提高课堂教学质量，丰富第二课堂内容，充分发挥第一课堂和第二课堂的作用，形成思政课和专业课相辅相成，第一课堂和第二课堂同频共振的局面，让青年学子在理论学习和实践活动中将马克思主义信仰内化于心、外化于行。

另一方面，高校宣传思想工作要"育新人"，必须创新方式方法，让马克思主义教育真正"入脑""入心"。在全球化、信息化背景下成长起来的当代青年不盲从权威，更反感灌输式的填鸭教育和说教式的宣传。高校宣传思想工作必须充分了解青年学子的学习心态和兴趣爱好，改变简单的灌输式宣传教育方式，将微电影、微小说、动漫游戏等各种新文化艺术形式运用到宣传思想工作中，在潜移默化中引导学生形成正确的世界观、人生观、价值观，真正成长为能够担当民族复兴大任的时代新人。

（四）兴文化：传承创新中华优秀传统文化，发挥高校的文化示范引领作用

一方面，高校宣传思想工作要"兴文化"，必须做好中华优秀传统文化的研究、传承、创新工作。高校是社会文化的集聚之地，在国家文化建设中具有不可替代的作用。要充分发挥高校人才优势，培养一批文化名人和文化大师，引领社会文化发展。要加强学生文化通识课程体系建设，更好地将中华优秀传统文化教育纳入课程体系，培养拥有深厚文化底蕴的时代新人，让中华优秀传统文化后继有人。要加强人文社会科学建设，深入开展中华文化典籍和优秀文化作品的研究、阐释、传承工作。要发挥高校多学科优势，搭建跨学科研究平台，主动承担国家重大文化工程和重点文化研究项目，将多学科的、现代化的研究方法和手段运用到传统文化的研究、传承、创新中，推动中华优秀传统文化创造性转化和创新性发展。

另一方面，高校宣传思想工作要"兴文化"，必须做好社会主义先进文化的建设工作，发挥文化示范引领作用。高校是国家人文荟萃之地，更是新文化和新思想的主要发源地。要充分发挥高校在新思想和新文化的形成、传播、阐释中的作用，不断充实马克思主义中国化的最新理论成果和文化成果，推动社会主义先进文化发展。要坚持文化自信，深化文化交流，化解多元文化冲突。作为国家文化交流的重要平台，高校在国际文化交流合作中，要不忘本来、吸收外来、面向未来，以开放包容的态度吸收外来先进文化之精华，传承创新中华优秀文化，以中华文化的魅力和"海纳百川，有容乃大"的大国胸襟去化解多元文化冲突，树立文化大国形象。

（五）展形象：提升形象、展示成果，提高学校的国际影响力和竞争力

一方面，高校宣传思想工作要"展形象"，必须做大做强学校的新闻传播体系，构建校园全媒体矩阵。要加强校园新闻宣传队伍建设，提高新闻采编人员素质，用好学生记者团队，建立覆盖全校的新闻通讯员队伍，形成"全员参与、上下齐心"的宣传报道合力。要强化媒体建设，以学校新闻中心为主导，建立学校新闻采编中心，推进学校官方网站、微信、微博和校报的融合发展，构建多元高效的校园全媒体矩阵。要牢牢抓住展示学校最新发展成就和最新教学科研成果这一主要使命，做好对学校各方面成绩的跟踪报道和集中反映。

另一方面，高校宣传思想工作要"展形象"，必须提高学校的对外宣传能力，通过对外宣传报道，提高学校的影响力。要加强与国家主流媒体的交流合作，共同策划反映学校发展成就的宣传报道，提高学校在国家权威媒体的正面曝光率，提高学校的知名度和美誉度。要做好校园英文网站、英文报刊的编辑发布工作，以正面的英文校园新闻报道反映中国高校不断发展进步的真实发展情况和中国大学生阳光向上的健康形象，消解西方媒体对中国高校的不实报道带来的负面影响，建立中国高校的良好形象，提升高校的国际影响力。

总之，高校的发展事关国家的未来发展，做好高校宣传思想工作是推动高校高质量内涵式发展的重要保障。高校宣传思想战线要深入学习习近平新时代中国特色社会主义思想和党的十九大精神，落实好"举旗帜、聚民心、育新人、兴文化、展形象"各项使命任务，为办好中国特色社会主义大学提供强有力的思想保证和精神力量。

参考文献

［1］习近平在全国宣传思想工作会议上强调：举旗帜聚民心育新人兴文化展形象 更好完成新形势下宣传思想工作使命任务［N］．人民日报，2018－08－23．

［2］李笑雪．加强和改进新常态下的思想政治工作［J］．长江丛刊，2016（32）．

［3］北京市习近平新时代中国特色社会主义思想研究中心．新时代"兴文化"的使命任务［N］．光明日报，2018－08－31．

［4］苟仲文．深刻认识新形势下加强和改进高校宣传思想工作的重要性［N］．中国教育报，2015－02－03．

［5］习近平在全国高校思想政治工作会议上强调：把思想政治工作贯穿教育教学全过程 开创我国高等教育事业发展新局面［N］．人民日报，2016－12－09．

高校思想政治理论课改革

GAOXIAO SIXIANG ZHENGZHI LILUNKE GAIGE

如何讲好中国故事与中国 "好" 故事

——兼论高校思想政治理论课专题式教学的开展

樊英杰 ①

摘 要：高校思想政治理论课开展专题式教学应注意选择"好"的中国故事，并且讲好这些中国故事。"好"的中国故事应该包含三层含义：一是"好"的中国故事应体现中国悠久的历史所积淀的传统文化与优秀成果；二是"好"的中国故事应倡导发挥价值引领作用；三是"好"的中国故事应助力于大学生树立正确的理想信念与个人成长成才。专题式教学的开展，应根据课程内容与需求，分门别类选择适合教学内容的专题，并配合真实感人、有影响力的"好"故事，实现与历史同向、与祖国同行、与人民同在的主客观相统一的感受，引导大学生形成正确的思想目标与价值追求，并融入为实现中华民族伟大复兴的中国梦的不懈奋斗中。

关键词：中国故事 思想政治理论课 专题式教学

"讲好中国故事，传播好中国声音"，是习近平总书记在全国宣传思想工作会议上强调的，既是做好对外宣传工作的要求，也为高校思想政治理论课实现其功能指明了方向。针对目前高校思想政治理论课广泛采用的专题式教学尝试，如何在专题式教学的过

---

① 樊英杰，成都大学马克思主义学院讲师，历史学博士，主要研究方向为思想政治教育与地方制度。

程中，讲好中国故事，传播好中国声音，让高校学生正确认识过去的中国、关注现在的中国和展望将来的中国；通过教师将不同阶段、不同类型、不同题材的中国"好"故事融入大学生易于理解与接受的思维体系，让高校学生提升他们在思想政治理论课课堂上的点头率、抬头率和获得感；让高校学生通过专题式教学的课堂与实践，将"好"的中国故事中蕴含的正能量融入大学生的成长成才的价值与情感中，是思想政治理论课教师应该深入研究的问题。开展讲好中国故事的专题式教学，需要选择中国"好"故事。中国"好"故事应该包含三层含义：一是"好"的中国故事应体现中国悠久的历史所积淀的传统文化与优秀成果；二是"好"的中国故事应倡导发挥价值引领作用；三是"好"的中国故事应助力于大学生树立正确的理想信念与个人成长成才。

一、选择能体现中国悠久历史与传统文化的"好"故事

中国"好"故事不能脱离中国悠久历史与文化传统这块土壤。中国特色社会主义道路根植于中国悠久的历史与传统文化之中。习近平总书记讲四个"走出来"时指出，中国特色社会主义这条道路来之不易，它是在改革开放 40 年的伟大实践中走出来的，是在中华人民共和国成立 70 年的持续探索中走出来的，是在对近代以来 170 多年中华民族发展历程的深刻总结中走出来的，是在对中华民族 5000 多年悠久文明的传承中走出来的，具有深厚的历史渊源和广泛的现实基础。

中国悠久的历史和传统文化是中华文明演化而汇集成的一种反映民族特质和风貌的民族文化，是民族历史上各种思想文化、观念形态的总体表征，是居住在中国地域内的中华民族及其祖先所创造的、为中华民族世世代代所继承发展的、具有鲜明民族特色的、历史悠久、内涵博大精深、传统优良的文化。简单来说，就是通过不同的文化形态来表示的各种民族文明、风俗、精神的总称。

中国道路是从中华文明里走出来的。5000 多年博大精深的中华文明是我们的根基、根本、根脉，是底蕴、底色、底气。思想政治理论课在进行专题式教学时，应展现中国历史悠久文化传统的时间脉络，抒发中国历史悠久文化传统的精神品格，突出中国历史悠久文化传统的文化底气。中国悠久的历史与文化传统，为进行专题式教学提供了一条完整的时间线索与历史路径、强大的民族精神与独特的中华儿女品格的素材以及博大精

深的人文素养与丰富多彩的艺术形式。

（一）完整的时间线索与历史路径的素材

中国悠久的历史与文化传统，为进行专题式教学提供了一条完整的时间线索与历史路径。中国传统文化在某些短暂的历史时期内有所间断，在不同的历史时期有所改变，但是总体上一脉相承。从先秦诸子的百家争鸣开始，中华文化开始了萌芽与争鸣；历经汉魏六朝，中华文化经历了一统与多元；唐宋时期，中华文化渐趋于成熟与辉煌；直至明清两朝，中华文化承继历史、继往开来。中华传统文化的发展过程就像中华民族悠久的历史一样，既不是直线式的一直向前，也并非全是螺旋式的上升，期间的萌芽、发展、断裂、传承、变革和进步的过程极其复杂。但总体说来，中华民族的物质文化、精神文化和制度文化在朝着日臻完善和定型、成熟的方向前进，并最终形成了以儒家文化为主，同时具有儒、道互补特色的文化体系。中国传统文化在每个历史阶段都有自己清晰的特点和个性，这些特点和个性相互作用、彼此融合、共同促进，从而使中华文化在不断积淀和变革的基础上逐渐形成为现在的中国。

（二）强大的民族精神与独特的中华儿女品格的素材

中国悠久的历史与文化传统，为进行专题式教学提供了强大的民族精神与独特的中华儿女品格的素材。比如"天行健，君子以自强不息"体现出中国人民自强不息的奋斗精神、不屈不挠的抗争精神。正是这种自强不息、不肯轻易屈服的奋斗精神，支撑着中华民族的不断发展，激励着中华儿女在困境中崛起，在逆境中奋进。自强不息还体现为一种自立和自尊的人格特征，展现中国人讲信念、重气节的民族精神。此外，还有很多流传于世的民族精神与品格，比如"富贵不能淫，贫贱不能移，威武不能屈，此之谓大丈夫"，体现出古人追求独立完善人格的美德。这种美德流传下来，成为百姓为国家、为民族奋斗的精神力量，并推动着社会的持续发展。

（三）博大精深的人文素养与丰富多彩的艺术形式的素材

中国悠久的历史与文化传统，为专题式教学提供了博大精深的人文素养与丰富多彩的艺术形式。在进行专题式教学时，教师可根据不同专业学生的认知需求进行有针对性的素材选择。中国历史传统文化具有多种艺术表现形式，神话、传说、音乐、舞蹈、诗歌、小说、戏剧、电影、电视剧、绘画等不同的艺术类型均可展现。教师在进行专题式教学时，可以根据授课对象的专业讲授有针对性的故事素材与内容。比如为艺术类专业同学授课时，可选择体现中国传统文化的古代音乐、传统舞蹈等形式；为文学类专业同学授课时，可选择中国传统的诗歌、小说、戏剧等；为编导专业同学授课时，可选择电影、电视剧等艺术表现形式。这种因材施教的方式，可以有效展示和弘扬中华优秀文化，让学生在课堂教学过程中充分感受到中国悠久历史文化传统所带来的文化自信。

每个国家和民族都有自己的历史传承和文化传统，思想政治理论课教师在课堂上进行专题教学时要用好这笔宝贵的文化资产，切实讲好中国悠久的历史和中华优秀文化，注重四个"讲清楚"：第一，不仅要关注故事来源于中国又落脚于中国，还要具备关注世界的胸怀与视野，"讲清楚每个国家和民族的历史传统、文化积淀、基本国情不同，其发展道路必然有自己的特色"。第二，不仅要关注中国在5000多年文明进程中所创造的博大精深的中华文化与积淀的精神追求，还要讲清楚在这博大精深与积淀之中"包含着中华民族最根本的精神基因，代表着中华民族独特的精神标识"。第三，不仅要关注到中华优秀传统文化是中华民族的突出优势，还要"讲清楚中华优秀传统文化是中华民族的突出优势，是中华民族自强不息、团结奋进的重要精神支撑，是我们最深厚的文化软实力"。第四，不仅要关注中国特色社会主义深深植根于中华文化沃土，还要"讲清楚中国特色社会主义道路根植于中华文化沃土反映中国人民意愿、适应中国和时代发展进步要求"。[1]

四个"讲清楚"的根本核心是立足于中国5000年的悠久历史品格、博大深沉的文化积淀与独特坚韧的民族精神，这些因素形成了中国独特的历史命运、文化传统和国情，构成了中国区别于其他国家与其他文明的显著符号，也决定了中国必然会选择走适合自己的发展道路，即中国特色社会主义道路。这条道路不是依靠模仿、移植、扶持走出来的，而是在中国共产党的带领下，中国人民通过不断的实践、努力、犯错、纠错、再实践、再努力而逐渐形成的。因此，四个"讲清楚"的核心是通过讲清楚历史的中国，来认知现实的中国和预测未来的中国，从而引导学生更加坚定"四个自信"。

二、选择能倡导核心价值引领的"好"故事

好的故事具有思想价值引领的作用，社会主义核心价值观从国家、社会和个人三个

层面积累了中国传统文化中的家国大同情怀、民本仁爱思想、诚信守义道德，既体现了社会主义的本质要求，继承了中华优秀传统文化，也吸收了世界文明的优异成果，凝结着全体人民共同的价值追求，这些理念都是"好"故事的素材内核。思想政治理论课教师在专题式教学过程中，可以从国家、社会和个人三个层面选择蕴含社会主义核心价值观内核的"好"故事。

（一）国家层面的"好"故事

从社会主义核心价值观在国家层面的价值要求——富强、民主、文明、和谐等理念中汲取"好"故事。例如"毛泽东思想和中国特色社会主义理论体系概论"课程，可从展现出国家层面所取得的历史性成就的诸多故事中进行选择，比如，从经济建设、全面深化改革、民主法治、思想文化建设，到生态文明建设、强军兴军等方面选取"好"故事；从中国车、中国路、中国桥、中国网、中国港，到移动支付、共享单车、大数据、云计算等新技术领域汲取"好"故事；从空天领域、海工领域、"中国制造2025"，到大国重器、大科学计划等国家高精尖领域吸纳"好"故事，这些不同领域蕴含的"好"故事所展现的中国社会全方位的变革均是大学生在日常生活中可以实实在在感受到的"好"故事。

思想政治理论课教师在进行专题式教学时，可结合以习近平同志为核心的党中央提出的治国理政新理念新思想新战略，以及出台的重大方针政策，与现实社会中的具体事例相结合，通过理论与实践相融合的形式为大学生讲"好"故事，使大学生形成与国家民族复兴目标一致的理性认同与感情接受。通过讲好国家层面的"好"故事，教育引导大学生更加深刻地认识到社会主义核心价值观是一个民族赖以维系的精神纽带，是一个国家共同的思想道德基础。唯有使学生深刻感受个人前途和国家命运的融合，方能在更大格局中找准自己的人生坐标，成为能担当起民族复兴大任的时代新人。

（二）社会层面的"好"故事

从社会主义核心价值观在社会层面的价值要求——自由、平等、公正、法治等理念中汲取"好"故事。"培育和弘扬核心价值观，有效整合社会意识，是社会系统得以正常运转、社会秩序得以有效维护的重要途径，也是国家治理体系和治理能力的重要方面。历史和现实都表明，构建具有强大感召力的核心价值观，关系社会和谐稳定，关系国家长治久安。"[2]当前社会处于变革转型的关键时期，也是利益格局不断调整、不断变化的时期，这一时期具有价值多元化、选择多样化、信息海量化等表象特点，大学生面对各种选择时容易困惑与迷茫。思想政治理论课教师应担负起培育和践行社会主义核心价值观的责任，通过讲"好"的社会故事，讲授贴近社会生活、接地气、有温度的故事，引导学生自觉弘扬自由、平等、公正、法治等主流价值。

思想政治理论课教师开展专题式课堂教学时，既要注重个体差异化的情感需求，又要遵循教育教学的一般规律，根据大学生在理论接受层面、行为反思层面的不同特点和需求，充分调动他们的理性思考与情感需求，引导大学生自觉践行正确价值观念和行为自觉，以及培养学生的家国情怀与社会责任意识。

（三）个人层面的"好"故事

从社会主义核心价值观在个人层面的价值要求——爱国、敬业、诚信、友善等理念中汲取"好"故事。习近平总书记指出："青年的价值取向决定了未来整个社会的价值取向，而青年又处在价值观形成和确立的时期，抓好这一时期的价值观养成十分重要。"[3]培育和践行社会主义核心价值观，有利于引导青年扣好人生第一粒扣子。思想政治理论课教师在教学过程中可选择身边涌现的学生"好"故事与同学分享，更具感染力和说服力，教导青年学生坚定自信，努力为国家贡献才智和力量。"好"故事可以润物无声地净化大学生心灵，引导学生在国家故事、社会故事和个人故事中体会到积极向上的力量、和谐的风气。思想政治理论课教师应将弘扬社会主义核心价值观作为讲"好"故事的宗旨，以"好"故事为主线，通过分享、启发、讨论、总结等专题式教学，启发学生关注与思考，形成自我价值认同并塑造社会主流价值。

三、选择能助力于个人成长成才的"好"故事

讲好中国故事是高校思想政治理论课的一条主线索，思想政治理论课教师围绕这一主线索进行专题式教学设计时，应认真选取并精心讲授"好"故事，帮助大学生树立远大的理想，培养正确的世界观、人生观和价值观，激发学生的价值认同，引导学生自觉践行社会主义核心价值观。具体来说，可利用专题式教学为大学生讲述树立正确理想信念与个人成长成才的"好"故事。

（一）以"思想道德修养与法律基础"课程为例的专题设计

"思想道德修养与法律基础"课程以马克思主义为指导，以正确的世界观、人生观、价值观和道德观、法治观教育为主要内容，把社会主义核心价值观贯穿教学全过程。通过理论学习和实践体验，帮助大学生形成崇高的理想信念，弘扬伟大的爱国主义精神，确立正确的人生观和价值观，加强思想道德修养，增强学法、守法、用法的自觉性，全面提高大学生的思想道德素质和法律素质。对该课程进行专题设计时，教师可选择当代青年人奋发图强、创新创业、不畏艰苦的好故事，有效激励大学生莫负春光，珍惜韶华，奋发有为。比如，可以通过讲授钢琴王子刘伟用双脚延续音乐梦想的故事，使大学生认知到理想是人们在实践中形成的，有实现的可行性，是对未来社会和自身发展目标的向往与追求，是人们的世界观、人生观和价值观在奋斗目标上的集中体现，激励大学生树立正确的理想信念，并持之以恒为实现理想奋斗。还可以通过讲述"西瓜男孩"李恩慧卖瓜攒学费的故事，培养大学生乐观向上的人生态度，树立积极进取的人生观。

（二）以"毛泽东思想和中国特色社会主义体系概论"课程为例的专题设计

在"毛泽东思想和中国特色社会主义体系概论"课程中分专题设计"好"故事时，教师可以以中华人民共和国的成立史、改革开放的艰辛历程，以及十八大以来党和国家所取得的历史性成就与变革为专题，分别展现出中国从站起来、富起来到强起来的奋进过程，选择那些蕴含着中国特色社会主义制度、中国特色社会主义理论体系和中国特色社会主义道路，体现着中国的风土人情、社会变迁和发展梦想的故事，引导学生认识到站在新时代的潮头浪尖，更需要抓紧发展、勇于创新。还可选择体现国家巨大成就背后无数普通人奋斗的故事，比如，"两弹一星"功勋的故事、深圳逃港潮的故事、小岗村分田包干的故事、农民工的奋斗故事、高铁建设者辛劳付出的故事、普通快递员勤勉尽责的故事、"90后"大学生奋斗在乡村默默付出的故事等，通过各种"好"故事的汇聚形成专题教育，引导大学生认真学习这些感人事迹背后所蕴含的各种主流价值和优秀品质，激励大学生不断加强自身历练，努力向先进靠齐。

参考文献

[1] 蔡名照. 讲好中国故事 传播好中国声音——深入学习贯彻习近平同志在全国宣传思想工作会议

上的重要讲话精神［J］. 对外传播，2013（11）.

［2］习近平在中共中央政治局第十三次集体学习时强调：把培育和弘扬社会主义核心价值观作为凝魂
      聚气强基固本的基础工程［N］. 人民日报，2014－02－26.

［3］习近平在北京大学考察时强调：青年要自觉践行社会主义核心价值观 与祖国和人民同行努力创
      造精彩人生［N］. 人民日报，2014－05－05.

开放大学的思想政治教育： 重要价值、发展现状及优化路径探究

阮 韵 赵 刚 吴正文[①]

摘 要：开放大学的思想政治教育既是全面提升大学生思想政治素质的重要依托，也是推动思想政治教育"社会化"与建立多元一体的社会思想价值体系的重要支撑。目前开放大学仍存在思政课程"边缘化"、教学方式"单一化"、远程教学"低效化"以及思政教育过于"理论化"等现实困境，因而必须完善思政课程体系以强化思政教育价值，改革传统授课方式以提升思政教学实效，积极组织实践活动以做到理论联系实际，以及树立思想政治先锋以发挥示范带动效应，最终在提升开放大学思想政治教育水平的基础上提升其思想政治建设的总体质量。

关键词：开放大学 成人教育 思想政治教育 思想政治建设

思想政治教育是无产阶级政党执政的重要支撑，而学校是实施这种教育的重要平台。学校以传播党的理想信念、政治纲领、方针政策等内容的方式教育大众、引导大众，传播主流意识形态，从而既为党的长期执政奠定思想基础，也为党的事业循序推进提供动力源泉。因此，思想政治教育理应是所有学校教育的核心内容。开放大学作为一

① 阮韵，成都广播电视大学讲师。赵刚，成都广播电视大学党委书记，副教授。吴正文，成都广播电视大学副教授。

种新型大学，能够接纳来自多元年龄层、学历层和职业层的社会大众参与学校学习，其教育对象的范围更广且情况更复杂，同样应当承担起思想政治教育的重要职责。在新时代人才需求急剧膨胀的背景下，开放大学更应当以培育具备较高专业技能和思想政治素养的人才为核心教育原则。因此，开放大学不仅应注重思想政治教育，而且要积极实施思想政治课程改革，以满足新时代对高品质人才的需求。

一、开放大学思想政治教育的重要价值

《国家中长期教育改革和发展规划纲要（2010—2020 年)》提出，要健全宽进严出的学习制度，办好开放大学。开放大学以现代信息技术为支撑，以开放式的学习时间、学习地点、课程资源为教学特色，它既是满足不同层次社会群体对公共教育资源需求从而促进高等教育民主化、社会化、终身化的重要平台，也是推动传统面授式教学向现代远程式教学转型以实现教育现代化的重要桥梁。因此，开放大学拥有更便捷的教育平台和更大众化的教育对象，通过实施思想政治教育，能够有效发挥思想引领功能、教育社会化功能和价值整合功能，从而有力提升开放大学的总体教育质量和国家思想政治教育的总体水平。

（一）思想引领功能：促进学生思想政治素质的全面提升

思想政治教育是贯彻立德树人教育理念的重要举措，是培养德智体美劳全面发展的社会主义接班人的根本措施，是实现中华民族伟大复兴的思想基础，是一切教育的基础与核心。开放大学思想政治教育的首要价值，即引导学生树立正确的政治观、思想观、价值观，全面提升学生的思想政治素质水平。思想政治教育侧重两方面的教育，即道德培育和政治教育。因此，开放大学首先要深化立德树人的教育理念，以立德为根本，注重培养学生的道德品质。学校乃启心智、去蒙昧的地方，我国自古便重视道德教育。《孟子·梁惠王》中讲"谨庠序之教，申之以孝悌之义，颁白者不负戴于道路矣"，强调学校要在思想观念上指引学生，使其养成优良的品质。其次，开放大学思想政治教育的核心是政治性、思想性，即塑造学生对共产主义的自发认同与坚定信仰。王沪宁认为"塑造社会主义新人的政治教育核心是共产主义教育"[1]，即强调信仰教育在思想政治教育中的关键地位。时代在进步，社会在发展，学校"传道、授业、解惑"的职能始终未

变，但对于教学内容有了更具体的要求，即对思想政治教育提出了更高的要求。习近平总书记在北京大学五四青年节讲话时曾指出，青年的价值取向决定了未来整个社会的价值取向，而青年又处在价值观形成和确立的时期，抓好这一时期的价值观养成十分重要。这就像穿衣服扣扣子一样，如果第一粒扣子扣错了，剩余的扣子都会扣错。因此，学校教育不可重教学、轻教育，应将思想政治教育放在首要发展位置，引导学生"扣正"人生的第一粒扣子，引导学生自发树立"四个自信"和"四个意识"，帮助学生自觉树立社会主义核心价值观，将良好的思想政治品德内化于心、外化于行。综上所述，为培养出具备较高思想政治素质的人才，必须狠抓开放大学的思想政治教育，塑造符合中国特色社会主义发展方向的思想政治观，促进学生思想政治水平的全面提升。

（二）教育社会化功能：推动思想政治教育由学校惠及社会

思想政治教育并非学校教育的专属品，真正有效的思想政治教育必然要以全体社会大众为教育对象，只是教育的方式、程度有所不同。开放大学介于一般高校与社会之间，是帮助更多社会人士获取优质高校学习资源以提升自我知识水平、学历水平的重要桥梁。开放大学的思想政治教育课程建设，将有助于推动学校思想政治课堂向社会思想政治课堂拓展，有助于实现学校教育向社会教育延伸，从而推动思想政治教育惠及整个社会。从某种意义上来说，开放大学所从事的已然不是纯粹学校的思想政治教育，而是思想政治教育"社会化"的重要内容。一方面，开放大学的教育对象既是学生，很大部分也是社会工作者，具备双重身份属性的他们将作为"中间人"或者"传播者"把思想政治理念带入社会，潜移默化地影响整个社会的思想政治氛围；另一方面，开放大学所营造的"学习型社会"氛围将有助于推动思想政治教育在更大社会范围内的实施，可以加速现有制度的开放，提高学习者终身素质，扩大教育的机会和责任，加快建立学习型社会的步伐。正是由于开放大学突破了一般高校教育的高门槛，将丰富的学习资源、学历资源充分向社会大众开放，赋予了更多人学习的机会与空间，将大大有助于构建一个赖以期待的"学习型社会"。因此，开放大学需要明确自身定位，除了为大众提供专业技能学习机会以外，同时承担传播马克思主义科学理论与引导社会大众树立社会主义核心价值观的重要任务。开放大学思想政治教育功能的发挥将在很大程度上影响思想政治教育"社会化"的实效，从而影响国家思想政治教育的整体水平。

（三）价值整合功能：建立多元一体的社会思想价值体系

与一般院校不同的是，开放大学具备显著的社会性、开放性、多元性特征，因而其思想政治教育功能的作用范围不局限于学校，会辐射到整个社会，进而推动社会价值整合，并建立多元一体的社会思想价值体系。由于开放大学的学生来自社会的各层次、各领域，从某种意义上说，开放大学就是整个现代社会的"缩影"。从历史来看，在中国共产党的领导下，通过人民群众的辛勤劳动，我们走出了一条具有中国特色的社会主义道路，实现了国家经济的快速发展，国际地位显著提高。但从现实来看，我国在获得巨大发展的同时也面临着一些风险。习近平总书记强调："要看到我国经济社会发展每个阶段呈现出来的新特点……我们面临的国际国内风险、面临的难题也发生了重要变化。"[2]随着改革开放进入深水区，社会思想观念和价值取向日趋活跃，主流和非主流同时并存，社会思潮纷纭激荡，导致意识形态领域的斗争愈发复杂，给国家安全与社会发展带来了巨大挑战。开放大学的思想政治教育功能若能有效辐射到社会，将有助于整合多元化的社会思想价值观念，并产生两大效益。一是有利于培育社会大众之间的"信任感"，进而丰富社会资本，充实社会人力资源，而社会资本具有黏合剂的功效，能够带来组织与合作的效益。二是有利于增强社会大众对党和国家的"认同感"，进而引导社会大众自觉拥护中国共产党的领导权威，积极支持中国特色社会主义事业的发展。综上所述，开放大学能够将其思想政治教育的效用延伸到社会，在保持社会多样性的同时引导社会大众树立正确的政治观、思想观、价值观，最终建立多元一体的社会思想价值体系。

二、开放大学思想政治教育的发展现状

从课程设置、授课方式、教学效果以及联系实际等层面来看，开放大学的思想政治教育主要存在思政课程"边缘化"、教学方式"单一化"、远程教学"低效化"以及思政教育过于"理论化"等现实困境。这些问题的存在阻碍了开放大学思想政治建设的进程，进而影响了开放大学的整体性发展，影响了国家思想政治教育的总体成效。

（一）轻视思想政治教育导致思政课程"边缘化"

开放大学对思想政治教育的重视程度整体不高，思政课程"边缘化"问题较为突

出。开放大学以成人教育为主要特征，学生对专业的实用性要求普遍较高，因而普遍表现出"重技术而轻思政"的鲜明特征。在专业课程设置上，通过对近三年成都开放大学的课程设置情况的调研可知，开放大学的计算机科学与技术、市场营销、水利水电工程、土木工程等技术类课程不仅数量较多，学分比重也偏高，而思想政治类课程数量总体较少，学分比重也较低。因为与技术类课程相比，思想政治类课程首先缺乏一定的实用性，且内容总体较枯燥，难以有效调动学生的学习兴趣。其次，思想政治类课程对学生的影响并非即时性的而是潜在的，在短时间内难以满足学生对自我能力提升的迫切需求。求职就业等功利心理因素，导致一些学生自觉过滤掉对自我的思想政治要求。也就是说，开放大学学生的学习需求是即时性的、实用性的，功利性特征较为明显，而开放大学为回应这一需求，将技术类课程视为重点建设对象，从根本上忽视了对学生的思想政治素养培育。对此，开放大学必须形成更长远的战略眼光，以提升学生的综合素质为发展目标，变被动为主动，自觉将思想政治教育纳入课程建设的重点工程，彻底改变思想政治课程"边缘化"的尴尬局面。

（二）忽视学生特质导致课程教学方式"单一化"

"以学生为本"是教育的重要原则，因而开放大学必须将学生的发展需求放在学校发展的首要位置，形成适应本校学生特质的培养模式。开放大学的学生主要具备以下特征：一是来自不同社会群体，知识结构和知识水平参差不齐，思想价值观念较为多元化，对思想政治理论的认知程度更是大有不同。"他们由于多种个人原因，对于问题的分析、理解、看待角度均有较大差异，如何正确对待和把握这些不同层次的学生思想政治教育工作，也是当前开放大学思政教职工的巨大考验。"[3]二是对实用性知识和技术渴求度较高，思想政治学习意识总体较薄弱。反观近三年成都开放大学学生选课情况，不难发现，物流管理、电子商务、计算机信息管理等实用性强的技术性课程选课人数每年保持稳定的增长率，而理论性相对较强的专业，近三年选课人数呈负增长状态。选课情况反映出开放大学学生对于实用技术的需求强烈，对于思想政治理论知识的学习需求相对偏低。三是学生同时面临工作、学习和生活等方面的多重压力，学习精力总体较为有限。以上特质要求教师在教学过程中做到兼顾各方、因人而异、因时制宜，适当调适课程教授方案，改变课程教授方式。但开放大学在思想政治教育的过程中往往忽视了学生的特质，以传统的单向"灌输式"教授为主，课程内容枯燥乏味且针对性、实用性较低，不能有效满足学生多元化的学习需求，从而加大了"教"与"学"之间的鸿沟，导致思想政治教育的整体效果不佳。

（三）网络技术应用不当导致远程教学"低效化"

开放大学以远程教学为主要特色和优势，但网络信息技术在思想政治课程中并未得到高效运用，导致其远程教学呈现"低效化"状态。以"灌输式""填鸭式"教学为主要特点的传统教育模式忽视了师生之间的互动关系，学生参与度较低导致学生对知识的接受度较为有限，知识创新性与发散性也较为不足。网络的重要特征之一就是互动性、开放性，这是弥补传统教育缺陷的重要手段，但在开放大学的思想政治课程中，这一特征并未得到有力彰显，课程的总体效果也欠佳。其原因主要有三方面：其一，网络所呈现的开放学习环境让学生的价值观念更加多元，加大了思想政治教育难度。网络具有双重特性，一方面能提供更便捷的信息传递方式，共享更丰富的课程资源，搭建更便于互动的网络课程平台；另一方面也建构了一个更加纷繁复杂的网络学习环境，可能影响学生的价值取向与是非判断能力，导致学生的思想价值观念更加多元化，进而对思想政治课程产生逆反心理。其二，远程课程的技术缺陷难以调动学生积极性，反而导致师生距离扩大化。远程思想政治教育跨越了时间与空间局限，为学生提供了更便捷的学习方式，但由于网络技术仍有待提升，课程本身单向性特征显著以及学生互动意愿偏低，远程教育反而加大了师生之间的空间距离，还产生了心理隔阂，进而影响课程进程与效果。其三，学生的自主性、自觉性整体不足，不仅难以适应远程教育对自主学习的高要求，还可能导致学生更加忽视对思想政治课程的学习。因此，开放大学必须充分利用网络信息技术优势，改革远程思想政治课程的授课形式与内容，建立一个互动型的思想政治课程学习社区，充分激发学生对思想政治课的学习兴趣，让学生自觉学习、自主学习，主动融入思想政治课程学习中去。

（四）缺乏线下实践课程导致思政教育过于"理论化"

理论联系实际是中国共产党的优良传统和作风，也理应是开放大学思想政治教育的基本原则。马克思主义认为，全部社会生活在本质上是实践的，唯有真正深入实践，经得起实践检验的理论才能趋近于真理。因此，习近平总书记强调"书呆子"现象要不得，"要切实加强对马克思主义的学习，重视学习的针对性和指导性，善于用马克思主义的立场、观点、方法认识和解决遇到的问题"[4]。也就是说，思想政治教育以学习和弘扬马克思主义以及中国特色社会主义理论的立场、观点、方法为核心内容，但其最终落脚点在于指导实践，并在实践中获得进一步发展。开放大学尽管已将思想政治教育提上教学日程，但在操作过程中仍忽视实践要求而偏向于"理论化"。由于学生对课程内容的接受能力与学习时间较为有限，过于"理论化"的思想政治课程不仅难以激发学生的学习兴趣，一定程度还影响学生对课程内容的理解深度，进而影响课程的整体质量。因此，开放大学不仅要加强思想政治课程的理论建设，也要积极组织实践活动，让学生在现实中去感受中国在坚持中国特色社会主义的道路的前提下发生的巨大变化，在社会生活中去感悟劳动人民用辛勤劳动换来幸福生活的不易，用身体力行的实践换取学生对思想政治理论的深刻理解，以树立扎根人民、奉献国家的坚定信念。

三、开放大学思想政治教育的优化路径

开放大学的思想政治教育不论对于开放大学自身的长远发展，对于国家思想政治教育的整体成效，还是对于社会总体的思想政治状态而言，都具有重大价值。因此，开放大学必须高度重视思想政治教育，通过采取富有针对性、创造性、实用性的措施推动其思想政治教育水平大幅提升。

（一）完善思政课程体系以强调思政教育价值

开放大学思想政治教育质量总体不高的原因之一，在于学校领导、教师和学生从观念上更偏重技术类课程，一定程度上忽视思想道德修养教育。因此，从思想上强化思想政治教育理念并完善思想政治课程体系，让教师、学生从内心树立起思想政治教育意识，是开放大学优化思想政治教育的第一任务。为此，首先要以教师为核心强化思想政治教育理念，加强思政教师队伍建设。马克思在批判包括费尔巴哈在内的唯物主义者时，提出"环境正是由人来改变的，而教育者本人一定是受教育的"。也就是说，人类社会发展的根本推动力量是人及人的社会实践，无论教育者还是受教育者都处于这种社会实践的全过程。在这个过程中，即使教育者也要不断从社会实践中汲取力量、更新自我，始终保持教育与受教育的双重状态。换言之，作为思想政治理念传授主体的教师，既是引领者、组织者、指挥者，也是学习者、探索者、开拓者。习近平总书记强调，传

道者自己首先要明道、信道。高校教育要坚持教育者先受教育，努力成为先进思想文化的传播者、党执政的坚定支持者，更好担起学生健康成长指导者和引路人的责任。因此，开放大学提高思想政治教育质量，理应从教师这一源头抓起，首要任务是要求教师树立正确的思想政治教育观念。要着力提升授课教师的政治觉悟、道德修养，要求老师成为社会主义核心价值观的忠实传播者，让学生能够在教师的言传身教中树立正确的政治观、道德观、价值观。其次，要狠抓思想政治课程改革，强化思想政治课的重要性。一是通过优化思想政治课程考核方式，将对思政课的考查提高到与专业课考查相等的地位；二是设置思想政治课程结业考试，要求学生在考试中成绩达到相应标准才可以申请学位。通过采取以上措施从课程设置上赋予思想政治课程高度重要性。最后，要坚持双管齐下，一方面对任课教师要求思想政治教育质量，另一方面对学生要求思想政治教育成效，以全面提升开放大学思想政治教育的总体水平。

（二）改革传统授课方式以提升思政教学实效

授课方式是影响思想政治课程实施效果的关键因素，因而开放大学提升思想政治教育水平的核心步骤就是改革授课方式，让课堂真正成为师生的互动平台、学习平台与思想政治理念的传播平台。开放大学可以充分发挥互联网优势，以网络信息技术为中心实施思想政治课远程教学改革，变传统单向式教学为互动式教学，激发学生对思想政治课程的学习兴趣。开放大学要高效利用远程教学平台，探索问题探究式教学模式，让师生在以问题为核心的网络互动课堂中增进对知识点的理解，"推动学生'学'的主动性与'教'的主体性的有机融合，实现受教者对课程知识体系的个体重构"[5]。要在线下思政课程内容的基础上再度提炼、发散，将思想政治教育要求与开放大学学生发展需求紧密结合，精心打造思政精品课、"慕课"及"微课程"等，开发独具开放大学特色的思政系列课程，让学生在课本的基础上吸收更新鲜、更深度的知识营养。此外，还要充分利用网络资源，及时跟进政治热点、社会舆情，持续更新和丰富思政课教学内容，让开放大学的思想政治教育紧密切合时代要求与时代特征，让学生在理论教学与时政探讨中深化对新时代思想政治理念的理解，形成对当下国内国际事件的正确认知，争做政治立场坚定、思想品德高尚的新时代"弄潮儿"。

（三）积极组织实践活动以做到理论联系实际

思想政治教育既有理论教化的一面，也有需要实践检验的一面。也就是说，开放大学的思想政治教育必须摆脱过于"理论化"的现实困境，将理论指导与实践锻炼充分结合起来，让学生在具体的实践中深化对理论的认知，自觉培育、养成较高的思想政治素养。2016年12月，习近平在全国高校思想政治工作会议上强调，做好高校思想政治工作，要因事而化、因时而进、因势而新。因此，开放大学的思想政治教育需要"树立理论导向、问题导向和实践导向……不断加强实践教学，发扬实践育人优良传统"[6]。一方面，学校可以以"红色文化"、传统文化等为主题，积极组织课外集体实践活动，让学生亲身感知革命文化，亲自体验传统文化，在实践中引导学生树立道路自信、理论自信、制度自信和文化自信。"'红色资源'是我党宝贵的思想政治教育资源，它所蕴含的科学思想观念、正确政治思想、高尚道德情操、严明法纪意识、良好心理品质和健康审美情趣，与现代思想政治教育促进人的自由全面发展的目标是一致的。"[7]学校可根据实际情况定期安排学生参加走访革命基地、参观烈士纪念馆、慰问抗战老兵等活动，充分发挥红色资源功能，拓展思政教育课堂形式，激发学生爱国热情，鼓舞学生以昂扬的斗志投身于中国特色社会主义建设。另一方面，鼓励学生以多元形式积极投身社会实践，并定期开展实践总结、汇报与交流活动。例如，要求学生每学期定量参加社会公益活动，制作学习视频，汇报学习心得以准确把握学生的思想政治倾向。总之，开放大学应充分考虑思想政治教育特点及开放大学的办学特色，将线上学习与线下实践有机结合起来，组织具有开放大学自身特色的思想政治课堂，进而推动思想政治教育质量的显著提升。

（四）树立思想政治先锋以发挥示范带动效应

实施思想政治教育的过程也是推动思想政治建设的过程。"开放大学教学体系的特殊性，教师与学生的分散性，很难实现完全的统一协调的教学指挥，需采取'化整为零''由点带面'的思想政治教育模式。"[8]换言之，开放大学可充分发挥"思政学习先锋""党员团员先锋"和"社会道德先锋"的典型示范作用，以榜样的力量推动学校思想政治教育与思想政治建设，让"星星之火可以燎原"。一是树立"思政学习先锋"，营造浓郁的思想政治学习氛围。开放大学可采用"以人为鉴"的方法，树立思想政治课程学习标兵，让学生在互相学习与引导中自觉树立正确的政治观、思想观、价值观。二是树立"党员团员先锋"，以优秀党员、团员的实际行动联系群众、感召群众，让党团组织的感召力、凝聚力由学校延伸到社会，进而巩固社会大众对中国共产党及其事业自发的心理认同。开放大学可选拔优秀党员、优秀团员和学生代表等，让他们带领其他学生经常开展社会志愿服务活动，在志愿服务中提高思想认识与道德品质。三是树立"社会道德先锋"，树立道德品质标杆。开放大学的学生以职业多元化、年龄多样化为显著特征，多数学生具有较丰富的社会阅历和基层工作经验，因而可充分发掘各个领域的社会道德模范，宣传他们先进的事迹，营造'见贤思齐'的积极氛围，在润物无声的环境中自然而然影响其他学生，将开放大学的学生培养成为有大爱、大德、大情怀的新时代人才。

四、结语

"国无德不兴，人无德不立"。作为实现立德树人教育目标的重要途径，思想政治教育是一切教育活动的基础，也理应在开放大学的发展战略中占据核心位置。因此，针对思想政治教育中存在的思政课程"边缘化"、教学方式"单一化"、远程教学"低效化"以及思政教育过于"理论化"等问题，开放大学必须因时而异、因事而化、因势而新，充分结合自身办学的开放性、多元性、大众性以及远程化等特点，着力完善思政课程体系，改革传统授课方式，积极组织社会实践活动以及树立思想政治先锋。通过以上措施，有效发挥开放大学思想政治教育的思想引领功能、教育社会化功能与价值整合功能，努力为社会输送兼具较高思想政治素养与专业能力素养的优质人才，为营造良好的社会思想政治氛围贡献力量。

参考文献

[1] 王沪宁. 政治的逻辑：马克思主义政治学原理［M］. 上海：上海人民出版社，2004：375.

[2] 习近平在中共中央政治局第二十次集体学习时强调：坚持运用辩证唯物主义世界观方法论 提高解决我国改革开放发展基本问题本领［N］. 人民日报，2015－01－25.

[3] 吴智学，黄丽燕，王国祥. 新媒体时代开放大学思想政治教育的困境与出路［J］. 湖北函授大学学报，2018（1）.

[4] 习近平. 之江新语［M］. 杭州：浙江人民出版社，2007：271.

[5] 苏红霞，李迪蓉，林卫平，徐世红. 开放大学视野下电大思政课程教学改革探讨——以《中国特

色社会主义理论体系概论》为例 [J]. 河南广播电视大学学报，2014（1）.

［6］韩喜平. 把握好高校思政工作的"事""时""势"［N］. 光明日报，2016－12－14.

［7］李霞，曾长秋. 论红色资源的教育功能及其拓展 [J]. 湖南师范大学社会科学学报，2011（6）.

［8］吴智学，黄丽燕. 开放大学思想政治教育实现立德树人目标的动力机制探究 [J]. 海南广播电视
大学学报，2018（2）.

"课堂＋实践＋网络" 让思想政治理论课活起来

——以西华大学为例

张　静①

摘　要：思想政治理论课在大学生思想政治教育中发挥着主渠道、主阵地的作用。西华大学历来高度重视思想政治理论课建设，积极推进思政课程改革创新，抓住课堂、实践和网络三个关键，探索"课堂＋实践＋网络"的教学模式，实现了校内教育教学资源与校外育人资源的有机整合，增强了思想政治理论课的实效性，提升了当代大学生对思想政治理论课的获得感。

关键词：思想政治理论课　课堂　网络　实践

一、课堂：狠抓思政课课堂建设

为提高课堂教学质量，西华大学制度先行，成立了思想政治理论课建设工作领导小组、西华大学思想政治理论课教学协调委员会，下发了《中共西华大学委员会关于进一步加强思想政治理论课建设和管理的实施意见》《中共西华大学委员会关于加强马克思

---

①　张静，西华大学党委宣传部思想理论科科长，主要研究方向为思想政治教育。

主义学院建设的实施意见》《关于印发〈西华大学思想政治理论课建设体系创新计划实施办法〉的通知》等文件以指导思想政治理论课建设。

在课堂教学上，西华大学实施了全方位、立体化的"教—学—管"一体化的教学管理监控模式，建立了校、院、系三级听课制度和学校教学督导评教、学院领导评教、教师评教、学生评教相结合的四级教学质量评价体系，确立了思想政治理论课教师准入制度、师资培训制度、集体备课制度、示范课公开课制度，形成了完善的思想政治理论课教学管理—监控—评价体系。

在探索和实践"体验+表达"教学模式中，把习近平新时代中国特色社会主义思想和马克思主义中国化理论融入教学过程，精心挑选承载历史和时代记忆的音乐、舞蹈、诗词歌赋等内容，组织学生演出，充分调动了学生学习的积极性，使学生对党的革命建设历史有了更深刻的掌握，对党为了实现中华民族伟大复兴的历史使命，团结带领人民历经千难万险，创造了一个又一个人间奇迹有了更深刻的理解。

二、实践：发挥思政课实践育人作用

西华大学积极探索思想政治理论课教学与暑期"三下乡"社会实践相融合、思想政治理论课教学与学生学术研究活动相融合的模式，充分发挥思政课的实践育人作用。

2017 年西华大学暑期"三下乡"社会实践以"不忘初心跟党走，青春喜迎十九大"为主题，围绕思想政治理论课程内容开展实践活动，共组建了 105 个实践团队。结合"毛泽东思想和中国特色社会主义理论体系概论"课程，实践团队深入南充市嘉陵区与赴甘孜州巴塘县进行扶贫调研；结合"中国近现代史纲要"课程，实践团队参观了重庆渣滓洞、丁佑君烈士纪念馆、中国工农红军四渡赤水太平渡陈列馆等，追忆红色文化、传承红色基因；结合"思想道德修养和法律基础"课程，实践团队深入农村和基层，围绕理论和政策宣讲、科技支农、教育关爱、文化服务、爱心医疗等领域广泛开展实践服务活动。思想政治理论课教学与暑期"三下乡"社会实践相融合的模式，进一步推动了学生在社会实践活动中"受教育、长才干、作贡献"，提高了学生践行社会主义核心价值观的自觉性。

学校鼓励学生积极参与服务地方经济社会发展的工作。比如，受四川省脱贫攻坚领导小组的委托，参加了 2017 年计划摘帽贫困县交叉考核和第三方评估工作。学校共派出 40 余人次参与并圆满完成了对达州市通川区 2017 年扶贫工作考核验收及第三方评估工作，派出 40 余人次师生分别完成了对凉山州越西县、达州市开江县脱贫攻坚成效第三方评估工作。这些活动使学生亲身感受到在党的领导下精准扶贫政策给贫困户生活所带来的巨大变化，近距离感受到在党的领导下精准扶贫工作所取得的重要成果，体验到党的领导干部在艰苦条件下如何带领群众发挥主观能动性并实现脱贫致富，进一步坚定了中国特色社会主义道路自信、理论自信、制度自信、文化自信。

学校大力推进大学生思想政治教育课主渠道、主阵地协同育人机制，充分发挥马克思主义理论的学科、研究优势，实行思想政治理论课"主客体双向互动"，鼓励学生积极参与马克思主义理论研究，在"西华杯"大学生科技创新项目、"登峰计划"项目中，思想政治教育相关课题逐年增加；推动"两学一做"学习教育常态化制度化，多个学院建立了学生党建工作室；深入开展了"青年马克思主义者"培养工程、"精品团组织"等培养教育与实践活动；成立了"习近平新时代中国特色社会主义青年学习研究会"等学生社团。

三、网络：主动抢占网络育人新阵地

2012 年，西华大学将上海市教卫党委网络文化中心创建的实名制网络互动社区"易班"（www. yiban. cn）引入，动员全校师生进行建设，成为让"易班"走向全国的第一所试点高校。学校主动作为，积极探索基于"易班"网络互动社区的大学生思想政治教育教学改革，在省内外高校中发挥了引领和示范作用。学校实施网络课堂建设和教学改革两大工程，以系统性和吸引力为重点，打造网络大课堂；以针对性和亲和力为目标，改革思政理论课教学，形成了课内课外、线上线下同频联动开展思想政治教育的强大合力，深受学生欢迎，思想引领润物无声，人才培养成效显著。

目前西华易班发展中心按照"融入立德树人全过程、发挥示范引领作用"的建设思路推进"易班"建设，主动抢占网络育人新阵地，编制了《易班大学生思想政治教育工作指导意见》，构建"价值体系、文化体系、规范体系、成才体系、问题体系"五个模块的教育内容。学校制定并实施了思想政治理论课进易班工作实施方案，在"易班"上开设了西华大学思政"易"学堂，设置了思政"易"工作室、"易"课程、"易"实践和"易"视野四大板块，创新思想政治理论课教学形式。综合分析学生在"易班"上的思想动态，为思政课教学提供参考，理论教学贴近学生思想生活实际，提升了针对性和亲和力。同时，将课后在线学习与社会实践融入"易班"，构建了"课堂教学、实践教学、网络教学"相互融合的思政理论课教学模式。

2017年西华易班发展中心成立了"一麦工作室""悦读者·易起读书""袅袅炊烟工作室""情声集"等网络文化工作室，推进网络文化建设工作。利用"易班"开展了"学习贯彻十九大精神"系列活动，并在"优课"上建立"纵论天下"课群，开展"成功举办G20杭州峰会对于中国和世界的深远意义""向世界说明中国""守护我们共同的未来——以人民为中心的生态文明建设逻辑""中国应对南海问题面临的挑战""忆路、承魂、筑梦——长征，在路上""当前中美关系和地区形势""什么是中国共产党人的'初心'"等七个课程的学习，潜移默化地推动着大学生思政教育入脑入心。

同时，学校充分挖掘通识教育课程、专业课程的"德育元素"，与思政理论课一同奏好思政交响曲，使立德树人既体现在各学科、各课程的每一堂课中，又渗透在学生日常生活学习的点滴中。

四、成效：思政课程改革创新出成果

2017年，西华大学先后迎接教育部党组书记、部长陈宝生，省委常委、宣传部部长甘霖，时任省委教育工委书记、教育厅厅长朱世宏和中宣部、中央网信办、教育部相关司局领导来校检查调研"易班"建设工作。学校共接待2个省外教育部门，56所学校近300人次的调研交流，到共建高校培训指导近千人次。4月25日，教育部部长陈宝生来校调研思想政治工作，参观易班学生工作站和省教育厅易班建设与发展中心，并在学校召开了四川省高校思想政治工作座谈会。

在探索"体验＋表达"思政课教学模式过程中，马克思主义学院教师陈秀章开展了"青春梦想"思政课课堂教学实践活动，活动采用文艺表演的形式，学生通过自编自导的微视频、歌曲合唱、诗歌朗诵等作品，巧妙地把中国梦、马克思主义思想等融入主题班会中，有效提升了思政课的亲和力和实效性。

在思政课程育人的影响下，西华大学涌现了一系列充满正能量的校园人物。如2015年7月，机械工程学院2015级学生杨川橧好心搀扶老人被讹一事在网络引发广泛关注，但他不改初心，弘扬传统美德，坚持助人为乐。2017年10月19日，2016级能源与动力工程专业学生郑奎，作为四川骨髓库第119例造血干细胞捐献者，在华西医院血液科无偿捐献出198毫升造血干细胞，救助了一名来自广东的急性非淋巴细胞白血病患者。

同时，西华大学思政课催生了一批高质量的校园文化作品。继2015年获得全国总冠军、2016年获得全国亚军之后，西华大学在2017年第三届全国高校"校园好声音"比赛中再次获得全国总冠军。比赛中演唱的歌曲《恰同学少年》是"西华好声音"全体成员集体原创的歌曲，充满正能量，获得广大评委和观众的好评。西华大学积极参加教育部办公厅组织开展的高校学生思想政治理论课学习成果展示系列主题活动，美术与设计学院学生作品《一带一路》荣获全国高校思想政治理论课学生艺术作品巡展一等奖。凤凰学院学生拍摄的微电影《与思政课的幸福相遇》，展现了西华大学形式多样的思想政治理论课程教学体系，以鲜活的教学内容展示了新时代思想政治理论课的风采，改变了学生学习思政课枯燥乏味的状况，该视频荣获全国高校学生微电影展示二等奖。

高校思想政治工作

GAOXIAO SIXIANG ZHENGZHI GONGZUO

新时代大学生思想政治工作的新思考①

李天友②

摘　要：习近平总书记在全国高校思想政治工作会议上的重要讲话为大学生思想政治工作指明了方向。新时代加强大学生思想政治工作，必须在习近平新时代中国特色社会主义思想的指引下，深入贯彻党的十九大精神、全国教育大会和全国组织工作会议精神，落实立德树人根本任务，全面加强党的领导，牢牢掌握大学生思想政治工作领导权和主动权，加强学生党支部建设和创新发展，把大学生思想政治工作贯穿教育教学全过程。

关键词：新时代　大学生　思想政治工作

青年一代有理想、有本领、有担当，国家就有前途，民族就有希望。党的十八大以来，以习近平同志为核心的党中央把青年成长成才和大学生思想政治工作摆在重要位置。在全国高校思想政治工作会议上，习近平总书记指出："高校思想政治工作关系高校培养什么样的人、如何培养人以及为谁培养人这个根本问题。要坚持把立德树人作为中心环节，把思想政治工作贯穿教育教学全过程，实现全程育人、全方位育人。"[1]在党

---

①　本文是四川大学 2018 年度党建研究课题（项目编号：2018DJKT09）阶段性研究成果。
②　李天友，四川大学化工学院党委副书记兼纪委书记、副教授，主要研究方向为高校思想政治教育、高校党的建设。

的十九大报告中，习近平总书记再次强调：“要全面贯彻党的教育方针，落实立德树人根本任务……培养德智体美全面发展的社会主义建设者和接班人。”[2]习近平总书记系列重要讲话立意高远、思想深邃，是指导做好当前及未来很长一段时间大学生思想政治工作的纲领性文献，为做好新形势下大学生思想政治工作指明了行动方向。

一、牢牢掌握党对大学生思想政治工作的领导权和主动权

习近平总书记指出，办好我国高等教育，必须坚持党的领导，牢牢掌握党对高校工作的领导权，使高校成为坚持党的领导的坚强阵地。我们的大学扎根在中国大地上，是中国特色社会主义大学。因此，我们的大学姓“党”，坚持中国共产党的绝对领导是我国高校的本质特征。

（一）坚持党对高校的全面领导，高校党委要承担起管党治党、办学治校的主体责任，肩负起“把方向、管大局、作决策、保落实”的政治任务

党的十九大报告指出，党政军民学，东西南北中，党是领导一切的。同时指出，中国特色社会主义最本质的特征是中国共产党领导，中国特色社会主义制度的最大优势是中国共产党领导，党是最高政治领导力量。我们的高校是中国特色社会主义高校，必须坚持党对高校的全面领导。中共中央、国务院印发的《关于加强和改进新形势下高校思想政治工作的意见》重点指出，“要完善高校党的领导体制，坚持和完善普通高校党委领导下的校长负责制，高校党委对本校工作实行全面领导，履行管党治党、办学治校的主体责任，切实发挥领导核心作用”[3]。深入贯彻落实党的十九大精神和全国高校思想政治工作会议精神，进一步做好高校大学生思想政治工作，高校党委必须自觉增强政治意识、大局意识、核心意识、看齐意识，自觉维护以习近平同志为核心的党中央权威和集中统一领导，自觉在思想上、政治上、行动上同党中央保持高度一致，不断完善坚持党的领导的体制机制，夯实管党治党、办学治校的基础，提升领导高校思想政治工作的能力，使得高校成为坚持党的领导的坚强阵地。

（二）抓紧扛牢大学生思想政治工作主体责任，把大学生思想政治工作摆在党委工作突出位置，构建党委统一领导、校院和职能部门齐抓共管的工作格局

“党委要保证高校正确办学方向，掌握高校思想政治工作主导权，保证高校始终成

为培养社会主义事业建设者和接班人的坚强阵地。"[4]高校各级党委要把大学生思想政治工作摆在教书育人的首要位置，要承担好大学生思想政治工作的主体责任。高校党委书记要履行学校大学生思想政治工作第一责任人的职责。校长要在学校党委领导下组织实施党委有关大学生思想政治工作。学校党委分管学生工作的副书记是大学生思想政治工作直接责任人，其他校级领导班子成员要按照"一岗双责"要求，对联系学院大学生思想政治工作负重要领导责任。要强化校内二级学院党的领导，发挥学院党委的政治核心作用，履行政治责任，监督保证党的路线方针政策及上级党组织决策的贯彻执行。校、院两级都要构建党委统一领导、党政齐抓共管、职能部门组织协调、各方积极参与的工作格局。二级学院要充分发挥党政联席会议的决策作用，充分发挥集体领导、党政分工合作、协调运行的工作机制效能，提升大学生思想政治工作决策水平和执行能力。校、院两级纪委要履行监督责任。

（三）加强大学生党支部建设，夯实党支部在大学生思想政治工作中的坚强战斗堡垒作用，使每个学生党员在党爱党、在党言党、在党为党

基层组织是党的生命力、凝聚力、战斗力与创造力的不竭源泉，是确保党的路线方针政策和决策部署贯彻落实的基础。新形势下，加强大学生思想政治工作必须夯实大学生党支部建设，发挥党支部的战斗堡垒作用和学生党员的先锋模范作用。要扩大党组织的覆盖面，积极探索把学生党支部建在学生最活跃的地方，做到"哪里有学生党员哪里就有学生党组织，哪里有党组织哪里就有健全的组织生活和党组织作用的充分发挥"[5]。研究生在原有按照年级、专业设置党支部的基础上，探索依托实验室、重大项目组、学科组、课题组、创新团队等设置党支部。本科生积极探索在学生社团和学生宿舍（社区）设置党支部。要按照守信念、重品行、有本领、敢担当、讲奉献的要求，从优秀辅导员、优秀教师党员、优秀大学生党员中选拔学生党支部书记。

"党的基层组织应当把吸收具有马克思主义信仰、共产主义觉悟和中国特色社会主义信念，自觉践行社会主义核心价值观的先进分子入党，作为一项经常性重要工作。"[6]高校发展学生党员必须贯彻落实控制总量、优化结构、提高质量、发挥作用"十六字"方针，坚持《中国共产党章程》规定的党员标准，对标《中国共产党发展党员工作细则》各项要求。党支部要担负好直接教育党员、管理党员、监督党员和组织群众、宣传群众、凝聚群众、服务群众的职责，引导广大党员发挥先锋模范作用。推进"两学一

做"学习教育常态化，提高学生党员队伍教育实效，使每个学生党员都做到在党爱党、在党言党、在党为党。

二、始终把加强大学生理想信念教育和社会主义核心价值观引领贯穿教育教学全过程

习近平总书记指出，实现中华民族伟大复兴的中国梦，需要一代又一代有志青年接续奋斗。有志青年需要培养，高校思想政治工作就是为了立德树人。加强高校大学生思想政治工作，"必须围绕学生、关照学生、服务学生，不断提高学生思想水平、政治觉悟、道德品质、文化素养，让学生成为德才兼备、全面发展的人才"[7]。

（一）坚持以习近平新时代中国特色社会主义思想为指导，努力引导学生做到"四个正确认识"

党的十八大以来，我国高等教育事业取得历史性成就，最根本的在于以习近平同志为核心的党中央的坚强领导，在于习近平新时代中国特色社会主义思想的科学指引。新时代做好大学生思想政治工作，必须毫不动摇地坚持以习近平新时代中国特色社会主义思想为指导，聚焦"四个坚持"：一是坚持传播党的理论和指导思想，坚持以马克思列宁主义、毛泽东思想、邓小平理论、"三个代表"重要思想、科学发展观、习近平新时代中国特色社会主义思想为指导，发挥第一课堂教育作用，为学生成长奠定科学的思想基础。二是坚持培育和践行社会主义核心价值观。社会主义核心价值观是当代中国精神的集中体现，凝结着全体人民共同的价值追求。坚持第一、第二课堂结合，让社会主义核心价值观入学生的脑、进学生的心。三是坚持加强对大学生的人文关怀和心理疏导，加强对困难大学生的帮扶，解困和育人结合起来，建设和谐稳定的校园环境。四是坚持培育优良校风和学风，既要建好世界一流大学，更要大力培养一流人才。

高校思想政治工作要以社会主义核心价值观教育为龙头，加强大学生思想和价值引领，引导学生做到"四个正确认识"：一是正确认识世界和中国发展大势，要以国家富强、人民幸福为己任，胸怀理想、志存高远，积极投身中国特色社会主义伟大实践，并为之终生奋斗；二是正确认识中国特色和国际比较，全面客观认识当代中国和外部世界，树立为共产主义远大理想和中国特色社会主义共同理想而奋斗的信念和信心；三是

正确认识时代责任和历史使命，加强思想道德修养，不断养成高尚品格，勇做走在时代前列的奋进者、开拓者；四是正确认识远大抱负和脚踏实地，既要"仰望星空"，又要脚踏实地，把远大抱负落实到实际行动中，坚持艰苦奋斗，不贪图安逸，不惧怕困难，不怨天尤人，依靠勤劳和汗水开辟人生和事业前程。

（二）进一步强化思想政治理论课和专业课的育人功能，推进思想政治教育融入全课程

坚持用社会主义核心价值观统领课程建设，大力推动以"课程思政"为目标的课堂教学改革，将培育和践行社会主义核心价值观贯穿课程建设全层次、全类别、全过程，进一步强化思想政治理论课和专业课的育人功能。夯实"课堂教学"这个思想政治教育主阵地。可以从两方面进行着手，一是思想政治理论课要聚焦学生思想引领，以满足学生成长发展需求和期待为出发点，提升思想政治教育的亲和力和针对性。要不断提高思想政治理论课教师队伍的学术和理论水平，注重将理论和实际结合，聚焦社会生活的生动案例，对准现实问题，为大学生答疑解惑，增强思想政治理论课的针对性、实效性、吸引力和感染力。二是强化专业课程的社会主义核心价值观教育功能。要以思想政治教育课程全覆盖为目标，以"全课程核心价值观教育"建设为龙头，梳理专业基础课程、专业核心课程、实践实习课程所蕴含的思想政治教育元素和所承载的思想政治教育功能，把思想政治工作融入课堂教学、生产实习、认识实习各环节，实现思想政治教育与知识体系教育的有机统一。思想政治理论课和专业课都要守好各自的一段渠、种好自己的责任田，形成思想政治教育网状课程体系，同向同行，发挥协同效应。高度重视大学生第二课堂建设，强化第二课堂的思想教育和价值引领作用。第二课堂主动对接第一课堂特别是研究生思想政治理论课教学内容，强化实践育人，把志愿服务、创新创业教育、校园文化建设作为培育和践行社会主义核心价值观的重要抓手。

三、强化教师育人首要责任，抓好队伍建设构建全员育人体制机制

大学生思想政治工作从根本上说是做人的工作，而人的工作只能由人来做。习近平总书记强调，教师是人类灵魂的工程师，承担着神圣使命。教书和育人是高校教师的两大基本职责，高校教师要更好担起学生健康成长指导者和引路人的责任。加强大学生思

想政治工作，必须聚合不同岗位上的教师力量，形成"大思政"工作格局。

（一）强化政工干部和辅导员队伍建设，担负起大学生思想引领的政治责任

大学生思想政治教育工作队伍主体是学校党政干部和共青团干部、思想政治理论课和哲学社会科学课教师、辅导员和班主任。实际工作中，学工系统包括学生工作部、研究生工作部、团委和心理健康中心等主要负责大学生思想政治工作的组织和协调部门。辅导员是大学生日常思想政治教育和管理工作的组织者、实施者、指导者，是开展大学生思想政治教育的骨干力量。这些队伍肩负着对大学生进行思想理论教育和价值引领的政治责任，担负着学生党团和班级建设、学风建设、学生日常事务管理、心理健康教育与咨询、校园危机事件应对、学生职业规划与就业创业指导等重要任务。

加强辅导员队伍建设，要做到"两手抓、两手硬"。一手抓辅导员政治素质和理想信念教育，必须使其具备坚决贯彻执行党的基本路线和各项方针政策的素质；一手抓辅导员开展思想政治工作的能力建设，通过培训和实践，使其"掌握思想政治教育工作相关学科的基本原理和基础知识，掌握思想政治教育专业基本理论、知识和方法，掌握马克思主义中国化相关理论和知识，掌握大学生思想政治教育工作实务相关知识，掌握有关法律法规知识"[8]。

（二）强化研究生导师师德师风建设，肩负起研究生思想政治教育的首要责任

研究生导师是研究生培养的关键力量，肩负着培养国家高层次创新人才的使命与重任。立德树人是导师的首要职责。高校坚持全员育人，必须充分发挥导师在研究生思想政治教育中首要责任人的作用。导师要把思想政治教育与研究生专业学习、科研训练指导工作相互渗透、有机结合，做到"导思想、导人生、导学习、导科研、导心理、导就业、导生活"。要突出"导思想"在指导工作中的重要地位，引导研究生做到"四个正确认识"，树立正确的世界观、人生观、价值观，提升思想水平和政治素质，成为又"红"又"专"的高层次专门人才。

确保研究生导师主动积极承担研究生思想政治教育的首要责任，履行立德树人的首要职责，高校要把好两道关。第一关是把好导师遴选关，把具有优秀的思想政治素质作为遴选研究生导师的重要条件，要看导师候选人能不能做学生锤炼品格的引路人，能不

能做学生学习知识的引路人，能不能做学生创新思维的引路人，能不能做学生奉献祖国的引路人。第二关是把好导师考核评价关。要把导师开展研究生思想政治教育工作的情况作为首要考核内容，考核结果与研究生招生指标、职称晋升、年度绩效等挂钩，发挥应有的奖惩效能。对疏于管理、日常指导不力的导师，培养单位应及时警示，并视其情况减少招生指标或停止招生，甚至取消导师资格。

（三）落实名誉班主任制度，充分发挥专家学者在大学生思想政治教育中的重要作用

让全体教师把育人职责扛起来，必须"要坚持把思想政治工作贯穿教育教学全过程，探索构建全员育人的体制机制，让学校领导、教师职工、科学家都参与立德树人工作，用自己的品德修养来引导学生，用自己的学识智慧来激励学生"[9]。在高校，科学家不仅仅是研究自然和人文的科学家，管理者不仅仅是管理具体事务的管理者，还应该是立德树人的行家里手、是大学生群体的"正极"和榜样。构建育人工作合力，就要动员科学家、专家学者、知名教授和优秀领导干部担任本科学生名誉班主任，发挥这支特殊队伍的积极力量，让他们与学生直接、随时沟通，把大学生凝聚到正面典型人群周围。名誉班主任要结合自身从事专业的特点和研究领域的情况，结合自身在学术上、教学上、管理上取得的经验和成绩，创新开展大学生理想信念教育，积极指导大学生参加科研训练，指导学生写好学术论文，当好学生"双创"训练的优秀指导教师，培养大学生的创新意识、科研精神，切实提高学生的创新能力和实践能力。

参考文献

[1] [4] [7] 习近平：把思想政治工作贯穿教育教学全过程 开创我国高等教育事业发展新局面 [EB/OL]. (2016—12—09). http://cpc. people. com. cn/ n1/2016/1209/c64094—28936173. html.

[2] 习近平. 决胜全面建成小康社会 夺取新时代中国特色社会主义伟大胜利——在中国共产党第十九次全国代表大会上的报告 [N]. 人民日报，2017—10—28.

[3] 中共中央 国务院印发《关于加强和改进新形势下高校思想政治工作的意见》[N]. 人民日报，2017—02—28.

[5] 中共教育部党组关于印发《普通高等学校学生党建工作标准》的通知 [Z]. 教党〔2017〕8 号，2017—02—28.

［6］中共中央办公厅关于印发《中国共产党发展党员工作细则》的通知［Z］. 中办发〔2014〕33 号，2014－05－28.

［8］普通高等学校辅导员队伍建设规定［Z］. 中华人民共和国教育部令第 43 号，2017－09－21.

［9］董洪亮，赵婀娜，张烁，丁雅诵. 使高校成为坚持党的领导的坚强阵地——习近平总书记在全国高校思想政治工作会议上的重要讲话引起热烈反响［N］. 人民日报，2016－12－11.

新时代高校思想政治工作谨防五大误区

贾兆帅　张　洁①

摘　要：思想政治工作是中国特色社会主义大学的灵魂工程。习近平总书记在全国高校思想政治工作会议上的重要讲话为新时代加强和改进高校思想政治工作提供了根本遵循。深入学习贯彻习近平总书记重要讲话精神，全面提升高校思想政治工作水平，需要谨防五大误区：功能定位错位，1%短板效应，传道者失道失信，知行脱节、重知轻行和政治认知失衡。

关键词：高校　思想政治工作　五大误区

思想政治工作作为中国特色社会主义大学的灵魂工程，是我国高校扎根中国大地办大学的"根"和"魂"。脱离了思想政治工作，高校的建设改革发展就会迷失方向、丧失动力，就无法回答"培养什么样的人""如何培养人"以及"为谁培养人"这一系列根本性问题。思想政治工作薄弱，培养的学生就会得思想上的"软骨病"，甚至未来可能成为社会的"危险品""爆炸品"。习近平总书记在全国高校思想政治工作会议上的重要讲话，是新形势下指导高等教育发展的一篇纲领性文献，更是加强和改进新形势下高校思想政治工作的根本工作指南。当前和今后一个时期，深入学习贯彻习近平总书记在

---

① 贾兆帅，西南交通大学党政办公室文秘科科长。张洁，电子科技大学学校办公室综合科科长。

全国高校思想政治工作会议上的重要讲话精神，应该坚持问题导向，自觉发现问题、主动分析问题、积极解决问题，做到"对症下药"，确保高校始终沿着社会主义办学方向前进，着力培养德才兼备、全面发展的中国特色社会主义事业的合格建设者和可靠接班人。新形势下做好高校思想政治工作，需谨防以下五大工作误区。

一、功能定位错位

习近平总书记强调，要坚持不懈促进高校和谐稳定，培育理性平和的健康心态，加强人文关怀和心理疏导，把高校建设成为安定团结的模范之地。高校和谐稳定是高等教育事业发展的重要基石，也是高等教育事业发展的重大政治任务。没有高校的和谐稳定，就很难有整个社会的和谐稳定。高校思想政治工作的成败直接关系到高校的和谐稳定，思想政治工作既要培养学生对于中国特色社会主义事业的满腔热情，也要培养学生理性平和的健康心态，遇到问题和解决问题时都能够冷静思考、理性应对。

在维护校园和谐稳定的压力之下，在一些思想政治工作者眼中，高校思想政治工作不同程度上与"维稳"画上了"等号"，他们片面地认为加强思想政治工作的目的就是维护学校和谐稳定，以致在具体工作中出现了不少偏差。高校中存在一定程度的站在维稳的角度去部署开展学生日常思想政治教育工作的情况，日常思想政治教育工作的目标之一就是确保学生"少出事"甚至"不出事"。从维护校园和谐稳定的角度上，这些做法本无可厚非，思想政治工作本应具有促进和谐稳定的功能。但是，如果将思想政治工作直接等同于维稳，就容易产生一系列的问题，一旦思想政治工作的方向发生了严重的偏移，思想政治工作的重点就容易错位，思想政治工作的成效也就很难保证。在高校思想政治工作的具体实践中，一些辅导员的主要精力和注意力都聚焦在了个别存在安全稳定隐患的学生身上，从维稳的角度采取一切可能的举措防范学生"出事"，但是却弱化甚至忽略了学生整体的日常思想政治教育。因为一旦学生"出事"，都是大事，相关责任方需要承担极大的责任。同时，对于个别有安全稳定隐患的学生，在工作上也往往是治标不治本，教师将注意力放在确保学生在校期间"不出事"方面，待这些学生毕业离校时希望他们尽快离校，实际上是将安全稳定的风险和隐患推向了社会。这种不负责任的工作方式方法，也背离了高校思想政治工作的初衷。

高校思想政治工作要回归其战略初衷，就应该站在确保中国特色社会主义事业后继有人、实现"两个一百年"奋斗目标和中华民族伟大复兴中国梦的战略高度，认识和领会高校思想政治工作的重大意义。维护和谐稳定是高校思想政治工作的重要功能之一，但不是主要功能，更不是全部功能。仅仅着眼于维护校园安全稳定而开展思想政治工作，本身就是对高校思想政治工作极其片面的理解，不利于新形势下加强和改进高校思想政治工作。习近平总书记在全国高校思想政治工作会议上的重要讲话中，对高校思想政治工作的重大意义做了科学完整的论述，需要认真学习、深刻领会。只有将全国高校思想政治工作会议精神落实到位，高校思想政治工作才能提升战略高度，才能更好地为人民服务，为中国共产党治国理政服务，为巩固和发展中国特色社会主义制度服务，为改革开放和社会主义现代化建设服务。

二、1% 短板效应

习近平总书记指出，思想政治工作从根本上说是做人的工作，必须围绕学生、关照学生、服务学生，不断提高学生思想水平、政治觉悟、道德品质、文化素养，让学生成为德才兼备、全面发展的人才。这里所指的"学生"是全体学生、每一名学生，而不是大部分学生或者个别骨干学生。这是做好高校思想政治工作需要准确把握的一个重要观点。

唯物辩证法认为，在事物的发展过程中，主要矛盾和矛盾的主要方面起着决定性作用，决定着事物的发展方向和根本性质。但这并不意味着在具体工作中可以忽视次要矛盾和矛盾的次要方面，因为主要矛盾和次要矛盾之间、矛盾的主要方面和次要方面之间会相互转化。高校思想政治工作不仅要关注代表着主流思想状态的大部分学生，更应该关注那些处于非主流状态的小部分学生。思想政治工作需要覆盖到每一名学生，而不能仅仅追求大部分学生的德才兼备、全面发展。

在高校思想政治工作的具体实践中，有一个典型现象就是"主流发力"，把主要精力放在了大部分代表着主流思想状态的学生身上，而在思想上存在不足或有问题的学生身上发力不够；甚至存在所谓的"小部分人感冒，大部分人吃药"的现象，即学生群体中小部分人或者是极个别人思想政治方面出现一些问题，结果是大部分不存在这些问题的学生在接受形式多样的思想政治教育，而真正存在问题的学生没有受到足够的关注和教育引导。这就容易造成思想政治工作中的"马太效应"。培养出99％德才兼备、全面发展的人才，而忽视了剩下的1％的学生，这并不能代表思想政治工作的完全成功。1％有问题的学生步入了社会，对社会发展和稳定带来的影响同样不可小视。客观来说，学生原本都像一张白纸，没有好坏之分，关键是要教育引导到位，不能因为思想政治工作上的"发力不均"甚至是"发力偏差"，而造成了"99％"与"1％"的区别。管理学上有一个重要的定律"木桶定律"，强调的就是在工作中要注重补齐短板，实现均衡发展。思想政治工作同样如此，99％的长板固然成绩显著，但是1％的短板却在某种程度上决定着工作的成败，只要存在1％的短板就意味着思想政治工作的不完美、不到位。

高校思想政治工作要坚持问题导向，既要整体把握思想政治工作面上的问题，更要准确把握个体学生思想政治方面存在的具体问题。思想政治工作要做到"精准发力"，应该在解决好面上存在的普遍性问题的基础上，下大力气解决好个体学生思想政治方面存在的突出问题。既要关注大多数，更要花时间和精力去关注极少数，精准发力到每一位学生。高校思想政治工作就是要努力让每一位学生都成为中国特色社会主义事业的合格建设者和可靠接班人。

三、传道者失道失信

习近平总书记在河南省兰考县委常委扩大会上的重要讲话中，提到了著名的"塔西佗陷阱"，实际上是强调要始终坚持党同人民的血肉联系，保持党和政府强有力的公信力。"塔西佗陷阱"得名于古罗马时代的历史学家塔西佗，讲的就是当政府或其他公共组织的公权力一旦失去了公信力，无论做什么、说什么，民众都会认为是坏的、假的。在高校思想政治工作中，同样需要警惕"塔西佗陷阱"。高校思想政治工作要取得显著成效，尽管不是通过公权力来实现，但是同样需要不断保持和增强思想政治工作的公信力，这样才能赢得学生的参与和支持，否则就容易产生逆反心理，无论怎么说、怎么做，学生都会觉得不可信甚至产生排斥情绪。

在高校思想政治工作主渠道和主阵地的建设过程中，需要不断强化思想政治工作在学生心中的公信力。2014年《辽宁日报》曾刊发过一篇致高校哲学社会科学老师的一封公开信——《老师，请不要这样讲中国》[1]，文中提出个别老师在大学课堂上讲中国存在三大问题：缺乏理论认同、缺乏政治认同、缺乏情感认同。这对于高校的思想政治工作而言可以说是非常致命的。如果连大学教师尤其是思想政治理论课教师都缺乏对社会主义主流意识形态的认同，高校思想政治工作的公信力也就自然被大大削弱。教师都不认同的世界观、人生观和价值观，怎么可能会让学生心悦诚服地认同？同时，有些高校思想政治工作者在学生思想政治教育具体工作中，说一套做一套，同样会极大削弱高校思想政治工作的公信力。一旦失去了公信力，危害极大，而要在学生中重建公信力，更是难度极大。

习近平总书记指出，传道者自己首先要明道、信道。高校教师要坚持教育者先受教育，努力成为先进思想文化的传播者、党执政的坚定支持者，更好地担起学生健康成长指导者和引路人的责任。这一重要论述实际上就是避免高校思想政治工作步入"塔西佗陷阱"的关键"钥匙"。教育者必须要先受教育，首先成为中国特色社会主义事业的合格建设者，做"有理想信念，有道德情操，有扎实学识，有仁爱之心"[2]的"四有"好老师，"坚持教书和育人相统一，坚持言传和身教相统一，坚持潜心问道和关注社会相统一，坚持学术自由和学术规范相统一"[3]。

高校思想政治工作对教师要有严格的纪律约束和制度约束，落实师德师风"一票否决"制，对思想政治理论课教师、党务工作者、辅导员、领导干部等队伍应该提出更高要求，切实起到示范引领的积极作用，在全校范围内营造良好的育人氛围和正确的价值导向。切实将高校思想政治工作作为底线指标纳入教师考核评价体系和职称评价体系，同时纳入全校各项工作的年度考核评价指标体系，确保高校思想政治工作贯穿教育教学全过程。高校思想政治工作只有坚持"人人有责，人人负责，人人尽责，严格追责"，才能不断增强高校思想政治工作的公信力、影响力和战斗力，切实提高高校思想政治工作的实效性。

四、知行脱节、重知轻行

习近平总书记在系列重要讲话中多次强调"知行合一""行胜于言"，强调理论与实践相统一、远大抱负和脚踏实地相统一。加强和改进高校思想政治工作，就是要为学生健康成长奠定科学的思想基础，教育引导学生树立正确的世界观、人生观和价值观，解决好人才培养工作中的"如何学做人"这一首要问题。思想是行动的先导，思想上认识正确、认识到位对于思想政治工作而言是第一位的。没有思想认识上的正确和到位，就不可能有行动上的正确和到位。

但在高校思想政治工作的具体实践中，存在一个重要的误区："知行脱节、重知轻行"，也就是高校思想政治工作的重心完全放在了学生的思想教育引导上，而弱化甚至忽视了学生的行为教育引导。思想上认识到了，并不意味着行动上就一定与思想同向同行、步调一致。行动相对于思想而言，存在一定的滞后性，甚至还会表现为不一致性，这是高校思想政治工作中应该引起高度重视的问题，高校思想政治工作不仅要解决好学生的思想认识问题，同时要解决好学生"知行合一"的问题。

武汉大学人文社会科学研究院课题组每年发布的《中国大学生思想政治教育发展报告》，通过问卷调查、数据分析来反映当前大学生的思想认知、价值观念、政治态度、道德意愿、文化素养等状况。从数据统计分析的结果来看，大学生思想政治状况的总体态势为积极向上。总体而言，大学生的政治鉴别力和是非判断力较强，什么是对的、什么是错的，什么是应该坚持的、什么是应该反对的，学生基本上都有清晰的判断，这是思想政治理论课这一主渠道和日常思想政治教育这一主阵地不断加强而取得的重大成果。需要注意的是，小部分学生把对一些重要问题的认识仅仅看成是应试教育中的"标准答案"而已，片面地认为是学校的要求、教师的要求、考试的要求，而不是自己心中真正认同的"标准答案"；或者是即使认同这些"标准答案"，也是"知其然不知其所以然"，日常生活中不一定会将这些"标准答案"转化为实际行动，实现行动上的自觉。一旦调查问卷被看成了"考试卷"，谈心谈话被看成了"面试"，学生就会倾向于按照"标准答案"回答问题，这实际上无法掌握学生真实的思想动态，但是让一些思想政治工作者产生错觉，认为通过调查问卷或者谈心谈话了解到的情况就一定准确可靠，甚至认为思想认识上没有问题，行为上就自然不会出问题。一个比较有代表性的现象是，高校中一些看似"品学兼优"的学生，可能骨子里是"精致的利己主义者"，这就是学生中典型的"双面人"，表面上看起来各方面表现很突出、很优秀，但实际上存在发展缺陷。

准确掌握学生真实的思想政治状况，要从思想和行为两方面做全方位了解，嘴上说的、纸上写的只是其中一个方面，更要关注学生平时的行为表现尤其是关键环节上的行为表现，相较而言行为表现更容易真实反映思想状况。同时，高校思想政治工作既要做好学生思想的引导与教育，更要注重学生行为的引导与监管，促进学生在实现"知行合一"的基础上做到德才兼备、全面发展。这对新时代高校思想政治工作提出了更高要求，不仅要让学生"知"，更要关注和引导学生的"行"，鼓励和引导学生广泛参与主题社会实践，深入社会、了解社会、关注社会、服务社会，既要思想自觉，更要行动自觉，做到"知行同步""知行同向""知行合一"。

五、政治认知失衡

习近平总书记在庆祝中国共产党成立95周年大会上的重要讲话中指出，坚持不忘初心、继续前进，就要坚持中国特色社会主义道路自信、理论自信、制度自信、文化自信。高校思想政治工作就是要不断增强大学生的"四个自信"，"用中国梦激扬青春梦，为学生点亮理想的灯、照亮前行的路，激励学生自觉把个人的理想追求融入国家和民族的事业中，勇做走在时代前列的奋进者、开拓者"[4]。自信源于对彼此的深刻而清晰的认知，更源于对国家综合发展实力的认可。中国特色社会主义道路自信、理论自信、制度自信、文化自信，是中国共产党成立近100年来和新中国成立近70年来，特别是改革开放40年来的伟大实践所证明了的，"我们比历史上任何时期都更接近中华民族伟大复兴的目标，比历史上任何时期都更有信心、有能力实现这个目标"[5]。

高校思想政治工作要围绕增强"四个自信"开展各项工作，就要避免走进自负或自卑的误区。习近平总书记指出，中国特色社会主义不断取得的重大成就，意味着近代以来久经磨难的中华民族实现了从站起来、富起来到强起来的历史性飞跃，意味着社会主义在中国焕发出强大生机活力并不断开辟发展新境界，意味着中国特色社会主义拓展了发展中国家走向现代化的途径，为解决人类问题贡献了中国智慧、提供了中国方案。[6]这是对"四个自信"最集中、最直观、最全面的诠释，是基于历史与现实做出的重大判断，充分体现了实事求是的原则。高校思想政治工作应该建立在实事求是的基础之上，既不能片面夸大、唯我独尊，也不能自我矮化、妄自菲薄，既不能片面地认为中国特色社会主义道路、理论、制度和文化完全可以强加或移植到其他任何国家和地区，产生狭隘的民族主义倾向，完全排斥和否定其他道路选择和文明价值，也不能迷信西方发达地区的制度模式和文化理念，产生"外国的月亮都比中国圆"的自卑心理；既不能对某些落后的发展中国家或地区的发展模式一概否定、轻之蔑之，也不能对西方发达国家或地区的文化、价值、制度等盲目崇拜，不加批判地全盘接纳。习近平总书记要求教育引导学生正确认识世界和中国发展大势、正确认识中国特色和国际比较，就是要认识和把握人类社会发展的历史必然性、中国特色社会主义的历史必然性，要全面客观认识当代中国、看待外部世界。具体而言，要不断增强大学生"四个自信"，坚持实事求是的态度，讲清楚人类社会发展的基本规律和中国近现代的具体国情，讲清楚中国共产党领导中国人民取得的巨大历史成就，讲清楚中国在发展进程中所产生和面临的一系列问题的实质，讲清楚学生在国际比较中容易产生的一些认知错误，引导学生认清中国特色社会主义制度与西方资本主义制度的根本区别、中国发展模式相较于西方发展模式的独特优势以及中国与西方某些方面发展差距产生的根源和未来趋势等，引导学生立足中国实际，既不盲目排外，拒绝一切外来文明成果，也不盲目媚外，照搬照抄西方的发展模式，从而不断增强政治鉴别力、敏锐性和自信心。

参考文献

[1] 老师，请不要这样讲中国——致高校哲学社会科学老师的一封公开信 [N]. 辽宁日报，2014-11-13.

[2] 习近平在北京师范大学考察时号召全国广大教师做党和人民满意的好老师 [N]. 人民日报，2014-09-10.

[3] [4] 习近平在全国高校思想政治工作会议上强调：把思想政治工作贯穿教育教学全过程 开创我国高等教育事业发展新局面 [N]. 人民日报，2016-12-09.

[5] 习近平：在纪念孙中山先生诞辰150周年大会上的讲话 [N]. （2016-11-11）. http://www.xinhuanet.com/politics/2016-11/11/c_1119897047.htm.

[6] 习近平在省部级主要领导干部"学习习近平总书记重要讲话精神，迎接党的十九大"专题研讨班开班式上发表重要讲话强调：高举中国特色社会主义伟大旗帜 为决胜全面小康社会实现中国梦而奋斗 [N]. 人民日报，2017-07-28.

成都市高校思政教育与创业教育融合研究

张　萍①

摘　要：在"大众创业，万众创新"的背景下，大学生思想政治教育和创业教育如何相辅相成、相互促进是深化高校教育改革的重要课题之一。本文运用问卷调查、数理统计、专家访谈等方法，以成都市高校为研究对象，对其思政教育和创业教育的融合现状进行研究，发现思政教育和创业教育在教育目标、内容、模式上有许多共同点，存在着相互贯通、相互联系、相辅相成的关系。成都市高校在实践中以各种形式对两者进行了融合，取得了较好的成效，但也存在一定的问题。基于此，本文提出成都市高校思政教育和创业教育融合的新途径。探讨丰富思政教育、创业教育的理论和实践内容，提高成都市大学生的创业素质的相关方法，对于实现更高质量的大学生创业带动就业，促进成都市的经济社会发展具有重要意义。

关键词：成都市　高校　思政教育　创业教育　融合

习近平总书记在全国高校思想政治工作会议上强调，高校思想政治工作关系高校培养什么样的人、如何培养人以及为谁培养人这个根本问题。要坚持把立德树人作为中心环节，把思想政治工作贯穿教育教学全过程，实现全程育人、全方位育人，努力开创我

---

①　张萍，成都体育学院教务处教务评估与信息党总支书记，副教授，主要研究方向为高校思想政治教育和党建。

国高等教育事业发展新局面。大学生思想政治教育上升到前所未有的高度。党的十八大以来，国务院、教育部下发了一系列指导高校开展创业教育、促进大学生自主创业的文件，尤其是教育部在《关于做好2016届全国高等学校毕业生就业创业工作的通知》中，明确提出从2016年起全国高校必须开设创新创业教育课程，并纳入学分管理。当前促进大学生创新创业成为高校深化改革的新常态，大学生创业教育已经成为教育领域的新议题。

高校思政教育和创业教育从本质上讲都是"人的教育"，目的都是促进大学生综合素质的提高，使其全面成才。创业教育可以为思政教育丰富内容、手段，搭建新平台，而思政教育可以为创业教育把握好发展方向。在走访调查过程中，成都市高校或多或少都将思政教育和创业教育进行了融合，取得了一定的成效，但也存在一些问题，比如内容体系不健全、工作指向性不明确、重点不够突出等，从而影响教育的效果。因此，如何充分挖掘两者的优势，将两者有机融合起来，促进人才的教育和培养，具有重要的理论和现实意义。

一、高校思政教育和创业教育的关系

高校思想政治教育以大学生全面发展为目标，贯穿于教育教学全过程，其根本任务是培养德智体美劳全面发展的社会主义合格建设者和接班人，其主要内容包括"以理想信念教育为核心的'三观'教育、以爱国主义教育为重点的民族精神教育、以基本道德规范为基础的公民道德教育和以大学生全面发展为目标的素质教育"。创业教育以培养大学生创业基本素质为核心，是一种更深层次的素质教育，包括创业意识、创业精神、创业能力、创业品质等内容。[1]从两者的教育目标、内容、模式上看，都是"以人为本"的教育和培养大学生综合素质的教育，存在目标的一致性、内容的互补性和模式的协同性，存在着相互贯通、相互联系、相辅相成的关系。

（一）思政教育是创业教育的方向盘

长期以来高校思政教育积累了丰富的教育经验，形成了一套完整的、行之有效的体系，为创业教育提供了宝贵的经验。创业教育作为一种新兴的理念，发展时间较短，在发展过程中存在着各种不同的问题，尤其是高校虽然重视创业能力的提升，但对学生的创业精神和创业品质教育又不够。一些学生在学习过程中功利性较强，以能否获取利润作为单一衡量创业成功的标准。因此，高校在创业教育中必须发挥思想政治教育工作的引领作用，开展既有利于个人全面发展又符合社会需要的创业实践，以此帮助大学生形成良好的世界观、人生观、价值观。帮助大学生创业不仅是物质上的满足，更重要的是作为独立的个人，担负起社会责任，将个人理想与社会理想相结合，实现个人价值和社会价值的统一。

（二）创业教育是思政教育的有效载体

在新形势下，主要以课堂教学为主、以学生活动为载体的高校思政教育存在形式较为单一、内容不够丰富等问题，有些内容缺乏时代性和针对性，不能满足学生多元化发展的需要。实践是提高思想政治教育效果的重要途径，高校思想政治教育的实践活动形式应该与时俱进、兼容并蓄。创业教育作为一项实践性较强的教育，学生的参与热情普遍较高，高校通过开展各类创业活动，提升学生的主动性，能够很好地解决思政教育理论和实践脱节的问题。将思政教育从"无形"转化至"有形"，从生硬呆板转变为有活力、有灵性，从空洞说教转变为有抓手，有阵地。[2]因此，创业教育创新了思政教育的方式和途径，成为其新的载体，拉近了大学生活和社会的距离，使大学生更加准确、清晰地认识自己，正确地认识社会，提升自己的综合素质。

二、成都市高校思政教育和创业教育融合的现状

笔者走访调查了成都市高校部分教师、工作人员及学生，总结了各类学校思政教育和创业教育融合的现状，具体情况如下：

成都市各类高校都开设了创业教育课程，比如"创业基础"课程，并纳入学分管理，但无校本教材，对创业教育的研究较少，且不成体系。创业教育专业师资缺乏，课程主要由辅导员、班主任等思想政治教育工作者担任，这不利于思政教育和创业教育的融合。

成都市大部分高校专门设立了创新创业教育工作部门，如创新创业俱乐部、创业教育中心、创客中心、创业教育学院，负责资助大学生创业项目，开展各类创业讲座、以"互联网＋"等主题的创新创业大赛系列活动，在学生中营造了良好的创业氛围，取得

了较好的成绩。部分高校将创业教育纳入考核指标中，但在进行创业教育中，存在"过于注重提高创业技能"的现象，从而忽略了创业精神、职业道德修养等思想素质的培养，这不利于大学生形成正确的创业价值观。

三、成都市高校思政教育和创业教育融合的新途径

（一）创新教育新理念

新时期，思政教育和创业教育被赋予了新的含义，也面临着新的挑战，如何树立正确的理念，如何合理发挥各自优点，将两者科学有效地融合就显得十分重要。这就需要我们积极创新教育理念，转变育人思路，加强思政教育对创业教育的引领和保障作用，促进创业教育价值的实现和提高，同时创业教育也要坚持正确的导向来促进思政教育价值的体现，形成两者相互融合、相辅相成的局面。

（二）创新课堂教学，提升师资队伍水平

在教学方面，成都市高校应加强思政教育课程和创业教育课程的融合，尤其是内容上的融合。在思政教育课程体系课程中加入创业教育，可以发挥创业精神的激励作用，增强思政教育的现实感和吸引力；在创业教育课程中加入思政教育，有助于提升学生综合素质，树立正确的创业观念，为创业可能面临的困难和挑战做好准备。

成都市高校在开展创业教育过程中，应重视师资队伍建设，优化教师队伍结构，实现教育的专业化，鼓励开展思政教育和创业教育的融合教育，加强研究，编著校本教材。各高校应对任课教师进行融合教育内容和方法上的培训，使融合教育顺利铺开；同时，通过聘请专业化教师、企业家或咨询师到校参与教学，培养学生的创业能力和意识，提升学生的社会责任感和综合素质。

（三）搭建创业教育实践平台

实践应贯穿思政教育和创业教育的全过程，通过实践，大学生可以将所学知识转化成现实中的直接经验，将知识转化成能力。成都市高校应在强化思政教育的同时，积极搭建创新创业实践平台。通过建设创业实验室、创业孵化园、创业街区等不同类型的实践基地，让学生真正融入社会，提升自身综合素质。努力开展各类创业教育第二课堂活

动，定期举办各类讲座、创业技能大赛、创业设计大赛等，在提升学生创业能力的基础上，激发学生创业热情，多措并举培养学生的创业精神、创业意识。借助校企合作培养机会，使学生在企业中参加在岗实习和培训，提升实践能力，丰富社会经验。

（四）营造良好的校园创业文化氛围

良好的文化环境是学生成长过程中不可或缺的条件，校园文化可以对学生产生潜移默化的影响。思政教育和创业教育的融合很大程度上依赖于校园文化，成都市高校应通过新媒体等方式大力宣传创业精神教育，让学生对创业有更深刻的认识；通过树立创业典型，激发学生的创业积极性；通过开展各类不同的创业教育活动和培训，吸引大学生积极参加，提升其创业能力；依托行业企业，建立大学生创业组织或者创业基地等营造创新创业的良好校园文化。

四、结语

高校思政教育和创业教育紧密相连，两者的融合有其内在的合理性，具有重要的现实意义。高校教育者，应当准确把握思政工作和创业工作的交叉点，促进两者的科学融合，以思政教育明确创业教育的方向，以创业教育提升思政教育的效率，为高校培养创新创业型人才做出积极贡献。

参考文献

[1] 曲琳琳. 高校思想政治工作与创业教育相互融合的合理性与途径 [J]. 才智，2009（20）.

[2] 黄文霞. 在高校思想政治教育中引入创业教育的研究 [D]. 合肥：安徽农业大学，2012.

以 "四个全面" 战略布局引领新形势下 高校思想政治工作的实施路径①

欧阳辰晨　李　敏②

摘　要： 习近平总书记在党的十九大报告中强调，必须统筹推进"五位一体"总体布局，协调推进"四个全面"战略布局，提高党把方向、谋大局、定政策、促改革的能力和定力，确保党始终总揽全局、协调各方。"四个全面"战略不仅是党中央治国理政的总方略，更对加强和改进新形势下高校思想政治工作具有重大指导意义。对广大高校思想政治教育工作者而言，必须把"四个全面"战略思想融入大学生思想政治教育全过程，积极引领高校思想政治工作，提升思想政治教育的针对性和实效性。

关键词： "四个全面"　高校　思想政治工作　路径

① 本文是 2017 年度四川大学生思想政治教育研究中心立项课题（项目编号：CSZ17075）、2017 年四川省教育发展研究中心立项课题（项目编号：CJF17057）、四川省高等学校思想政治教育研究会 2017—2018 年度立项课题（项目编号：SCSZ2017088）的阶段性成果。

② 欧阳辰晨，西华师范大学党委宣传部干部、助理研究员，主要研究方向为思想政治教育理论与实践。李敏，西华师范大学副校长，教授、硕士生导师，主要研究方向为党建与思想政治教育。

一、深刻认识"四个全面"战略布局对新形势下高校思想政治工作的重要意义

（一）"四个全面"作为党中央治国理政的核心理念，为高校思想政治工作带来重大发展契机

习近平总书记在全国高校思想政治工作会议上强调："我国有独特的历史、独特的文化、独特的国情，决定了我国必须走自己的高等教育发展道路，扎实办好中国特色社会主义高校。我国高等教育发展方向要同我国发展的现实目标和未来方向紧密联系在一起，为人民服务，为中国共产党治国理政服务，为巩固和发展中国特色社会主义制度服务，为改革开放和社会主义现代化建设服务。"[1]新形势下高校思想政治工作要紧密围绕党的十九大精神和全国高校思想政治工作会议精神，切实抓住"四个全面"战略布局为高校思想政治工作发展带来的重大机遇，全面深化思想政治教育改革，全面完善高校法制建设，全面加强高校党建工作，全面提高思政育人质量，全面提升教师队伍素质，等等，使各项工作都在推进"四个全面"战略布局这一目标取向上相互配合，相互促进，全力打造"全员、全过程、全方位"育人的大思政格局，不断开拓高校思想政治教育工作的新局面，使"四个全面"战略思想成为统领高校思想政治工作的行动指南与价值遵循，为推动高等教育改革发展服务，为培养更多时代新人服务，为决胜全面建成小康社会、夺取新时代中国特色社会主义伟大胜利服务。

（二）"四个全面"作为马克思主义中国化的最新理论成果，为高校思想政治工作提供了正确的理论指导

"四个全面"战略布局，是马克思主义基本原理与当代中国实际结合的又一次伟大的理论创新，不仅丰富了当代思想政治教育的理论基础，也为科学的理论指导实践提供了鲜活的社会土壤。"四个全面"战略布局集系统性和前瞻性于一身，既具有战略全局的高度，又具有思维空间的广度。作为党在新时代的历史使命、实践经验、现实任务的高度概括与总结，"四个全面"战略布局是党和国家在改革、法治、党建等方面的全面规划和统筹集成。对于高校思想政治教育工作者而言，它为加强高校师生思想政治教育引领提供了重要的理论武器。

马克思、恩格斯曾说过，一切划时代的体系的真正的内容都是由于产生这些体系的那个时期的需要而形成起来的。"四个全面"战略思想正是在中国改革发展进入民族复兴关键时期形成的，从形成脉络来看，它不断丰富和发展党治国理政的实践经验，是指导高校思想理论教育的行动纲领。从知识架构上来说，它跨越政治学、经济学、社会学、法学等多个学科领域，是一整套系统完备、逻辑严密、结合实际、与时俱进的科学理论。将其纳入包括哲学社会科学在内的高校各类学科教学体系，不但有助于实现教育内容的拓展和延伸，更有利于高校师生正确认识和理解党和国家的大政方针，深刻把握"四个全面"战略思想的科学内涵和精神实质，从而进一步增强"四个意识"，坚定"四个自信"，牢牢占领高校思想政治工作理论高地。

（三）"四个全面"作为开放、法治、创新等现代化精神的体现，为高校思想政治工作拓宽了实践路径

"四个全面"战略布局蕴含着丰富的实践经验和创新的思维理念。加强和改进新形势下高校思想政治工作，离不开生动的社会实践和改革创新。因此，让高校思想政治工作在"四个全面"战略布局的引领下，继承和发扬高校思想政治教育优良传统，有效地进行改革创新的实践，才能充分发挥其效用，进而全面提升高校思想政治工作水平。

在加强和改进高校思想政治工作的实践中，以"全面建成小康社会"为目标，不断加强国情教育，有助于树立师生的大局意识，增强"四个自信"，坚定实现这一奋斗目标的信心与决心，充分展现"全面建成小康社会"宏伟目标的"引力"。以"全面深化改革"为统领，弘扬改革创新精神，着力推进高校思想政治工作方式思路、内容、方法创新，灵活运用网络新媒体技术开展新形势下的思想政治教育活动，不断提高思政工作的针对性、实效性，广泛凝聚人心共识、筑牢师生思想基础，展示"全面深化改革"的"活力"。以"全面依法治国"为支撑，全面推进依法治校、依法治教（学），培养师生的法治意识和法治理念，使法治精神在高校落地生根，为创建法治校园添砖加瓦，充分展示"全面依法治国"的"魅力"。以"全面从严治党"为抓手，把好思想和行动的"总开关"，坚持党对高校的领导，突出党性教育，加强党的建设，使高校始终成为培养社会主义事业建设者和接班人的坚强阵地，充分展示"全面从严治党"的"效力"。

二、以"四个全面"战略布局引领新形势下高校思想政治工作的实施路径

当前，随着国际国内形势的深刻变化，加之网络新媒体、新技术的广泛应用与发展，高校思想政治工作面临着前所未有的复杂态势和严峻挑战。面对新形势和新挑战，高校思想政治工作需要始终以"四个全面"战略布局为引领，不断深化教育教学综合改革，健全全面依法治校的各项规章制度，增强高校治校能力，发挥党组织的引领示范作用，全面从严治党，使高校师生党员起到榜样作用，科学统筹高校各项工作。

（一）以"全面建成小康社会"为目标，为高校思想政治工作提出新要求

党的十八大报告提出了全面建成小康社会的宏伟目标，作为党和国家现阶段各项工作的关键环节、重点领域和主攻方向。党的十九大报告进一步强化了这一奋斗目标，提出从现在到 2020 年，是全面建成小康社会决胜期。"我们既要全面建成小康社会、实现第一个百年奋斗目标，又要乘势而上开启全面建设社会主义现代化国家新征程，向第二个百年奋斗目标进军。"[2]对高校思政工作者来说，必须认清这一新形势、新任务，主动适应决胜全面建成小康社会的这一目标为高校思想政治工作提出的新要求，坚持立德树人的根本任务，不断开拓高校思想政治工作新局面。

在经济方面，要求高校思想政治工作为全面建成小康社会提供智力支撑。过往的思想政治教育过于强调政治素质的培养，而忽略了科技文化教育与思想政治教育的融合发展。"全面建成小康社会"需要科技进步为经济增长贡献力量，这就要求新形势下的高校思想政治工作更加注重对大学生科学精神与创新能力的培养，以文化教育筑牢思想根基，实现学生的全面发展，真正做到全程育人、全方位育人。

在政治方面，要求高校思想政治工作为全面建成小康社会提供思想导向。高校要依法依规加强对各类思想文化阵地的建设管理，包括强化对课堂教学、教材选用、校园网络、校报校刊、论坛讲座等的管理和监督，进一步完善学术评价标准，把思想价值引领贯穿教育教学全过程和各环节，确保正确的政治方向、价值取向和学术导向。

在文化方面，要求高校思想政治工作为全面建成小康社会提供精神保障。全面建成小康社会，必须增强文化软实力，实现社会主义文化大繁荣大发展，这要求高校思想政治工作更加突出以文化人、以文育人，用中华优秀传统文化涵养师德师风，用革命文化

和社会主义先进文化引领知识教育，促进学生成长成才，有效推进社会主义核心价值观入脑入心，进一步增强文化自信、筑牢精神基石。

在社会方面，要求高校思想政治工作为全面建成小康社会提供内生动力。高校要广泛组织师生参加各类社会实践，了解体验世情、国情、民情，拓展实践育人平台和路径，充分发挥思想政治教育在整合社会政治、改善人际关系、协调利益矛盾、提升道德风尚等方面的重要作用，始终把构建和谐社会作为努力的方向和目标。

在生态方面，要求高校思想政治工作为全面建成小康社会提供理念指引。要实现中华民族永续发展，必须将生态文明建设放在各项建设的突出地位。这要求高校思想政治工作强化言传身教和实践育人，让师生了解到我国资源环境不容乐观的现状，认识到生态文明建设的重要性，从而关爱环境，从自我做起，自觉践行"绿水青山就是金山银山"的环保理念。

（二）以"全面深化改革"为统领，为高校思想政治工作凝聚共识

2015年4月，习近平总书记在中央全面深化改革领导小组第十一次会议上强调："必须从贯彻落实'四个全面'战略布局的高度，深刻把握全面深化改革的关键地位和重要作用，拿出勇气和魄力，自觉运用改革思维谋划和推动工作，不断提高领导、谋划、推动、落实改革的能力和水平，切实做到人民有所呼、改革有所应。"[3]当前，高校思想政治工作面临诸多新形势和新挑战，教育改革已经站在了新的历史起点，广大思想政治教育工作者必须胸怀大局、把握大势、着眼大事，紧跟时代步伐，着力推进高校思想政治工作改革创新，不断加强思想政治引领、广泛凝聚人心共识。习近平总书记在全国高校思想政治工作会议上强调，做好高校思想政治工作，要因事而化、因时而进、因势而新。刘云山同时指出，要强化问题导向，弘扬改革创新精神，在破解高校思想政治工作短板上取得实质性进展。

一要因事而化，推进理念思路创新。"理念一变天地宽。"高校思想政治工作要坚持理念思路创新，立足大学生思想实际有针对性地开展工作，避免思想政治工作期望值和客观现实相背离，避免我们的教育内容和教育规律、学生成长规律相背离，避免我们想说、想做、想引导的和大学生的所思、所想、所期待相背离。为此，我们要树立思想政治教育与科学文化教育均衡发展的新理念，在着力提高学生思想道德素质的同时，激发和引导学生努力学习和掌握现代科学技术，促进全面发展；要树立思想政治理论课与其

他哲学社会科学课程相互促进的新理念，发挥思想政治理论课主渠道作用的同时，与其他课程形成协同效应，提升育人实效；要树立社会、家庭教育与高校思想政治工作协同配合的新理念，发挥各方教育力量的优势，形成思政工作合力，凝聚思想共识。

二要因时而进，推进内容形式创新。当前，高校思想政治工作存在教育内容空洞乏味、教育形式陈旧落后的问题，思想政治理论课作为高校思想政治工作的主渠道，更需要"守好一段渠、种好责任田"。一方面，高校要深入实施高校思想政治理论课建设体系创新计划，大力推进思想政治理论课建设综合改革，完善教材体系，创新教学方法，提升思政课教师队伍整体素质，不断增强教学的吸引力、说服力和感染力；另一方面，要遵循思想政治工作规律和教书育人规律，把握师生思想脉搏，有针对性地开展工作，在编好教材、建好队伍、抓好课堂教学的基础上，改革讲授形式，变说教为说理，变灌输为互动，理论教学与实践教学并重，把课上好上活，做到入脑入心。

三要因势而新，推进方法手段创新。"工欲善其事，必先利其器。"创新方法手段是加强和改进高校思想政治工作的关键。面对价值多元、信息裂变、新生代成长、新媒体崛起的时代变化，高校思想政治工作更要与时俱进，不断创新方法手段。一方面，要善于运用网络新媒体新技术，通过整合网上教育资源，开发贴近大学生特点的轻应用，打造有效的网络思想政治教育平台。还要以主题教育网站、专业学术网站、"易班"互动社区和"两微一端"为载体，以优秀传统文化、革命文化和社会主义先进文化为内容，构建线上与线下结合的协同育人模式，着力提升网络运用能力，增强网络舆论引导能力。另一方面，要抓好第二课堂建设，强化实践育人渗透力。广泛开展校园文化、社会实践、志愿服务等活动，充分发挥共青团、学生会和学生社团的作用，积极探索社会实践与专业学习、服务社会、勤工助学、择业就业、创新创业等相结合的管理体制，使大学生在日常生活和各类活动中感受到思想和文化的力量，达到春风化雨、润物无声的效果，努力实现思想政治工作方法灵活、手段多样、形式多彩、措施得力。

（三）以"全面依法治国"为支撑，为高校思想政治工作提供保障

2017 年 5 月 3 日，习近平总书记到中国政法大学考察时指出，全面依法治国是坚持和发展中国特色社会主义的本质要求和重要保障，事关我们党执政兴国，事关人民幸福安康，事关党和国家事业发展。他强调："高校作为法治人才培养的第一阵地，要充分利用学科齐全、人才密集的优势，加强法治及其相关领域基础性问题的研究，对复杂

现实进行深入分析、作出科学总结，提炼规律性认识，为完善中国特色社会主义法治体系、建设社会主义法治国家提供理论支撑。"[4] 随着全面依法治国战略的深入实施，高校要深入落实依法治国要求，运用法治思维和法治方式推进依法治校、依法治教（学），加强法治宣传，健全规章制度，努力成为尊法学法守法用法的示范领域，为加强和改进高校思想政治工作提供切实的保障。

一是推进依法治校，培养法治人才。实现依法治校是"全面依法治国"对高校提出的要求，为国家培养法治人才，则是高校肩负着的时代重任，将两者贯穿于高校思想政治工作中，一要依法治教（学），确保正确的法治理论引领。坚持立德树人、德育为先的导向，法治和德治两手抓，推动中国特色社会主义法治理论进教材、进课堂、进头脑。二要创新法治理论，推进具有中国特色、符合中国实际的社会主义法治理论研究，为依法治国提供理论指导和学理支撑。三要抓好法治人才培养。引入优质教育资源，探索高校与法治部门合作培养模式，构建规范化、常态化的法治人才培养机制。四要加强法学教师队伍建设。着力提升法学专业教师的思想政治素养和道德伦理修养，严把政治观，确保教师用正能量鼓舞激励学生。五要推进依法办学，修订完善学校现有的规章制度体系，把依法办学能力和水平作为评价学校的重要内容，加强监管，深化全面依法治校。

二是加强法治宣传，培育法治理念。党的十九大报告提出，加大全民普法力度，建设社会主义法治文化，树立宪法法律至上、法律面前人人平等的法治理念。社会主义法治宣传教育是依法治国的基础工作，实现依法治国的首要任务是培育法治理念。面对新形势下的高校思想政治工作，一要始终围绕弘扬法治精神，深入开展"法律进学校"等普法宣传活动，通过普及宪法知识，帮助学生树立权利与义务相一致的观念，推动形成崇尚宪法的氛围。二要发挥思想政治理论课主渠道作用，持续推进"思想道德修养与法律基础"课程建设，教育引导大学生勤学、修德、明辨、笃实，提升校园文明程度。三要充分发挥大学生专业与知识储备优势，通过社会实践与志愿服务工作，深入农村、社区、工厂、企业等场所宣传法治，开展社会普法教育等，进一步帮助广大师生树立法治意识，培育法治理念。

三是健全规章制度，创建法治校园。"无规矩不成方圆"，高校要更加注重运用法治思维、法治手段推动思想政治工作的开展，使高校思想政治工作更加规范化、制度化。

一要加强课堂教学管理。坚持"课堂讲授守纪律、公开言论守规矩",健全高校课堂教学管理办法,落实督导组专家、校领导、同行专家听课制度。二要加强对各类思想文化阵地的规范管理。落实"一会一报""一事一报"制度,加强对哲学社会科学报告会、研讨会、讲座、论坛的管理。三要加强对境外资助资金、非政府组织和涉外活动监管。四要加强防范抵御校园传教。坚持教育与宗教相分离原则,依法加强校园管理,坚决抵制宗教极端思想向校园渗透。五要加强校园网络安全管理。广泛开展"网络安全宣传周"等活动,规范师生自媒体管理,营造风清气正的网络环境。六要加强和完善校内管理规定。使之符合法律规范的要求,符合现代法律精神。七要加强教育管理和纪律约束。对违反法律法规、校规校纪的,要依法依规及时处理。

（四）以"全面从严治党"为抓手,为高校思想政治工作突出党性

党的十九大在新时代中国特色社会主义的历史方位下,对"全面从严治党"提出了新的更高要求。高校作为培养社会主义事业合格建设者和可靠接班人的前沿阵地,更要拧紧"全面从严治党"的"总开关"。2016年12月,习近平总书记在全国高校思想政治工作会议上指出,办好我国高等教育,必须坚持党的领导,牢牢掌握党对高校工作的领导权,使高校成为坚持党的领导的坚强阵地。2018年5月2日,习近平总书记在北京大学考察时再次强调,要坚持党对高校的领导,坚持社会主义办学方向。为此,高校必须深入落实全面从严治党,抓好思想政治工作,始终不渝地突出党性不动摇、强化党性不含糊、坚持党性不懈怠。

一是加强党对高校的领导。我们的高校是党领导下的高校,因此,高校的党委只能加强不能削弱。习近平总书记强调,高校党委对学校工作实行全面领导,承担管党治党、办学治校主体责任,把方向、管大局、作决策、保落实。党委必须牢牢把握高校发展的决定权和主导权,要不折不扣地把党的宗旨性质、党的目标任务、党的教育方针体现在高校的教育教学和管理工作中。一要坚持党委的领导核心地位,发挥领导核心作用,统一领导学校的工作。二要坚持党要管党、从严治党的方针,抓好党委领导下的校长负责制,打造信念坚定、政治可靠,能力过硬、实绩突出的领导班子。三要落实各级党委领导责任,党委书记要履行好思想政治工作和党的建设第一责任人的职责,其他党委班子成员要落实"一岗双责",切实把管党治党、办学治校的责任扛在肩上。四要加强党对群团工作的领导,坚持党建带群建,把党的工作融入群团组织活动之中。五要加

强对高校思想政治工作和党建工作的领导，绝不能让高校的基层党组织软弱涣散、党组织活动流于形式、党的作风腐朽败坏，导致高校思想政治工作有名无实。

二是加强党性意识教育。高校思想政治工作突出"党性"，这是由党的宗旨和性质决定的，是由高校所承担的职责和使命决定的。把全面从严治党落到实处，必须着力加强党性意识教育。一要抓好党委中心组、党总支、党支部的定期学习教育，把"两学一做"和"三会一课"落实到位，做到有记录、有照片、有总结，不做样子，确保入脑入心。二要把学生党性意识教育作为重要着力点，引导学生了解党的奋斗历程，把握中国共产党执政规律，牢固树立"四个意识"，坚定"四个自信"。三要加强教师党员"党性强则师德强"的教育，让党性为师德铸魂，使教师党员自觉主动地在师德师风和专业建设上起到模范带头作用，成为推动学校发展的骨干坚实力量。四要定期开展党委会议精神宣讲、党员先进事迹宣讲、党的知识进课堂等活动，让广大师生紧跟党的建设和发展步伐，始终在思想上、政治上、行动上同党中央保持高度一致。五要把党性培养、党性锻炼、党性养成、党性提升作为高校党建的重要内容，定期邀请具有丰富党务工作经验的同志来校授课，让师生切实感受到党的伟大、党的光荣，从而更加坚定地拥护党的领导，强化爱党爱国之情。

三是加强高校党的建设。高度重视和加强党的思想建设、组织建设和作风建设，是我们党从小到大、由弱到强，战胜革命、建设、改革发展道路上各种艰难险阻，从一个胜利走向另一个胜利的重要法宝。党的自身建设关系国家安危，关系民族未来，必须以更大的决心、更大的勇气、更大的气力抓紧抓好管党治党。一要落实党建工作责任制，健全基层党建一级抓一级工作机制，把高校思想政治工作纳入党建工作和意识形态工作责任制，抓好党对高校工作的政治领导和思想领导。二要充分发挥基层党组织的战斗堡垒作用，创新体制机制，改进工作方式，夯实高校党建基层基础，不断把全面从严治党在高校引向深入。三要高度重视党的建设和思想政治工作相结合，完善体制机制，提高基层党组织做思想政治工作能力，把党建和思想政治工作优势转化为高校发展优势。四要创新党建方式，充分借助"两微一端"等新媒体，做到党建工作线上和线下相结合，实现全天候、全过程、全方位、全覆盖，让以党建为核心的思想政治工作成为师生生活的一部分。

参考文献

[1] 习近平在全国高校思想政治工作会议上强调：把思想政治工作贯穿教育教学全过程 开创我国高等教育事业发展新局面［N］. 人民日报，2016－12－09.

[2] 习近平. 决胜全面建成小康社会 夺取新时代中国特色社会主义伟大胜利——在中国共产党第十九次全国代表大会上的报告［N］. 人民日报，2017－10－28.

[3] 郭金平. 深刻把握全面深化改革的关键地位和作用［N］. 光明日报，2015－05－17.

[4] 习近平在中国政法大学考察时强调：立德树人德法兼修抓好法治人才培养 励志勤学刻苦磨炼促进青年成长进步［N］. 人民日报，2017－05－04.

社会主义核心价值观建设

SHEHUI ZHUYI HEXIN JIAZHIGUAN JIANSHE

涵养社会主义核心价值观的两种路径[①]

关键词：新时代　社会主义核心价值观　社会思潮

当前我国多样化社会思潮共存，在影响人们价值选择的同时，造成了多种价值观之间的激烈矛盾与冲突，增加了我国思想领域的复杂性。我国在借鉴、吸收多样化社会思潮积极方面的同时，坚持以社会主义核心价值观引领多样化社会思潮。社会思潮的传播涉及多个领域、多个方面，以社会主义核心价值观引领多样化社会思潮必须立足多种途径和方式，根据新时代社会发展的新特点和新要求，探索行之有效的引领途径。本文从以下两种路径进行分析。

---

①　本文受四川大学习近平新时代中国特色社会主义思想研究中心的研究项目"新时代党的新闻舆论工作的时度效研究"（项目编号：2018XZX－30）的资助。本文是四川大学中央高校基本科研业务费项目"新中国成立初期党领导新闻舆论工作的历史经验研究"（课题编号：2018SKZX－PT182）的研究成果。

②　邱爽，《四川大学学报（哲学社会科学版）》编辑，博士。

一、传承中华优秀传统文化涵养社会主义核心价值观

正如黑格尔所言，"一个民族除非用自己的语言来习知那最优秀的东西，那么这东西就不会真正成为它的财富，它还将是野蛮的"[1]。中国文化的发展是在既有的文化传统的基础上进行的，离不开传承，而中华优秀传统文化形塑着社会主义核心价值观，这种形塑作用不仅表现在社会主义核心价值观的理论表达上，还表现在社会主义核心价值观的实践方式上。因此，在培育和践行社会主义核心价值观时，应当充分发挥中华优秀传统文化"怡情养志、涵育文明的重要作用"。

（一）从理论表达上涵养社会主义核心价值观

社会主义核心价值观体现着中华优秀传统文化的具体内容和深刻意蕴，中华优秀传统文化的思想精华、道德理念、民族精神构成了社会主义核心价值观的理论之"源"。首先，社会主义核心价值观内容中12个高度凝练的词汇与《大学》"格致诚正、修齐治平"的诉求可谓同出一源，理一分殊，似异而实同。格物致知，就是"观念"形成；诚意正心，就是观念形成的文化对人起塑造作用；修身齐家、治国平天下，就是一个被"文"化了的人的核心价值观层层扩展的落实过程。[2]其次，"文明""和谐""爱国""敬业""诚信""友善"等内容与中华优秀传统文化中的"仁、义、礼、智、信""民本""和合"等思想一脉相承，积淀着中华民族最深沉的精神追求。最后，"民主""自由""平等""法治"等内容同样包含着中华民族的精神基因。"民为贵，社稷次之，君为轻""从心所欲不逾矩""得大自在""王子犯法与民同罪""威不两措，政不二门，以法治国，则举措而已"等均蕴含"民主""自由""平等""法治"等社会主义核心价值观的精神内涵。因此，我们应将社会主义核心价值观植根于中华优秀传统文化的土壤中，实现社会主义核心价值观理论表达的民族化、大众化。

具体而言，就是要以中华传统文化中蕴含的人生智慧、人生追求、人生哲学、价值观念、道德理想、情操境界等内容涵养社会主义核心价值观，将社会主义核心价值观由现代性、学术性的表达方式向具有民族风格和历史意蕴的表达方式转换，从而将单一的理论表达深深熔铸在民族的生命力、创造力、凝聚力之中，增强人民群众的情感认同与价值认同。中华优秀传统文化对社会主义核心价值观的涵养是选择性的，要以马克思主

义为指导，继承优秀的传统文化，吸收先进的民族文化，放弃落后的、糟粕的部分。

（二）在社会实践中涵养社会主义核心价值观

习近平指出，"牢固的核心价值观，都有其固有的根本。抛弃传统、丢掉根本，就等于割断了自己的精神命脉。博大精深的中华优秀传统文化是我们在世界文化激荡中站稳脚跟的根基"[3]，"我们要立足中国，面向现代化、面向世界、面向未来，巩固马克思主义在意识形态领域的指导地位，发展社会主义先进文化，加强社会主义精神文明建设，把社会主义核心价值观融入社会发展各方面，推动中华优秀传统文化创造性转化、创新性发展，不断提高人民思想觉悟、道德水平、文明素养，不断铸就中华文化新辉煌"[4]。中华优秀传统文化对社会主义核心价值观的涵养，不仅体现在理论表达上，更体现在社会实践中。人民群众的生产和生活实践、生活态度、行为模式等都内含着中华优秀传统文化，这也是培育和践行社会主义核心价值观广泛的现实基础。我们应充分挖掘人民群众生活实践中的中华优秀传统文化，通过"建设中华优秀传统文化传承体系""加大文物保护和非物质文化遗产保护力度""丰富民族传统节日的文化内涵""开展中华优秀传统文化教育普及活动"等途径培育全社会共同的价值信仰，将社会价值的传递与主体价值的自觉塑造有机结合起来，增强人民的认同感、归属感、融入感、信任感。

二、建设网络传播阵地培育社会主义核心价值观

随着人类社会的信息化、数字化进程加快，网络已日渐成为人们生产与生活中不可或缺的一部分。这一技术革新彻底改变了人们传统的信息与情感交流模式，也为多样化社会思潮的引领带来了严峻挑战。针对这一新形势、新常态、新需要，我们党及时做出一系列深刻判断和重要部署。2013 年 8 月 19 日，习近平在全国宣传思想工作会议上强调，要把网上舆论工作作为宣传思想工作的重中之重，依法加强网络社会管理和网络新技术新应用的管理；在关于《中共中央关于全面深化改革若干重大问题的决定》的说明中，习近平进一步指出，"如何加强网络法制建设和舆论引导，确保网络信息传播秩序和国家安全、社会稳定，已经成为摆在我们面前的现实突出问题"。因此，在新的历史条件下建设社会主义核心价值观，必须紧跟时代潮流，科学运用网络传播规律，把社会主义核心价值观体现到网络宣传、网络文化、网络服务中，用正面声音和先进文化占领

网络阵地。

首先，规范传播内容，以社会主义核心价值观为引领，弘扬主旋律，传播正能量。在当前复杂的网络传播环境下，网络传播呈现出碎片化、娱乐化、多元化的特征，一些严肃、规范的内容逐渐被吊诡、滑稽、反讽甚至反叛的内容替代。此外，一些攻击社会主义意识形态的极端言论也通过网络进行渗透，威胁我国意识形态工作的领导权、管理权、话语权。因此，社会主义核心价值观网络传播阵地的构建，要高度重视网络的负面作用，用主流的社会主义核心价值观对抗非理性、非权威、非主流的社会思潮，牢牢把握网络思想政治教育主动权，使碎片化、模糊化、娱乐化、多元化的网络信息统一于社会主义核心价值观。

其次，创新传播载体，充分运用新技术新丰富网络传播方式。近年来，媒介格局发生了深刻变化，社会主义核心价值观的培育与践行应牢牢掌握网络舆论战场的主动权，加强网络载体建设。在遵循新兴媒体传播规律的同时，一方面通过微博、微信、微视频、移动客户端为代表的"三微一端"新媒体平台，开辟互动板块和话题专栏，积极宣传典型人物事迹，推动形成培育和践行社会主义核心价值观的良好网络环境和浓厚舆论氛围；另一方面积极推动互联网媒体与传统媒体的双向融合，着力建立立体多样、融合发展的现代传播体系。

再次，引导传播受众，提升网络传播受众的媒介素养。社会主义核心价值观有效引领多样化社会思潮，提高受众自身的媒介素质至关重要。应提高社会公众认知、甄别信息真伪的能力，增强社会公众对网络言行的责任意识，更好地践行社会主义核心价值观。

最后，强化传播媒介管理，治理网络传播乱象。一方面，政府要注重网上舆论力量的引导与凝聚，把握好时、度、效，通过快速反应、准确判断、及时回应网民关切的重大新闻事件，尤其是做好突发事件的网上信息发布和舆情应对，形成社会主义核心价值观主导的主流舆论；另一方面，政府要加强网络法制建设和网络社会管理，依法规范网上信息传播秩序，整治网络低俗信息，打击网络谣言和违法犯罪，打造清朗网络空间，从而弥补互联网现行管理体制弊端，推进网络的规范、有序运行，确保国家的安全和社会的稳定。

参考文献

［1］黑格尔. 黑格尔通信百封［M］. 苗力田，译. 上海：上海人民出版社，1981：202.

［2］钟永圣. 传承与复兴——社会主义核心价值观的中华传统文化解读［M］. 北京：中国青年出版社，2015：2－3.

［3］习近平在中共中央政治局第十三次集体学习时强调：把培育和弘扬社会主义核心价值观作为凝魂聚气强基固本的基础工程［N］. 人民日报，2014－02－26.

［4］树立社会主义核心价值观，习近平这些话要牢记［EB/OL］.（2018－07－25）. http：//www. xinhuanet. com/politics/2018－07/25/c＿1123173737. htm.

新时代加强高校教学科研岗教师社会主义核心价值观教育的思考

钱玉琼①

摘　要：随着社会经济文化的不断发展，高校教师接触各类思潮及受不同价值观影响的途径更加多元化。高校教学科研岗教师具有学历高、接受力强，言行被社会默认具有相对权威性等特点，且高校教学科研岗教师的受众是思想尚未定型、具有极大可塑性的莘莘学子，因此加强高校教学科研岗教师的社会主义核心价值观教育，并使之自觉培育、践行社会主义核心价值观，对高校人才培养、学科建设、营造校园稳定环境及社会和谐有序发展具有深远意义。

关键词：高校教师　教学科研岗　社会主义核心价值观

自社会全面进入互联网时代，关于高校教师师德师风的负面消息不时见诸报端。党的十八大以来，党和国家对高校教师思想政治教育工作越来越重视。习近平总书记在全国高校思想政治工作会议上强调，我们的高校是党领导下的高校，"要坚持不懈培育和弘扬社会主义核心价值观，引导广大师生做社会主义核心价值观的坚定信仰者、积极传播者、模范践行者"。"传道者自己首先要明道、信道"，他号召广大教师"以德立身、

---

①　钱玉琼，四川大学建筑与环境学院行政秘书，主要研究方向为思想政治教育。

以德立学、以德施教"。教学科研岗教师是高校教师的主要组成部分，承担高校教学、科研两大重要工作。在当今经济全球化、信息网络化、价值多元化的时代，对高校教学科研岗教师进行社会主义核心价值观教育既是党和国家在新时代坚持办好社会主义高校的必然要求，也是高校培养德智体美劳全面发展的社会主义建设者和接班人的重要基础。本文通过对在高校教学科研岗教师中培育、践行社会主义核心价值观过程中出现的"尴尬"现象及其产生的原因进行分析，就如何加强高校教学科研岗教师的社会主义核心价值观教育进行探究与思考。

一、高校教学科研岗教师社会主义核心价值观教育的现状

与面向大学生开展社会主义核心价值观教育相比，对高校教学科研岗教师进行社会主义核心价值观教育成效不太理想。以 S 大学某工科学院为例，该学院共有在职教工党支部 6 个，在开展"传承红色基因，纪念江竹筠烈士"等社会主义核心价值观宣传教育活动中，6 个党支部均组织了活动。教师党员在 30 人以上的党支部有 2 个，而在这 2 个党支部中教师党员参加组织活动的人数分别为 13 人和 19 人。为保证教职工双周政治学习的有效开展，及时传达党中央及上级党组织的大政方针和决策部署，该学院在年度考核方案中明确规定，要求每位教职工全年参加双周政治学习的次数必须保证在 10 次及以上，否则年度考核"一票否决"。然而据统计，连续三年均有教学科研岗教师在核算双周政治学习次数过程中要求在其实际学习的基础上给予增加次数，更有甚者将业务会议等同于双周政治学习以图蒙混过关。个别教学科研岗教师对单位组织开展的集体学习兴趣不高，迟到早退者众、迟钝麻木者众，面向教师群体开展的社会主义核心价值观教育工作陷入"尴尬"境地。

为分析原因，寻找解决办法，我们对该学院不同性别、不同年龄、不同岗位、不同职位、不同政治面貌的教师进行了跟踪分析，发现在组织社会主义核心价值观宣传教育活动过程中，女教师响应号召、积极参与活动、及时做出反馈的比例高于男教师；年轻教师比例高于其他年龄段教师；管理岗、思政岗、技术岗教师比例高于教学科研岗教师；担任一定行政职位的教师比例高于普通教师；教师党员比例高于非党员教师。综合分析后，我们发现在活动中"出镜率"不高的主要是教学科研岗教师。

二、教学科研岗教师开展社会主义核心价值观教育积极性不高的原因分析

一是高校教学科研岗教师拥有多重社会身份。高校教学科研岗教师不仅是教师，还是学术领域的学者，行业领域的专家，有些还担任了行政领导职务或一定的社会公益性兼职，如学会/协会领导、参与脱贫攻坚支援、挂职锻炼等。教学科研岗教师的这一属性直接决定了他们在时间、精力支配上需要较为灵活的自主性与非计划性，而高校组织的思想政治学习、社会主义核心价值观宣传教育活动往往是有计划性、集体导向性的。通过对该类教师缺席相关学习活动的事由统计发现，其中参加学术性会议/出差、开展业务工作与活动时间相冲突是两大主要原因。可见，教学科研岗教师多重社会身份属性导致他们对系统学习领会及践行社会主义核心价值观缺乏足够的时间与精力投入。

二是承受科研教学多重压力，对自觉学习、践行社会主义核心价值观的重要性认识不充分。当前国家全面实施"双一流"建设战略，对高校提出了更高的要求，使高校在寻求快速发展道路的过程中面临着沉重压力，这些压力通过量化、物化等形式层层下达，一定程度上落在高校承担科研教学工作的教师肩上。以S大学为例，各基层学院与S大学签订目标任务书，有长期的五年目标任务书也有短期的年度目标任务书。为完成目标任务，各学院通过年度考核的方式将目标任务量化给教师，而这些具体量化的指标主要依靠承担科研与教学工作的教师完成。除了年度考核，教学科研岗教师还面临每四年一次的聘期考核、职称晋级、研究生指导资格评审、学科评估等压力。以S大学某工科学院为例，在上一轮聘期考核中，有多位教学科研岗教师因未达到聘期考核要求被低聘，不仅职称降级，待遇也受到影响；对于教学科研岗的青年教师来说，职称晋级、指导研究生资格至关重要，而随着要求水涨船高，他们倍感压力沉重。这些因素间接导致教学科研岗教师对参加思想政治学习、社会主义核心价值观宣传教育活动的热情不高，提不起兴趣。

三是活动组织方式较为传统单一，且执行落实工作"打折扣"，对教学科研岗教师吸引力不够。高校教师普遍具有较强的理解接受能力，在自媒体的影响下，他们具有多种途径接触各类社会思潮，容易受不同价值观的影响，而高校一些基层组织开展的有关社会主义核心价值观的教育宣传活动，延续传统说教形式，缺乏吸引力和感染力。此外

在开展主题教育活动时，还可能受到时间不充足、场地不宽裕、传达不到位、执行不给力等相关因素的制约，最终导致学习教育成效不佳。

三、提升教学科研岗教师社会主义核心价值观教育成效的思考

一是因事而化、因时而进、因势而新，进一步创新社会主义核心价值观的宣传教育形式。习近平总书记指出，"要运用新媒体新技术使工作活起来，推动思想政治工作传统优势同信息技术高度融合，增强时代感和吸引力"。高校教学科研岗教师绝大部分具有博士学位或海外留学经历，他们已经具备较为丰富的知识储备与社会阅历，普遍具有很强的自学能力，对思想政治教育有独立的理解；且社会主义核心价值观与中华优秀传统文化一脉相承，应该鼓励他们发挥自学优势深入领会社会主义核心价值观的内涵与外延。此外，高校应不断创新社会主义核心价值观在教学科研岗教师群体中的宣传教育方式，不拘泥于时间，不受制于空间，利用网络化手段打破时空限制；同时增强宣传教育活动的灵活性与教师的身心参与度，以文体、歌舞、竞赛、"比武打擂"等多样化的形式吸引教学科研岗教师积极主动参与活动，全方位诠释社会主义核心价值观，使之先"入眼""入耳"，再"近身""进心"，最终融入教师日常，成为其平常习惯，再通过教师在课堂上、在实验过程中、在与学生接触的一言一行中体现出来，进而达到润物无声地教育学生的效果。

二是善抓主要矛盾，重点加强对教学科研岗教师的诚信教育。社会主义核心价值观是对中华优秀传统文化的高度总结与完美升华。传统文化强调修身齐家、治国平天下，强调知识分子个体自律与自我意志所产生的影响，而社会主义核心价值观更具广度和深度，强调社会集体共同奋斗以实现国泰民安、国家繁荣昌盛的目标，体现国家意志。高校在对教学科研岗教师进行社会主义核心价值观的教育过程中，必须聚焦主要矛盾，狠狠抓住教学科研岗教师陷入师德师风败坏泥潭的风险防控点进行重点突破。近年来，高校教师学历注水、学术造假、学术腐败等负面现象时有发生，利用学术权力牟私利或生活作风糜烂等丑闻时有爆出，种种事件都表明，新时代背景下高校教师诚信道德出现了问题，如上文提到的，在统计双周政治学习次数的过程中，存在教学科研岗教师没有参加学习却要求增加次数的现象。"人无信不立，业无信不兴，国无信则衰"，诚信是个人

立身之本，是事业兴旺之基，是国家强盛的保障。教师作为育人者，是为国家培养接班人的主要力量，教师诚信关乎国家发展与社会进步，因此对教学科研岗教师进行社会主义核心价值观教育，强化诚信教育是重中之重。加强教师诚信教育，学术诚信是重心。高校应结合实际情况，建立健全诚信奖惩体系，严格诚信奖惩制度并强化其执行力度，在教师职称晋升、聘期考核、奖励申报、研究生招生、福利分配等系列工作中实行失信行为的"一票否决"。

三是深入分析、疏通引导，着重提升教学科研岗青年教师社会主义核心价值观教育的针对性。奋斗在高校教学科研岗一线的青年教师是当今社会承受压力较大的群体之一。近年来，为推进高等教育的快速发展，许多高校实行了人事改革，打破了传统的"铁饭碗"模式，有些学校甚至实行"非升即走"的政策，让青年教师感到"喘息艰难"。巨大的压力容易使人思想异化，青年教师除了承受教学科研压力，往往还面临着经济、家庭或感情压力，此外，绝大部分青年教师具有海外留学经历或海外访学经历，既深受中华优秀传统文化的熏陶，也受到西方文化思潮的影响，因此，青年教师是高校开展社会主义核心价值观教育的重要群体。高校在面向教学科研岗教师进行社会主义核心价值观的教育过程中，应该注重对症下药、分类施策，针对青年教师的特殊性，深入调查研究，及时开展谈心谈话，高度关注青年教师的工作和生活状况，充分掌握其思想动态和现实困难，将解决思想问题与现实问题相结合，切实做好必要的思想疏通及引导工作，提高社会主义核心价值观教育的针对性及实效性。

浅谈大学文化建设

干　璐①

摘　要：大学文化是中国特色社会主义文化的重要组成部分，同时是高等教育内涵式发展的重要支撑。青年一代是国家和民族的未来，大学作为人才培养的重要阵地，其文化对青年的影响相较其他因素更基本、更深沉、更持久。大学的文化建设至关重要，在当今大学文化面临诸多问题和挑战的同时，坚定大学文化自信，应以中华优秀传统文化、革命文化、社会主义核心价值观为支撑，大力培育文化氛围，构建大学文化体系；充分利用文化载体，推动大学文化入心；合理做好文化引导，加强大学文化宣传。而对于大学文化本身来说，既要做好有扬弃的传承，又要有内涵地创新，在实践过程中理性判断，丰富文化内涵。

关键词：大学文化建设　文化自信

大学是高等教育的学府，高等教育要推进内涵式发展，就必须有"文化"维度的重要支撑。大学是思想与文化不断批判传承又发展创新的重要阵地，持续以文化人、以文育人，要净化思想、涵养品行、培养同理心、锻炼能力，而不是仅仅对学生进行专业教育。也就是说，大学不仅仅教人可用的知识技能，更是让学生全方位浸润在无处不在的

---

① 干璐，西南交通大学党政办公室科员，主要研究方向为高教管理。

文化氛围里，"细无声"地提升精神层面的品质修养，造就拥有完整人格的独立的人。

文化兴，大学兴。文化建设、文化熏陶对于大学尤为重要，是大学立足之魂。中国的大学要扎根祖国大地，在中国特色社会主义文化的土壤中培育具有中国特色的大学文化。习近平总书记在十九大报告中指出，中国特色社会主义文化，源自中华民族五千多年文明历史所孕育的中华优秀传统文化，熔铸于党领导人民在革命、建设、改革中创造的革命文化和社会主义先进文化，植根于中国特色社会主义伟大实践。蕴含着中华民族最深层精神追求的积淀，代表着中华民族独特的精神标识。而大学文化，则是中国特色社会主义文化在高等教育过程中的集中反映，积淀着大学最深层的精神追求和大学独特的精神标识。因此，要促进大学内涵式发展，就必须坚定大学文化自信，坚守中华文化立场，不断汲取养分，立足当今时代条件，在高等教育实践中不断发展创新。

一、大学文化自信是高等教育发展更基本、更深沉、更持久的力量

高等教育要实现内涵式发展，不能只在硬件设施建设上投入，更多的是要在文化层面深化其实质，丰富其内涵，坚定大学文化自信，才能为高等教育发展提供更基本、更深沉、更持久的力量。

大学文化是长久以来形成的一种氛围和传统，在长期教育实践中逐步成形并贯穿始终，体现着大学中人的理想信念、价值取向、群体意识等诸多方面，必须通过文化底蕴的不断丰富来实现大学的自我塑造与超越。大学文化在高等教育内涵式发展进程中的作用举足轻重。一则引导师生凝聚共识，产生强烈的认同和共鸣，将其内化为人与学校自觉、主动的紧密联系；二则陶冶教化思想，将大学理念和情怀内化于人的价值取向与行为习惯，使得大学成为一个和而不同的共同体；三则激发师生巨大的潜在能量，大学中的人才培养、学科建设、探索真理、科研创造等都需要大学文化孕育和孵化，[1]大学创新人才的培养和创新成果的产生也都离不开大学文化的滋养和熏陶；此外，优秀的大学文化还将广为辐射，振奋大学精神，带动更为系统和先进的文化构建。

大学文化自信的力量更基本、更深沉、更持久，就是因为文化是将事业发展的根基作为着眼点发挥作用，让根基扎得深、扎得稳，这是其他一切发展的基础和前提条件，是一个无形而又持久的优化过程，只要文化业已形成，就能够持续发力，潜移默化地影

响着方方面面。文化自信是最根本的自信，只有对大学文化价值充满自信，才能有坚持坚守的定力、奋起奋发的勇气、创新创造的活力。文化与实在有形的物品不同，我们直观看不见文化到底做了什么，却能够通过大学中个人的精神面貌、大学各个方面层出不穷的成果知道大学文化扮演了怎样重要的角色，知道这种自信发挥了怎样重要的作用。

二、大学文化的三个支点

大学文化建设要在中华优秀传统文化、革命文化、社会主义核心价值观中寻找支撑点，作为高等教育内涵式发展中不可或缺的重要内容，大学文化本身就是向内审视的，它徜徉在中华民族文化的共性特征里，凝聚适合自身发展的要素，观照大学本身，形成具有个性的大学文化。个性的形成要有深厚的共性基础，这种深厚是五千年来的层层累积和代代传承，这是中华民族的智慧，因此，将这样的基础作为大学文化的支点，是踏实稳妥又富含足够养分的。

（一）中华优秀传统文化是大学文化的基因

经先秦诸子百家、两汉经学、魏晋玄学、隋唐佛学、宋明理学等发展，博大精深的中华优秀传统文化绵延至今，是中华民族在修齐治平、尊时守位、知常达变等过程中逐渐形成的独特标识，是中华民族站稳脚跟的根基，更是其持续发展的力量源泉。中华文化丰富多彩，作为世界文化史的一个高峰，中华传统文化是那个时代里理性主义和人文精神最浓的文化，它反对神而提倡以人为中心，其基本思想体现在多个方面，如刚健有为、和与中、崇德利用、天人协调等。

大学文化基于中华优秀传统文化的沃土，在近现代救亡图存、民族振兴、事业建设的发展史上，生发出了与之相适应的内涵与特质，愈发彰显出历久弥新的文化精神，它的作用也得以更大程度地体现，能看到它对大学师生的改造与影响。如清华大学的"自强不息、厚德载物"，北京大学的"思想自由、兼容并包"，浙江大学的"求是创新"，中山大学的"博学、审问、慎思、明辨、笃行"，等等，当大学将这样的文化特质固化为自己的校训、精神、传统，这些经过几千年流传的经典字句就不仅仅是一组词语、一组音节，而是鼓舞广大师生于内澄清自我、于外扬鞭奋进的精神力量。

（二）革命文化是大学文化的血脉

一寸山河一寸血，一坯热土一坯魂。习近平总书记曾指出，革命文化教育既要注重知识灌输，又要加强情感培育，使红色基因渗进血液，浸入心扉。

革命文化是在革命、建设、改革中创造的伟大文化，是在曾经的烽火岁月中淬炼而成的精神血脉。中国大地的大学，培育的是社会主义的建设者和接班人，要不忘革命传统，牢记使命初心，从红色革命文化中获取力量，使同心奋斗、不畏艰难的精神在大学文化品格中得以凸显。

（三）社会主义核心价值观是大学文化的科学内涵

社会主义核心价值观是我国大学文化的科学内涵，是大学文化软实力提升的重点，是决定大学文化性质、方向的最深层次要素。大学要做好文化建设，从根本上说取决于社会主义核心价值观体现出的生命力、凝聚力和感召力，必须要将其渗透贯穿于全过程。

如今的文化交融愈发纷繁复杂，外部因素对大学中的年轻人造成极大冲击。因此大学的文化建设必须夯实培育及践行社会主义核心价值观的根基，把以"富强、民主、文明、和谐，自由、平等、公正、法治，爱国、敬业、诚信、友善"为基本内容的社会主义核心价值观融入各个方面，转化为情感认同和行为习惯，汇聚力量，振奋人心。同时，加强爱国主义、社会主义教育，发挥先进典型的精神引领作用，促进教育形式多样化、教育内容生活化，引导青年学生坚定信仰、锤炼品格，在"有自信、尊道德、讲奉献、重实干、求进取"等方面，有新风貌、新姿态、新作为。

三、大学文化建设面临的问题

（一）不认同传统文化，易接受外来文化

如今的大学校园，学生都是"95后"，甚至"00后"。这些青年学生自小接触到的文化就是多元而繁杂的，很多人认为传统文化只是"老古董"，早已过时，不合时宜。例如，当下的青年人对于传统节日的内涵兴致不高，更为关心的是当天该吃的食品和放假与否，而对外来节日，尤其一些具有浓厚宗教色彩的节日却格外感兴趣，仿佛过了这样的节日才能跟上潮流，"洋气"又有谈资。外来文化具有冲击力，而学生对于自身文化不了解，或是没有了解的动力，就更不用说"文化自信"了，因此才出现了这样非常具体的问题，他们缺少对自身文化的内在认同和肯定。如何能够恰当地强化中华优秀传统文化的重要性，这是大学文化建设中需要思考的重要方面。

（二）网络内容难分辨，三观建构存隐患

网络世界鱼龙混杂，是信息传播的集散地。这对当今校园中离不开网络的青年学生来说是非常大的挑战。网络环境错综复杂，有值得学习借鉴的内容，也有思想偏激极端的言论，青年学生正处在世界观、人生观、价值观形成的关键时期，若没有足够的分辨能力，将极容易脱离主流文化的轨道，甚至导致信仰危机。如何能正确辨别去伪存真，如何能取其精华、去其糟粕，这是大学文化建设中的重要一环。

（三）活动意图功利化，活动内容娱乐化

大学文化活动丰富多样，花式宣传热闹非常，而举办方与参与者中，真正想通过举办文化活动提升文化素养、促进校园文化建设的又有多少？很多活动的举办是为了完成任务，很多学生去参与是因为能获得奖励。虽然举办活动本身要投入精力，但重形式、轻内涵的情况并不少见，且往往娱乐性活动一票难求，很多学术型活动则门可罗雀。这也是大学文化建设面临的又一道难题。

四、大学文化建设路径

（一）大力培育文化氛围，构建大学文化体系

大学文化的建设要成体系、成系统，才能更好地推进和发挥育人作用。事实上，大学文化建设可以涵盖物质文化建设、制度文化建设、精神文化建设等诸多方面。物质文化如楼宇设计与命名、人文景观的规划、专题活动的策划举办等；制度文化如大学章程的发布、规章制度的建立与完善、教学科研相关体制机制的设立等；精神文化如爱国荣校、尊崇科学、人文情怀、道德规范等，这是最重要、最本质的部分。当然，大学的文化建设是一项久久为功的工程，要使大学中的一切成体系、成系统，相互映衬，和谐地共同"发声"，是需要很长一段时间的，并非一蹴而就。

（二）充分利用文化载体，推动大学文化入心

大学的校训、校风、学风、精神等，都是对一所大学精神文化的高度凝练，这些常常被镌刻或者书写在校园最显著的位置，提醒青年学子时刻以此为言行的准绳，谨记在心，不容忘却。大学的校史也是文化的生动教材。校史是对大学发展进程的记录，无数过去的岁月都在校史的卷轴上展开：几经周折、筚路蓝缕，曾经的前辈如何在艰苦的日子里废寝忘食、笔耕不辍，如何在温饱都无法保证的年代苦心孤诣、创造辉煌。深入推进校史研究，就是要让当代青年学子尽可能全面地了解学校的发展轨迹、老学长们的光荣事迹，能够从中切实体会到一以贯之的传统，并升华为精神层面的动力。因此要充分利用线上线下校史馆，并依托图书、话剧、歌曲、微电影等优秀文化作品的出版、演出或录制，发挥好校史文化育人的作用。再如，常见的大学楼宇和人文景观等也是体现大学文化的重要载体，结合大学文化，统筹楼宇与景观的设计、命名也是非常重要的文化建设方式，且这些都是学生每天能够看见的建筑实物，是文化浸润的重要途径。

文化载体是一种外在形式，有具体而生动的形态，但形式的美观多样只是用以包装的"椟"，最为要紧的是它所承载的大学文化内容，也就是装在其中的"珠"。我们在建设大学文化的过程中，就是要做好规划，将它们充分利用起来，有分工有合作，打造处处是文化、处处有精彩的大学，让一草一木都成为大学文化的"大使"，共同讲述好大学故事。

（三）合理做好文化引导，加强大学文化宣传

大学的文化建设要重视引导，坚持正确的舆论导向，利用网络平台、传统媒体和新媒体等多种渠道，疏通关键环节，对于大学内部自有的宣传平台，如报纸、微信公众号、官方微博等，则更要强化内容生产责任和审核把关责任，提高舆论引导的传播力、影响力、公信力。

一方面，加强对中华优秀传统文化、革命文化、社会主义先进文化的宣传，尤其将社会主义核心价值观这一价值的根本遵循贯穿其中，体现民族的精、气、神，让主流文化价值成为一面旗帜。另一方面，加强宣传大学自身形成的文化特质，使其进一步内化为大学师生的自觉意识，得以不断巩固和发扬，彰显大学的精、气、神。

我们要在潜移默化中让中华优秀传统文化、革命文化、社会主义先进文化深入人

心，让人有底气有信心，对大学文化有认同，坚定其文化自信，从而让文化真正成为大学发展要素中具备能量的"软实力"。

五、大学文化的传承创新

习近平总书记强调，不忘本来才能开辟未来，善于继承才能更好创新。大学文化是凝练的结果，但它也要随着时代的发展不断更新，不断丰富新的内涵。大学文化的传承与创新，需要在充分认识的基础上有所反思和合理批判，并促使其内涵在实践中得以进一步丰富。

对于大学文化，首先要有理性判断，区分既有文化中哪些是可取的精华、哪些是不可取的糟粕，哪些是先进的好理念、哪些是落后的旧思想。在这一过程中，要注重从逻辑层面谨慎甄别，秉持科学的态度和精神，才能得出最切实的结论。不然就只是浮于表面的简单判断，没有价值。其次，基于实践进行考证，大学的文化从实践中凝练，影响着师生也引导着大学本身的发展。随着时代发展进入不同阶段，其中一定会萌发新鲜的因子，也会有不再适合的内容，而我们就需要在实践过程中总结，及时去除不合时宜的成分，同时敞开包容开放的胸怀，把具有生命力、适宜大学向好发展的优秀文化吸纳进来，融合创新。最后，大学还能够充分发挥"智库"功能，在创新自身文化的同时丰富社会文明内涵，为民族文化的创新贡献大学智慧。[2]

参考文献

[1] 田联进. "双一流"建设进程中的大学文化空间塑造 [J]. 教育与教学研究，2016（11）.

[2] 汪明义. 论大学的文化本质 [J]. 高等教育研究，2015（9）.

运用网络平台涵养大学生社会主义核心价值观研究

齐有明①

摘　要：网络日益成为大学生日常生活必不可少的部分，利用互联网促进大学生社会主义核心价值观的养成具有独特的优势。本文在深刻理解社会主义核心价值观本质和把握互联网特征的基础上，结合大学生实际情况，提出运用网络平台对大学生进行社会主义核心价值观教育的具体措施。

关键词：社会主义核心价值观　大学生　网络环境　教育

大学生作为未来的社会主义建设者和社会主流价值观的代表者，他们的思想高度决定着国家未来发展的高度。社会主义核心价值观的形成与否决定着大学生是否具备成为社会主义建设者和接班人的思想觉悟。在这种思想觉悟的前提下，大学生才可能为我国社会主义建设努力奋斗，为实现中华民族伟大复兴的"中国梦"奉献一生。习近平总书记在党的十九大报告中指出，社会主义核心价值观是当代中国精神的集中体现，凝结着全体人民共同的价值追求。习近平总书记还强调，青年的价值取向决定了未来整个社会的价值取向，而青年又处在价值观形成和确立的时期，抓好这一时期的价值观养成十分重要。在21世纪这一信息化时代，网络成为人们生活中不可或缺的组成部分，大学生

---

①　齐有明，四川大学历史文化学院辅导员，讲师，主要研究方向为思想政治教育。

更是互联网的重要使用者。互联网文化时时刻刻影响着大学生的思想和价值观，因此，运用网络平台开展大学生社会主义核心价值观培育十分必要且具有独特的优势。

一、充分把握社会主义核心价值观和网络文化的内在属性

核心价值观是某一社会群体用来判断社会事物依据的是非标准，以及遵循的行为准则。核心价值观的存在使这个群体对善恶是非有了判断的依据，同时确立这一群体的共同理想和行为目标，尤其是对未来美好生活的追求。核心价值观应该是深根于群体内部，能够指导群体积极发展，而又禁得住时间考验的精神与准则。社会主义核心价值观则是由国家、社会、个人三个层面的价值取向构成，倡导富强、民主、文明、和谐，倡导自由、平等、公正、法治，倡导爱国、敬业、诚信、友善，是全体中国人应该自觉弘扬、培育和践行的社会主义主流价值选择。加强大学生社会主义核心价值观培育，有助于不断增强大学生的精神力量，凝聚思想共识。

网络文化是以互联网为基础，又充满网络社会特征的文化活动和文化产品。在互联网世界里，信息的交流和传递变得十分便利，不同地域和不同文化的人皆可在网络空间里交流思想和文化，所以网络文化具有高度的交互性和跨地域性。开放、自由、多元的网络文化为网民提供了选择的空间，自由与个性化是其特征之一。同时，由于在互联网这个相对开放和虚拟的空间里，人们交流的信息真伪难辨，甚至大部分人都不愿公布真实信息，网络文化也由此具备了虚拟性和开放性。[1]

二、运用网络载体传播社会主义核心价值观的利弊

中国互联网络信息中心发布的第 43 次《中国互联网络发展状况统计报告》显示，截至 2018 年 12 月，我国网民规模为 8.29 亿，其中学生群体最多，占比达 25.4%，人数约 2.11 亿，是网民中最大的群体。[2]可见，乐于接受新鲜事物的大学生已经成为网络场域中最为活跃的群体。在网络世界中，大学生会更快速和更乐意接受良好的思想和价值观。开展大学生思想政治教育应抓住网络的优势因势利导，主动在网络文化中浸润社会主义核心价值观，更能潜移默化地影响大学生的思想、行为和生活方式。一个新颖、

时尚、多元、和谐的网络社会也许会远比简单枯燥的"说教式"教育更为有效。

如果没有一个良好的网络文化环境，恶俗、暴力、淫秽的信息内容必将影响到大学生的身心健康发展。在虚拟的网络世界中，由于很多交流方式采用匿名形式，有很多过于情绪化和不负责任的信息四处传播，会给处于价值观塑造关键时期的大学生带来很多负面影响，也会给大学生社会主义核心价值观的培育带来极大的挑战。

三、运用网络平台培育大学生社会主义核心价值观的措施

（一）把握网络环境下大学生社会主义核心价值观培育原则

1. 坚持以人为本原则。党的十八届三中全会指出，坚持以人为本，尊重人民主体地位，发挥群众首创精神，紧紧依靠人民推动改革，促进人的全面发展。所谓以人为本，就是把人作为社会历史发展的主体，尊重人的本性，尊重人的自然发展规律。这也是马克思所提倡的。以人为本理念落实到教育上，就是要以学生为本，以学生的全面健康发展为本。大学生的社会主义核心价值观教育，必须把以人为本作为第一原则。坚持以学生为本，一方面，要明确学生在教育中的主体地位，深入研究学生的心理、生理特点，深刻把握网络环境下大学生思想的新特点和新变化，结合学生学习和生活的实际情况，针对学生中出现的问题，采取学生容易接受和喜闻乐见的方式，推进社会主义核心价值观教育；另一方面，要坚持以理服人，以德服人。在大学生思想政治教育实践中，将言传与身教相结合，教育者自身要不断提高工作能力，严于律己，以身作则，树立榜样，主动融入大学生的思想生活，用丰富的情感体验感召大学生，才能更好地达到教育的目的。

2. 注重主导性原则。在信息高度发达的当今社会，思想文化呈现多元化的特点。正处在世界观、人生观、价值观定型阶段的大学生，好奇心强，接收信息的能力也强。但他们没有真正进入社会，面对纷繁复杂的信息，往往不知所措，不能很好地处理，思想容易发生变化。在这种情况下，大学生社会主义核心价值观教育必须坚持主导性原则。所谓主导性原则，指的是引导大学生积极思考，在实践中检验和探索面对的各种信息和文化，而不是阻止他们接受新鲜事物、外来思想和文化，最终帮助大学生形成以社会主义核心价值观为主导的世界观、人生观、价值观。党的十九大报告指出，培育和践行社会主义核心价值观，要以培养担当民族复兴大任的时代新人为着眼点。这就要求教

育者要在人才培养中，放远眼光，掌握主动，始终坚持以社会主义核心价值观为主导，真正有效地引导大学生的思想走向。

（二）把握网络文化特点，营造良好的网络文化氛围

互联网为人类社会的发展提供了新的机遇，注入了新的活力。任何事物都具有正反两面性，伴随着互联网的发展而产生的网络文化给人类带来了很多挑战和问题。网络文化环境下的教育者必须充分把握网络文化的特点，因势利导，营造良好的校园网络文化氛围，才能更好地开展社会主义核心价值观教育。

1. 坚持法律与道德并举。网络文化具有有序性和无序性的特点，这就需要尽快制定符合时代要求的网络法律体系，洁净网络文化环境。教育者和监管者要积极引导学生养成良好的习惯，科学规范使用网络资源。与此同时，教育者要加强大学生的思想道德教育，提升大学生的综合素质，使学生能够自律、自省，用好网络阵地。

2. 遵循自由与开放等时代发展要求。随着改革开放的全面深入，自由和开放已经被大多数人认可。尤其在当今网络文化环境下，自由和开放更是必然的趋势和选择。大学生具有好奇心重、求知欲强的特点，同时有一定的反叛心理。在这种情况下，越是限制，他们越想了解事情背后的真相，甚至出现了"隐藏的才是真相"这种想法。所以，决策者和教育者要及时地了解学生的思想动态，针对大学生关心和关注的网络舆情，要充分利用高校思想政治课堂等渠道及时公布事实真相，开展主题讨论，引导学生形成正确的是非观念。

3. 突出理性与责任等教育内容。很多大学生容易迷失在网络世界里，把虚拟的网络世界当成真实世界。基于此，网络文化环境下的社会主义核心价值观教育应该注重：第一，把理性与责任教育放在首要位置，教育大学生强化责任意识，对家庭、对自己的发展负责，建立对国家及社会的使命感。第二，帮助大学生理性认识问题，教导他们在纷繁复杂的现实社会和网络社会中保持正确的价值立场，分辨网络上的有用和无用信息，合理科学地利用网络资源，从而达到完善自我、激发创新的目的。

综上，充分利用网络文化的互动性和交流性，营造松紧得当的校园网络环境，让广大学生充分发表观点和意见，在不断的讨论和实践中寻找真理，才能更好地传播社会主义核心价值观。

（三）强化教育引导，利用互联网培育社会主义核心价值观

1. 坚持说理教育与情感教育相结合。充分发挥思想政治理论课堂的主渠道优势，利用"思想道德修养与法律基础""中国近现代史纲要""毛泽东思想和中国特色社会主义理论体系概论""马克思主义基本原理概论""形势与政策"等课程教育，提升大学生的思想道德水平，通过生动活泼的案例介绍、大学校园榜样树立、主题活动开展等形式，让广大学生深入理解社会主义核心价值观的深刻含义。与此同时，教师要与大学生进行充分有效的交流，及时解答他们的疑问和困惑，引导大学生更多地关注科学知识和先进的人文思想，帮助他们更好地理解和接受社会主义核心价值观。

2. 积极加强网络心理健康教育。随着社会压力的不断增大和多元文化的冲击，当代大学生的心理健康问题日益突出，心理健康教育显得急迫而重要。监管部门要加大对充斥网络的暴力、色情等非法内容的执法力度，为广大青年学生提供一个绿色健康的网络环境。学校应依托心理健康教育课，对大学生心理问题进行及时疏导，帮助大学生合理调节心理，提高心理承受能力。建立网络心理交流平台，让大学生能够利用自己喜爱的方式，及时释放不良情绪。同时，引导他们掌握心理健康常识，积极乐观地学习生活。

3. 在有效的探讨和辩论中寻求真理。网络文化给思想政治教育带来的最大挑战就是多元化容易让大学生迷失自我。为此，必须充分利用线上和线下、网络和现实等各类交流平台，创造更多机会使大学生表达意见，针对大学生共同关心的案例和议题进行充分的探讨和辩论，引导大学生能够从多个角度分析问题，较为全面地了解事件真相，从而寻找到他们心中的答案，在不断的辩论中确立真理，逐渐摒弃谬论和假象。

4. 注重在实践中强化学习。实践是检验真理的唯一标准，在大学生社会主义核心价值观教育中，也要始终坚持这一原理。教育者应该充分利用各类党团活动和社会实践活动，充分鼓励和组织大学生走进农村、深入基层开展实践，感受改革发展的巨大变化。同时发现和了解国家及社会发展中不断出现的新问题、新挑战，积极思考，勇于探索。在实践中增强历史使命感和责任感，不断检验和完善自身的理论水平，提高解决问题的能力。

5. 充分运用各类媒体平台开展社会主义核心价值观教育。在当前网络环境下，QQ空间、论坛、微博、微信等网络平台逐渐成为大学生的主要信息获取渠道和沟通媒介。一方面，这些网络平台为广大学生提供了丰富的资讯和快捷便利的沟通方式，让学

生足不出户便能获取海量信息，和亲朋好友互动交流。另一方面，网络环境虚拟性也给青少年提供了一个吐露心声的渠道，让广大学生更加开放地把自己的所知所想倾诉出来。教育者应该紧紧把握网络的发展动向，充分利用大学生喜欢的网络媒介形式，潜移默化地开展社会主义核心价值观教育。

（四）规范校园网络秩序，积极应对新挑战和新问题

1. 强化网络立法与监管。近些年网络文化发展迅猛，而与之相应的法律法规却相对滞后，不能满足时代发展要求，给网络文化的有序健康发展造成了不利影响。只有建立完善的网络法律体系，才能实现依法治网，切实维护网民的合法权益，规范网络文化发展，洁净网络环境。而与之相应，要规范网络监管形式，依法依规开展精细化管理，既要确保公民的知情权，又要加强对色情、暴力等不良信息的管理，保证校园网络环境有序健康发展。

2. 加强教师队伍建设。网络文化的发展从某种程度上加快了社会发展的步伐，作为处在教育一线的广大教师要紧跟时代节奏，及时了解网络文化动态和学生关注的热点焦点问题，学会运用网络手段与学生交流互动，及时发现学生的思想问题和误区，并进行纠正和引导。同时，教育者要不断提升自身修养和理论水平，为学生树立良好的榜样，以身示范，积极教育引导学生弘扬社会主义核心价值观。

3. 妥善应对新问题和新挑战。网络文化作为一种迅速发展的新事物，具有实时性和多元化等突出特点，运用网络文化开展社会主义核心价值观教育，随时可能产生新问题、面临新挑战。要加强对教师应对网络舆情危机、科学开展网络文化教育等各方面能力的辅导培训，提升教师做好网络意识形态工作的能力和水平，深入开展网络文化教育课题研究，妥善应对处理校园网络文化中出现的新问题和新挑战，为大学生健康成长打造清朗的网络空间，并使之成为推进社会主义核心价值观培育的强大助力。

参考文献

[1] 毛为忠. 网络文化利弊谈 [J]. 浙江高校图书情报工作，2007（3）.

[2] 中国互联网络信息中心. 第43次《中国互联网络发展状况统计报告》[EB/OL]. （2019-02-28）. http://www.cnnic.net.cn/hlwfzyj/hlwxzbg/hlwtjbg/201902/t20190228_70645.htm.

高校意识形态工作

GAOXIAO YISHI XINGTAI GONGZUO

发挥新时代高校档案工作对历史虚无主义的预防与遏制作用研究

——基于四川农业大学档案工作的实践

潘　坤　王继红①

摘　要： 新时代高等教育事业肩负着培养中国特色社会主义事业可靠接班人和合格建设者的重大历史使命，这一使命必然要求高校在办学过程中高度警惕和严格抵制历史虚无主义思潮。高校档案工作因其特殊的功能范畴和工作属性，对预防和遏制历史虚无主义具有独特优势和明确职责。本文结合四川农业大学档案馆的具体工作实践，探析了高校档案工作在新时代如何有效地预防和遏制历史虚无主义的侵蚀。

关键词： 新时代　高校档案工作　历史虚无主义　预防　遏制

习近平总书记曾指出："中国共产党是世界上最大的政党。大就要有大的样子。"[1]所谓"大的样子"，就意味着要有大担当、大抱负，在历史观中表现为应当坚持共产党人的"大历史观"，即必须按照习近平总书记一贯强调要求的那样——坚持历史唯物主义指导思想，反对历史虚无主义思潮。作为新时代中国特色社会主义高等教育事业历史

---

① 潘坤，四川农业大学马克思主义学院副教授，硕士生导师。王继红，四川农业大学档案馆助理管理员，历史学硕士。

使命的担当者，高校的根本任务是培养中国特色社会主义可靠接班人和合格建设者，围绕这一根本任务，新时代中国高校必须在办学过程中旗帜鲜明地抵制历史虚无主义。而高校档案工作机构因其工作属性和功能范畴的特殊性，在预防和遏制历史虚无主义、配合教学科研机构合力完成人才培养方面，具备独特鲜明的优势和责无旁贷的职责。

一、高校档案工作对历史虚无主义的预防

"殷鉴不远，今世当未雨绸缪。"受到历史虚无主义的冲击而导致意识形态混乱所引发的东欧剧变历史教训告诉我们，面对历史虚无主义，既要及时坚决地予以反击，更要在其未蔓延扩散前就提前做好日常预防。高校是抵制历史虚无主义的意识形态主阵地，档案工作者理应秉承"守土有责、守土尽责"的理念，发挥自身独特的功能优势，配合教学、科研、社会服务及文化传承创新任务，合力做好新时代的历史虚无主义预防工作。

（一）利用档案的回溯可考性来资政育人

众多事实证明，高校档案并非只是单纯地留存凭据，其档案开发利用的深入度将直接关系到高校政策方针的制定和办学事业的开展。在发生诚信危机的社会生活中，高校诸多工作若遭遇不信任、不配合等阻力因素时，通过及时查询档案，公布之前类似活动的过程与成效，不仅能使工作事半功倍，而且能以翔实的数据吸引广大师生参与其中；同时，利用档案编研校史，凸显国家教育事业的进步与发展，也能大幅度提升师生对国家和学校工作的认可度与认同感。

长期以来，四川农业大学档案馆（以下简称"川农大档案馆"）积极融入学校"资政育人"工作，先后参与编写了《四川农业大学校史》《川农往事》《四川农业大学史稿》等弘扬传承"川农大精神"的作品。这些作品成为师生了解川农大的"快速绿色"通道，既为培育合格人才贡献了力量，又有效地强化了新时代革命传统和爱国信念，大力弘扬了社会主义核心价值观，通过对广大师生传播蕴含唯物史观的档案知识，在新时代学校各项改革事业发展中成功地实现了对历史虚无主义的有效预防。

（二）利用档案的多元应用性来优化文化传承与创新

文化传承与创新是高校培养学生爱国、爱党、爱校的重要环节，一所高校若能孕育

爱国爱党、积极向上的校园文化，则必将对塑造人才及推动学校各项事业科学发展大有裨益。但目前部分高校档案机构往往只是"驻馆藏档"，少有能积极"走出去"并融入优秀校园文化的氛围营造。然而，档案功能并不局限于记录历史，若能充分利用高校档案的多元应用性，以深化创新的精神才能发挥高校档案的资世致用功效。我国悠久历史的高校数量众多，契合社会主义核心价值观且极具有宣传价值的历史人物和事件不计其数。高校档案馆若能在完整保存相关档案的基础上，通过专题报告、策划、展览等活动载体，并运用文字、图片、讲演等生动形式鲜活地呈现给广大师生，则必将激发师生爱国爱党爱校的热情，从而夯实了新时代优秀校园文化的历史唯物主义底蕴，以"固本强身"的方式有效地防范历史虚无主义侵入校园文化。

2016年，川农大档案馆在校庆110周年之际，通过开展"川农大老照片"主题展览活动，优化了学校文化传承与创新，营造了以健康积极的历史唯物主义为底色的校史观念，从而有效地预防了历史虚无主义的传播。此次展览搜集了川农大自1906年建校以来历经110年的海量老照片，按时间序列编排后，在三校区同时开放展览，使广大师生直观地感受到学校在党和国家的关怀下的迅速生长发展史。同时，老照片的实物呈现方式也将川农人共同的精神遗产——"川农大精神"给予了鲜活生动的表达和彰显，在师生群体中传承了以"川农大精神"为核心的优秀校园文化，促使了川农人重温"兴中华之农事"的办学初心，并深刻铭记了"中国梦"新时代背景下的时代使命。此外，川农大档案馆还牵头建立了校史文化协会。该协会依托图书馆、档案馆丰富的文献资料，积极参与珍贵档案的阅读、整理和学习，并以讲座、研讨会、人物访谈等活动的形式使校史文化的内涵深入人心，激励在校学生阅读与思考，促进校史文化的弘扬与传承。实践证明，该协会的建立有效地破解了高校档案工作孤掌难鸣的尴尬局面，通过以协会为平台与广大师生互相应和，在推动新时代校史知识广泛传播的同时，更有效地预防了历史虚无主义对师生历史认知的占领。

（三）利用档案的蕴藏史观性来"以史育才"

"以史为鉴，可以知兴替"，牢记历史，不仅可以警醒世人，更能为新时代的社会实践活动提供镜鉴，正是基于此，习近平总书记曾多次明确要求党员干部要多读历史，而作为新时代高校师生尤其是师生党员，则更应该熟悉历史并通晓历史的经验与告诉。如前所述，高校档案工作不应仅仅停留在搜集档案的常规工作维度，更应积极主动融入人才培养，尤其是利用好档案的蕴藏史观性来"以史育人"。具体来说，高校档案工作者可利用其丰富的档案资源优势全面深入地开发档案，通过书写校史小手册、校史人物传记以及专题讲授历史故事等方式普及校史知识，并以此见微知著地传播关于党史国史的唯物史观。

近年来，川农大档案馆通过开展杨开渠人文纪念讲座系列活动，以此活动积极贯彻了"以史育才"的理念，为造就培养具备唯物史观的人才贡献了自己的力量。通过讲座活动，广大师生认识和了解到杨开渠先生作为川农大迁至雅安后的首任院长和"川农大精神"的重要奠基人之一，常年在骄阳似火的夏季，脚穿草鞋，衣着朴素，不知疲倦地在水田里从事水稻高产实验，与工友不分彼此，被称为"草鞋教授"。运用历史档案开展的讲座活动让广大师生重温了杨开渠先生在艰苦的办学条件下，带领师生奋力从事教学科研事业的诸多感人事迹。广大师生同时深深感受到，川农大能取得今天的成绩与国家的支持及众多前辈学者的努力是密不可分的，由此极大地提振了广大师生对国家及学校的认同感，成功地杜绝了被历史虚无主义所释放的关于计划经济时代的种种虚假信息所迷惑的危害。

二、高校档案工作对历史虚无主义的遏制

历史虚无主义作为一种不断生灭变化的社会思潮，其表现形式也必然是推陈出新且变化多端的。面对历史虚无主义的侵蚀危害，新时代的高校档案工作者应该主动出击，对历史虚无主义给予适时制止且有针对性的遏制。

（一）利用档案的史实凭证性"留凭存史"

高校档案是高校各项事业活动的真实记录，全面记录了学校的发展历程及教学、科研、服务及文化传承创新的开展。党和国家高度重视新时代高校档案搜集及开发利用，但目前就其种类内容而言，大多数高校档案又多囿于财政凭据、人事、基建档案等，对其他非行政管理类档案的搜集仍不充分。新时代高校作为高级知识分子的集中地，各类社会文化活动留存的档案资源丰富且种类众多，若能有效加以搜集利用，必将强化其史实存凭功效，有助于新时代高校的各项事业健康快速地发展。

为丰富完善档案的史实，更好地"留凭存史"，力求档案种类资源更加完善丰富，

川农大档案馆于近年启动开展了"口述川农史"活动。该活动通过多位老教授对重大历史事件的回忆访谈，形成了相关文字、音频和视频资料，既是一份珍贵的历史档案资料，更是对传统官方档案记录的历史细节的一大补充。川农大档案馆还长期对在校师生和广大校友开放并代管各种具有保存价值、凭证价值或查考价值的档案资料。通过上述系列活动，川农大档案馆不仅尽到了"为党管档、为校守史"的基本职责，也通过完善档案史实，做到对重大事件和历史人物的有史可考、有案可查，在各种历史虚无主义观点冒头时给予了成功的回应和遏制。

（二）利用档案的客观真实性还原事实真相

毋庸置疑，档案是最接近事实真相的实证。高校对档案的留存，不仅在问题发生时便于查考，更能在关键时刻纠正校园舆论的历史虚无主义之风。当前，因为各类自媒体的广泛应用，某些毫无根据的有违历史事实的重大历史事件与人物的谬论时而出现，并利用自媒体在一夜之间闹得满城风雨。事实上，档案正是反击此类问题的有效利器，面对谬论，高校完全可以通过查询档案，有史有据地对之反击，并适时恰当地公布相关文字、视频、音频、图像等资料，在与历史虚无主义的舆论阵地战中赢得广大师生的支持与信任。

就此而言，川农大档案馆针对高校师生广泛运用网络科技产品和自媒体这一现实，主动开发网络平台，成功地运用档案资料来传播历史事实的真相，从而遏制了历史虚无主义的蔓延。就其具体做法而言，川农大档案馆首先完善了官方馆网，开设了如光影川农、川农英杰、专题展览等项目来对学校历史和革命先烈英雄事迹进行宣传介绍。同时，川农大档案馆开通了"SICAU 校史文化"的微信公众号，由档案馆指导的川农大校史文化协会具体负责管理，该微信公众号开设了《校史上的今天》《川农大事记》等极具川农特色的栏目，通过发布真实的川农大历史事件，增强学生对学校的认同感，弘扬唯物史观，并在各种重大历史节点时期起到了还原史实的作用。

三、新时代开展抵制历史虚无主义的高校档案工作的规划性思考

中国特色社会主义进入新时代后，随着社会主要矛盾的转化，历史虚无主义必将呈现出新的挑战趋势。因此，不能满足于既有的工作方式和应对策略，应继往开来，持续

挖掘档案潜力，牢牢构筑起防范历史虚无主义的防火墙。立足川农大档案馆的工作实际，围绕抵制新时代虚无主义这一目标，本文对川农大档案工作做以下规划性思考。

（一）充分利用"互联网＋"思维持续挖掘传播"正史"档案资源

利用档案馆网页改版的契机，制作《网上展厅》栏目，同时开发移动 App、组建档案馆官方微信和微博等，通过"互联网＋"持续开发利用档案资源，并将最新的研究成果借助档案馆官方微信和微博等自媒体传播，使广大师生能够及时通晓"正史"，将高校档案工作的唯物史观教育功能最大化。

（二）以"大档案"工作格局主动丰富抵制历史虚无主义的校史史料

多部门融合，构建"大档案"工作格局，不断发展壮大"川农大校史文化协会"，利用学生社团队伍，主动嵌入目前学校"校史文化与'川农大精神'"的全校公选课实践环节。同时，利用好一年一度的"6·9"国际档案日、新生入学季、毕业季等重大节点，将老照片系列展示持续融入校史史料的丰富之中。此外，要有意识地扩大档案搜集的种类范围，增加对电子档案、音像档案、照片的搜集，高校档案工作者不仅要"坐馆收档"，也要"出馆采档"，使档案更加丰富具体，以备应对新时代历史虚无主义挑战的各种不时之需。

（三）以"成果包装"工作导向积极孕育唯物史观底蕴的校史文化

利用教育部年度校园文化成果奖申报契机，持续包装建设"川农大老照片"，以申报促改进，以成果促建设，将"川农大老照片"系列展示的文化成果效益最大化，高质量地实现高校档案工作的文化传承与创新功能。同时积极利用档案哺育新的项目，增加校园文化饱满度，培育以唯物史观为底色的新时代校园历史文化。

综上所述，新时代的高校档案工作在历史虚无主义挑战面前，必须要据理力争、据实力争，利用自身优势坚决预防和遏制历史虚无主义谬论，确保客观史实畅行无阻。新时代的川农大档案馆也必将秉承"爱国敬业、艰苦奋斗、团结拼搏、求实创新"的川农大精神，继续在预防与遏制历史虚无主义的阵地上守土尽责，为培养中国特色社会主义事业的可靠接班人和合格建设者保驾护航。

参考文献

［1］习近平总书记在十九届中共中央政治局常委同中外记者见面时的讲话［EB/OL］．（2017－10－
25）．http：//www．xinhuanet．com/politics/19cpcnc/2017－10/25/c＿129726443．htm．

坚持和创新高校新媒体运营中的主旋律宣传

——以四川大学为例

罗云丹①

摘　要：本文分析了高校新媒体主旋律宣传中存在的过于迎合受众趣味、缺乏"新表达"等问题，并以四川大学新媒体运营为例，指出高校新媒体必须坚持主旋律宣传责任，并在此基础上论述了如何通过加强媒体融合发展、摸索新表达方式、积极组织网络"微"活动、量身打造"校园网红"、不断完善平台服务功能、充分发挥网络评论和互动交流的舆论引导作用等方式创新主旋律宣传手段。

关键词：高校　新媒体　主旋律　宣传

近年来，随着网络和信息化技术尤其是移动互联网技术的发展，网络和新媒体平台日益成为人们获取信息的主要渠道，网上宣传工作愈发重要。习近平总书记指出："做好网上舆论工作是一项长期任务，要创新改进网上宣传，运用网络传播规律，弘扬主旋律，激发正能量，大力培育和践行社会主义核心价值观，把握好网上舆论引导的时、度、效，使网络空间清朗起来。"[1]在新形势下，四川大学着力建好、管好、用好校园网络，以各媒体聚合联动、融合发展为重要手段，全力抢占新媒体阵地，打造清朗的校园

---

①　罗云丹，《四川大学报》编辑部主任。

网络空间，传播网络正能量，尤其是在新媒体建设方面取得明显成效，2015—2017 年连续三年获评"教育政务新媒体十强"。本文以四川大学为例，分析研究高校新媒体运营中如何坚持和创新主旋律宣传。

一、高校新媒体主旋律宣传存在的问题

（一）过于迎合受众趣味导致推动主旋律宣传不力

当前，各类新媒体形态层出不穷、蓬勃发展，使得媒体运营者深感一日千里，受众则是感觉无尽的资讯汹涌而来，应接不暇。以影响力最大的新浪微博和微信公众号来说，2017 年 Q3 微博财报数据显示，截至 2017 年 9 月，微博月活跃用户共 3.76 亿，其中移动端占比达 92％[2]。微信公众号经过五年多的迅猛发展，公众号总数已突破 2000 万，月活跃粉丝约 8 亿，[3] 很多用户关注数十个甚至数百个公众号。显然，在新媒体时代的海量信息面前，受众确实越来越具有无限的选择权，也越来越反感传统的主流宣传话语，越来越容易被"带节奏"，新媒体平台都面临着增加阅读量和"涨粉"的压力，对受众是引导还是一味迎合成为新媒体运营者面临的现实问题。粉丝经济证明了流量为王，一个新媒体平台如果没有办法"聚粉"，那么这个媒体将会很快失去存在的基础。高校新媒体也不例外，只有吸引更多的师生、校友、家长和社会公众的关注，平台才有存在的价值。如果平台没有影响力，无论开展什么宣传都失去了意义。因此，高校新媒体运营中也不可避免地存在较多迎合受众趣味，开展主旋律宣传还不够有力的问题。一些高校新媒体没有深入把握党和国家舆论大势，主动、超前开展重大新闻主题策划，加强社会主义核心价值观、红色旋律等重大主题方面的宣传，在讲好故事、刻写精神方面存在差距，有巨大影响力的品牌栏目和有思想、有温度的精品力作还比较缺乏。在对学校及师生学习贯彻习近平新时代中国特色社会主义思想和党的十九大精神的深度报道方面做得还不够。

（二）新媒体开展主旋律宣传时缺乏"新表达"

新媒体之所以被称为新媒体，关键就在于"新"，那么较之传统媒体，它的"新"体现在哪里？核心是传播理念的创新，此外是技术创新、形式创新、内容和话语体系的

创新，新媒体的最大优势是为受众提供了趋近无限丰富的个性化内容，让受众从被动接受者变成对等交流者，同时可以成为传播者。在新的舆论生态环境下，受众更倾向于聆听鲜活有趣、直抵人心的"故事"，抗拒枯燥乏味、面目可憎的"道理"，这种变化要求在宣传思想工作中不断创新表达方式。现在新媒体平台存在的问题是：主旋律宣传形式陈旧刻板，内容空洞无物，被受众选择性忽视，而一些娱乐八卦、哗众取宠的虚假新闻、假科普真营销等却能在朋友圈广泛传播，根源在于"主旋律在宣传中缺少符合当下新形势的'新表达'，从而缺乏吸引力和影响力，直接影响了'主旋律'的主流地位"[4]。高校新媒体平台也面临类似问题，在开展一些校园文化活动、校园美景、师生趣事的报道时，善于使用新媒体语言和受众喜闻乐见的表达方式，很受师生欢迎，在开展主旋律宣传时，却失去了"新"这个特质，仍然沿袭了陈旧的理论灌输和空洞说教，形式和内容上完全不接地气，远离师生的学习、生活实际。

二、坚持高校新媒体主旋律宣传的责任

高校宣传部门要深入学习贯彻习近平总书记在全国宣传思想工作会议上的重要讲话精神，真正承担起举旗帜、聚民心、育新人、兴文化、展形象的使命任务，找准新闻宣传工作的切入点和着力点，努力做到弘扬主旋律、坚守主阵地、传播正能量。

（一）以鲜活话语宣传马克思主义理论和党的政策

我国高校的根本任务是培养德智体美劳全面发展的社会主义建设者和接班人，习近平总书记在视察北京大学时发表的重要讲话中先后十次强调这个根本任务，明确提出要把立德树人的成效作为检验学校一切工作的根本标准。所以高校的宣传思想工作成效最终取决于立德树人的成效，高校的所有媒体平台就是要为党的理论和路线方针提供正确的舆论引导和宣传教育，营造良好的舆论宣传氛围。高校新媒体要加强网上主旋律宣传，充分运用多种形式，广泛组织开展习近平新时代中国特色社会主义思想和党的十九大精神的宣传，开展统筹推进"五位一体"总体布局、协调推进"四个全面"战略布局的宣传，用正确的网络舆论引导校园思潮、凝聚师生共识。

近年来，四川大学官方微信、微博等新媒体平台主动担负壮大网上主流思想舆论的责任，树立正确的理念，避免完全被粉丝数、阅读量牵着鼻子走，探索做好党政宣传的

新尝试。如党的十九大召开后，持续宣传习近平新时代中国特色社会主义思想和党的十九大精神，接连推出"街采"推送《喜迎十九大 ｜我们川大这五年》《一句话为中国加油》《十九大代表中的川大校友》等推送。在 2018 年全国两会召开期间，推出《两会川大好声音，为祖国发展建言献策，贡献川大智慧》等报道，在习近平总书记考察北京大学后，推出《同新时代共前进，川大师生热议习总书记北大考察重要讲话》《@担当民族复兴大任的川大青年！师生共话成长，争做新时代榜样》等报道，在全国教育大会召开后，设立《新时代@教育》专栏，筹划推出了《打造一流本科教育、四川大学这样做》等系列报道。

（二）在润物无声中推进社会主义核心价值观传播

对一个民族、一个国家来说，最持久、最深层的力量是共同的价值内核。党中央高度重视社会主义核心价值观建设，习近平总书记围绕社会主义核心价值观发表了一系列的重要论述，阐述了培育和践行社会主义核心价值观的重要性、必要性、紧迫性和各项要求。高校承担着培养担当民族复兴大任的时代新人的责任，毫无疑问应将社会主义核心价值观融入贯穿到教育的方方面面。这其中重要的一个方面，就是高校的各类媒体平台需要持之以恒地进行宣传、引导，推动形成广泛传播和积极践行社会主义核心价值观的生动局面。

四川大学新媒体平台坚持"正能量是总要求"，准确把握传播规律，把社会主义核心价值观融入网络宣传、网络文化、网络服务中，采用师生喜闻乐见的形式，从学习、工作、生活点滴入手，寻找社会主义核心价值观落地生根的土壤，积极捕捉感人瞬间，发掘生动的故事，折射内心真实的向上情感。以小切口荷载大主题，在潜移默化中实现社会主义核心价值观宣传教育的内化于心、外化于行。如借习近平总书记深入大凉山腹地考察脱贫攻坚之机，推出《在习总书记走过的这片土地，有一群川大人在那坚守了十九年》报道，聚焦在大凉山深处接力支教十九载的四川大学研究生支教团，以一个个生动的小故事讲述了支教团发扬志愿服务精神，到基层去，到祖国最需要的地方去，在艰苦磨炼中确立人生方向，在辛勤付出中实现自身价值的感人事迹。又如推出《帽子老师和她快乐的弹幕课堂》《"无人机刷脸"就是为了点名？你们呐，太小看川大的"劈砖教授"了》《川大"民法王子"张晓远：课堂被赞"现场版百家讲坛"，学生称他"七宗最"好老师》等标题新颖、内容鲜活的报道，在"讲故事"的过程中展现了热爱教育事业，追求卓越，努力在教学中创造精彩的优秀教师风采，很好地宣传了敬业奉献的精神。

（三）坚持围绕中心服务大局为改革发展凝心聚力

高校新闻舆论工作必须坚持团结稳定鼓劲、正面宣传为主的方针，巩固广大师生员工共同团结奋斗的思想基础，为学校教育事业科学发展提供坚强的思想政治保证。在网络和新媒体成为资讯主要集散渠道的当下，高校新闻舆论工作必须更加善于运用新媒体平台向师生宣传学校中心工作和重大活动，宣传改革发展举措与成就。

四川大学新媒体平台大力宣传学校在党的建设、教学科研、人才培养、社会服务、文化传承创新、国际化建设等各方面的改革举措与成效。如在学校第八次党代会召开前后，学校官方微博开设"川大第八次党代会"话题，并对大会开幕式进行全程图文直播；官方微信连续推出 3 期"回望这六年"特色报道，并在会后推出会情新闻回顾及"一图读懂党代会报告"。微视频网组织拍摄了《你是否做好了"四川大学分之一"》微视频，宣传默默无闻在学校各个岗位无私奉献，百折不挠，在每一个平凡的角色里用力绽放自己光芒的共产党员。又如 2018 年 7 月，教育部在川大召开新时代全国高校本科教育工作会议期间，川大新媒体平台按照"快、准、深"的要求，迅速发出《教育部长陈宝生考察四川大学》的消息，连续推出《以课堂教学革命为突破口，让人才培养落地生根，打造一流川大本科教育！》《多家中央级媒体聚焦四川大学一流本科建设》等深度报道，全面深入地宣传了川大本科教育教学改革成果，提升了学校的影响力。

三、创新高校新媒体主旋律宣传的手段

（一）加强新媒体平台建设，推动媒体融合发展

以习近平同志为核心的党中央高度重视传统媒体和新兴媒体的融合发展，习近平总书记在全国宣传思想工作会议、中央全面深化改革领导小组第四次会议、视察解放军报社等不同场合多次强调要建设媒体融合发展的现代传播体系，构建新的舆论引导格局。

四川大学积极落实中央有关精神，全力推动校园媒体融合发展。全力打造"一网三微一报一台"（新闻网、微博、微信、微视频、校报、教育电视台）的全媒体平台，积

极推动形成新兴媒体与传统媒体多位一体、联动传播、融合发展的全媒体架构。2014年四川大学官方微博、微信和微视频全面上线，影响力与传播广度与日俱增。学校2014年年底成立了四川大学新媒体联盟，实现了对近1000家校园新媒体的聚合联动，形成了官微领军、各媒体融合联动的发展新态势。为激励校园全体新媒体工作者、参与者积极推进校园新媒体建设和网络新媒体融合联动传播新模式，不断营造清朗的网络及新媒体文化空间，不断推出网络及新媒体文化精品，学校新闻中心、新媒体中心还牵头定期举办"'我要发光'四川大学新媒体大赛"，评选"最具影响力新媒体""十佳新媒体"等11类奖项。

（二）始终坚持"内容为王"，摸索新表达方式

无论是新媒体还是传统媒体，内容始终是一个媒体立足的根本。对高校新媒体来说，在内容上尤其要着力挖掘富有时代气息、代表社会主流价值取向、具有广泛认同的人和事，用通俗易懂、师生喜闻乐见的方式来讲故事、说道理。只有摸索出适应当前时代要求的新表达方式，才能获得受众的认可，才能真正达到弘扬主旋律的目的。

四川大学新媒体平台坚持"内容为王"的基本原则，精心打造网络栏目，塑造网络品牌，策划精品内容。川大官方微博坚持做好、做强有格调、有特色、有温度、有影响力的栏目，打造的《问道学业》《人文川大》《锦水史话》《锦水悦读》《咱川大人》《名师风采》《师道言说》《锦水寄语》《早安川大》等栏目深受学生欢迎。官方微信推出的主持人品牌"大川"，被学生誉为"川大万事通""川大好帮手"。"川大有多大""长桥爱情故事""会多国语言的川大小红帽"等"微"活动，引发师生高度关注。近年来，川大官方微博、微信推出的《川大"网红"教学楼强势回归，颜值实力再升级！》《有颜还有才！川大学霸寝室6人'组团儿'保研》等许多报道被人民日报、央视新闻、新华网、凤凰网等社会重要媒体广泛转载。

（三）积极组织网络"微"活动，创新推出新媒体周边产品

在新媒体运营中，积极探索从线上向线下的拓展，线上线下联动开展各类活动，吸引受众参与，才能进一步增强粉丝黏性，才能使网络虚拟世界中的"粉丝数"转化为现实世界的"粉丝群体"，实现新媒体的可持续发展。

四川大学新媒体平台积极组织开展线上线下联动的网络"微"活动，助力校园文化

建设。如策划开展的"毕业照大秀场""爱川大、爱大川周年庆祝活动""大川夜话""八大高校话题互动""考研加油墙""川大我想对你说""晒录取通知书""四川大学首届 MV 大赛"等活动，吸引了广发师生的热情关注和参与。2015 年以来，平台每年与马克思主义学院合作，将学校"8 秒正能量"学生主题微视频大赛作品在校园新媒体平台展播，总点击阅读量超过 3000 万次。四川大学新媒体已成为"弘扬主旋律、传播正能量"的强大网络阵地。同时，平台制作推出了一系列导向好、质量高、受欢迎的新媒体作品，如"川大版《成都》""川大版《南山南》"等 MTV，在师生中广为流传；推出动画片《大川说校史》，以短动画片的形式，生动有趣地展现了川大 120 年的历史；制作《川大校歌新唱》沙画视频，以青年学子唱民谣的方式重新演绎校歌，并配以校园景观的沙画视频，唯美动听，让校歌走进师生心灵；推出航拍视频《百廿之期，飞越川大》，俯瞰校园美景；推出《川大版 Try Everything——川越风云，大有可为》唱出川大人追逐梦想的拼搏与激昂；推出延时摄影作品《120 秒延时摄影，120 年川大光影》，以精美的动态画面、震撼的配乐唤起师生及校友对川大之美、川大生活的感慨和对学校的热爱。此外，还对川大新媒体品牌"大川"logo 设计进行著作权登记，打造品牌，并在此基础上推出了书签、马克杯、文化衫、帆布袋等一系列富有川大文化内涵的新媒体文创产品，并以结合推送免费赠送的方式回馈师生、校友等粉丝，强化了粉丝吸引力。

（四）大胆开辟传播新思路，量身打造"校园网红"

近年来，"网红"传播成为互联网传播的重要现象，大批直播"网红"、微博"网红"、电竞"网红"、美妆"网红"等活跃在各大网络平台上，其传播效应引人注目。但一些"网红"价值观迷失，极大地削弱了主旋律宣传和传统榜样人物的影响力。应对的办法光靠简单的封杀是不够的，还应该顺势而为，积极打造充满正能量的"网红"，高校有大量出类拔萃的师生，其中并不缺乏具备"网红"潜质的人，高校校园里也不乏美景、美食等容易引起社会关注的事物，这为高校新媒体平台打造"网红"提供了可能。

四川大学新媒体平台在打造校园"网红"方面进行了一些尝试，取得了较好的效果，相关微信推送的阅读数都达到"10 万+"，并被众多社会媒体转载。如"川大'网红'教学楼""川大最诗意农民工""川大最美楼长""川大玻璃杯""川大'网红'食堂""川大最美银杏"等，阅读量达到"10 万+"。经过实践，四川大学新媒体在运营中得出了打造"校园网红"的"五字"经验："知""跟""动""传""导"。知，即深入基层师生，发现潜在"网红"；跟，即紧跟校园焦点热点，顺势打造"网红"；动，即校园各类媒体联动发力，让"网红"迅速红起来；传，即精心筹划制作"网红"推文，确保传播效果；导，即紧扣传播导向，以"网红"助推社会主义核心价值观和校园文化传播。在打造"校园网红"的过程中，作为校园媒体的运营者要时刻提醒自己——"网红"只是一个载体，其根本目的是弘扬社会主义核心价值观，助推校园文化的传播，绝不是单纯为了打造"网红"，制造传播热点，获取流量。只有在"网红"传播中牢牢紧扣住这个导向，才能实现"高校网红"的真正价值。

（五）不断完善服务功能，增强新媒体平台实用性

在当前，新媒体平台如果仅仅单纯作为资讯发布平台，其吸引力必定是有限的，必须成为整合各方面服务功能的综合服务平台。高校新媒体平台应该积极调研掌握师生需求，开发推出贴近师生学习、工作实际需要的各类实用服务功能。

四川大学新媒体平台定期发布学术讲座、人才招聘等实用信息，在招生、开学、离校等时间点推出受众所需的服务信息，如《权威发布｜四川大学 2018 年普通类本科招生章程》《欢迎新同学！2018 级本科萌新入学最全指南！》《@川大毕业生，离校前这些手续要办好》等推送受到热烈欢迎，其中《欢迎报考四川·海纳百川·心怀梦想·追求卓越·好吃好苏·大学！》《选我，我是四川大学，你的理想型》等微信推送阅读量高达"10 万＋"。川大官方微信设置了《查询大厅》《学生缴费》《网络保修》《后勤监督》等栏目，在《查询大厅》内整合了课表查询、成绩查询、自习室查询、四六级成绩查询、考研成绩查询、校车班次、校历、移动图书馆等对师生来说非常实用的功能。川大官方微博也积极发挥在校务问政咨询、在线互动服务方面的作用，对师生"@"的意见和建议，及时向学校有关部门反馈并及时回复处理情况。

（六）充分发挥网络评论和互动交流的舆论引导作用

互联网的开放性特征为各种思想与不同言论的表达提供了更加自由的空间。网络去中心化的非线性传播模式使受众地位凸显，微博、朋友圈等传播方式使受众个人言论获得了前所未有的重要地位和传播范围。因此，新媒体运营必须高度重视网络评论和互动交流的作用。

　　四川大学新媒体平台在运营中一直重视与受众的互动，及时关注、分析受众留言评论，从中评估报道的效果，听取受众意见和建议，分析舆论倾向，并及时与受众交流、对话。以川大官方微信为例，每天的推送发出后，通过后台及时筛选评论，不断将精彩评论直接在推送内容页面显示，既可调动受众评论的积极性，也可促成受众之间的交流；对客观提出意见和建议的评论不屏蔽、不回避，及时向学校相关部门反馈并做出有实质性内容的回复。学校还竭力培育了一批坚持正确导向、影响力广的网络名师，建设了一支由青年教师和学生骨干组成的网络宣传员队伍，使符合主旋律的评论始终占据上风。学校也探索改革教学科研评价机制，引导更多的专家学者在网络上为正能量发声。

参考文献

［1］中央网络安全和信息化领导小组第一次会议召开［EB/OL］．（2014－02－27）．http://www.gov.cn/xinwen/2014－02/27/content_2625112.htm.

［2］2017Q3♯微博财报♯划重点［DB/OL］．（2017－11－07）．https://weibo.com/1642634100/Fu0WMmF62.

［3］QuestMobile 中国移动互联网 2018 半年大报告［DB/OL］．（2018－07－18）．http://www.questmobile.com.cn/research/report－new/33.

［4］胡劲松．主旋律需要新表达［N］．安徽日报，2018－03－14.

高校社会主义意识形态传播策略的生活化转向

——基于大学生社会主义核心价值观认知践行情况的调查报告[①]

苏德强[②]

摘 要：社会主义意识形态是论证社会主义执政合理性和合法性的理念基础，做好意识形态工作事关党的前途命运和国家的长治久安。优化意识形态在高校的传播策略是提升意识形态工作成效的有效途径，而调查了解意识形态传播现状是探索传播策略优化的必要前提。本文试图从社会主义核心价值观是社会主义意识形态的本质体现这一角度，通过对大学生群体认知践行社会主义核心价值观的调查情况来反观意识形态传播方式的现状及受众对意识形态传播方式的现实诉求，从而为意识形态传播策略提出针对性的改进建议。社会主义意识形态传播策略的优化应基于受众的现实生活，强化传播内容的生活化和可感知性；广泛开展生活化的实践性传播活动；突显学校、社会、家庭基于生活实践的渠道整合作用；加强意识形态传播的强制推动力和法治保障。

关键词：意识形态 社会主义核心价值观 传播策略 生活化 调查报告

---

① 本文是 2017 年四川大学共青团工作专题研究项目"第二课堂成绩单制度背景下的高校院系基层团组织协同创新研究"和 2017 年四川大学思想政治教育专题研究项目"基于'专业＋'活动载体的多主体协同育人机制及实践路径研究"的成果。
② 苏德强，四川大学团委副书记。

在意识形态日益成为国家文化软实力核心内容的今天，如何从根本上增强社会主义意识形态的吸引力和凝聚力，已经成为我国意识形态工作的重要现实课题。习近平总书记指出，意识形态工作是党的一项极端重要的工作，做好意识形态工作事关党的前途命运，事关国家长治久安，事关民族凝聚力和向心力，并强调把培育和弘扬社会主义核心价值观作为凝魂聚气、强基固本的基础工程，充分体现了中国共产党对当前意识形态工作形势的深刻认识以及对新形势下如何加强社会主义意识形态建设的积极回应。意识形态工作的核心是要坚持党性，坚持正确的政治立场，始终把马克思主义作为意识形态领域的指导思想。意识形态工作的根本要求在于坚持人民性，其实质为意识形态及其传播策略是否能满足人民的利益和需求，是否能获得人民的支持和认同，是否能让人民自觉将其内化为指导日常实践的根本遵循。科学合理地评估意识形态传播方式的现状以及调查受众对意识形态传播方式的诉求，是改进意识形态工作的现实前提。

本文试图从社会主义核心价值观是社会主义意识形态的本质体现这一角度，通过对大学生群体认知践行社会主义核心价值观的调查情况来反观意识形态传播方式的现状以及受众对意识形态传播方式的现实诉求，从而为意识形态传播策略的改进提出针对性的建议。

一、社会主义核心价值观作为社会主义意识形态传播考察点的逻辑分析

意识形态作为观念的上层建筑，既涵盖了对社会"是如何"的实然事实判断，也涵盖了对社会"应如何"发展的应然价值内容。意识形态的本质在于要阐明政治、经济、文化基础，要鲜明指出"举什么旗、走什么路、向何处去"的问题，而社会主义核心价值观始终坚持以马克思主义为指导，是社会主义意识形态作用发挥的动力引擎，为社会主义意识形态的现实实践提供了具象可循的价值标准。

首先，社会主义核心价值观与社会主义意识形态在内涵上具有一致性。其一，社会主义核心价值观坚持马克思主义的指导地位，确定了其作为社会主义特殊意识形态的性质和方向，是对中国社会主义革命建设经验以及东欧剧变等国际共产主义运动历史上的教训的清醒认识与深刻总结，这与社会主义意识形态在指导思想上是高度一致的。其二，社会主义核心价值观是应对西方资产阶级价值观的挑战、适应新时期社会主义市场

经济环境需要并在社会主义精神文明建设的历程中提出并凝练形成的[1]，植根于中国改革开放以来的成功实践，体现了中国特色社会主义道路、理论体系、制度的独特优势，充分反映了社会主义现代化建设的经济基础，其内容涉及政治、经济和文化等所有意识形态领域，是在社会主义生产方式的基础上形成的价值观念，与社会主义意识形态在内容范畴上具有一致性。其三，社会主义核心价值观承载着民族和国家的精神追求，是社会评判是非曲直的价值标准，是对中华优秀传统文化的继承与创新发展，"一个民族、一个国家的核心价值观必须同这个民族、这个国家的历史文化相契合"[2]，这与社会主义意识形态在思想来源上具有一致性。

其次，社会主义核心价值观是社会主义意识形态正确发展的方向指引。国家意识形态组成复杂，有以马克思主义为指导的、占主导地位的社会主义意识形态，有以资产阶级思想为代表的、敌视或反对社会主义的意识形态，也有国家转型期因社会利益分化而出现的各种学术思潮和思想观念，这些意识形态之间的相互影响从未间断。如何让社会主义意识形态获得更广大人民的认同，如何让社会主义意识形态居于主导地位从而更好地凝聚社会共识，促进全面建成小康社会，就要确保社会主义意识形态的价值理念必须符合最广大人民群众的根本利益，必须与社会主义经济发展的实际情况相适应。作为全国人民思想认同最大公约数的社会主义核心价值观，在面临多样化的社会思潮、多元化的价值判断和多样化的利益诉求的时候，才能为社会主义意识形态的发展提供精神旗帜，才能在思想文化领域提供正确的导向指引作用，才能避免社会主义意识形态的影响弱化甚至走向歧途。

再次，社会主义核心价值观是社会主义意识形态作用发挥的动力引擎。其一，社会主义核心价值观回答了建设什么样的国家、建设什么样的社会以及培育什么样的公民的重大问题，为社会主义意识形态作用的发挥提供了最基础的目标驱动。其二，社会主义核心价值观表达凝练，符合大众化、通俗化的要求，便于阐发传播，有利于增强人们对社会主义意识形态的理性认同和情感认同，更便于人们遵循践行，实现了社会主义意识形态的实践导向功能，为社会意识形态的作用发挥提供了最强劲的实践驱动。其三，当前我国经济发展处于增长速度换挡期、结构调整阵痛期、前期刺激政策消化期"三期叠加"的新常态，社会主义意识形态也必须积极作为，主动适应新常态，确保物质文明和精神文明协调发展、相互促进。社会主义核心价值观的价值指向要求意识形态必须不停地通过自身建设来适应社会经济发展和改革的现实情况，这是社会主义意识形态作为一种科学的意识形态对自身创新的内源驱动。其四，社会主义核心价值观从意识形态层面上最大限度地凝聚着不同阶层群体对中国未来改革的共识，将社会主义意识形态统领下的各种力量形成中国改革发展的合力，是全民族奋发向上、团结和睦的精神纽带。

最后，社会主义核心价值观反映了社会主义意识形态的实践要求。马克思指出，全部社会生活在本质上是实践的。凡是把理论引向神秘主义的神秘东西，都能在人的实践中以及对这个实践的理解中得到合理的解决[3]。实践能动地改造客观世界，是价值活动以及价值关系产生的基础，决定着价值观的生成、发展与实现，决定了价值观的基本指向。价值观也必须具有鲜明的实践指向，否则就会沦为"虚伪的意识"，"哲学家们只是用不同的方式解释世界，问题在于改变世界"。

社会主义核心价值观无论是从内涵、发展方向，还是从动力来源及实践指向等方面与社会主义意识形态的关系，均深刻体现了社会主义意识形态的本质要求，而且社会主义核心价值观的表达更为凝练，含义清晰直观，在进行调查访谈时更能让受访者准确感知和回答问题，确保调查数据能真实反映社会主义意识形态的传播状况。

二、社会主义核心价值观认知践行情况的调查数据分析

通过调查了解社会主义核心价值观在大学生中的传播渠道、传播方式和传播效果的现状来反观社会主义意识形态传播的现状特点及优化走向，从而提出意识形态传播效果改进的策略和建议。考虑到调查数据的庞杂性以及重点考察的传播范畴，本文主要围绕大学生对社会主义核心价值观的熟悉程度现状、传播路径与认同践行效果、受众对社会主义核心价值观传播策略诉求等情况进行数据分析。

（一）大学生对社会主义核心价值观熟悉程度的情况

调研结果显示，当前大学生对国家和民族的振兴抱有强烈的希望与期待，对社会主义核心价值观能凝心聚力使全体人民同心同德推进中国特色社会主义伟大事业、团结奋进实现中华民族伟大复兴和中国梦寄予极大的信心，这与党的十八大以来国家将社会主义核心价值观作为总体意识形态进行多渠道、全方位、广泛密集传播是密不可分的。但是大学生对社会主义核心价值观本身内容的了解不够深入全面的现状是客观存在的，这

可能是因为总体意识形态与个体意识形态在传播过程中相互博弈，尚未完全形成认知上的契合。换言之，受众在生活实践中建立的个体意识形态，能否通过传播过程中的信息交互去选择、理解、接纳总体意识形态，并完成价值信念等意识形态内容之间的融合。当受众对传播的内容感知困难或者无法与生活实践中形成的认知达到一种配适平衡，社会主义意识形态传播受众心理接受机制中的首个重要环节——认知契合就无法建立，因此若要实现社会主义核心价值观高度有效的传播，首先须完成总体意识形态的科学化阐释及生活化赋义。另外，大学生对社会主义核心价值观在国家、社会、个人三个层面的内容出现认知不平衡的归因很多，对国家层面价值目标的了解程度相对偏高，有首因效应的影响，也与大学生多年来一直接受思想政治课程强调国家建设目标的教育有关。对个人层面价值准则的了解程度相对偏高，可能是因为在强势传播的信息中，"爱国、敬业、诚信、友善"更贴近受众的个人生活实践，其在传播中被赋予了更生活化的语言信息，让受众能在生活实践中更快地建立认知契合，形成情感体验，从而更容易让人对其有深刻的记忆。

（二）社会主义核心价值观传播途径与认同践行情况

当前，大学生了解社会主义核心价值观的渠道普遍呈现出多元化、网络化、碎片化的态势。在大学生接受社会主义核心价值观的众多传播渠道中，学校教育和新媒体传播明显占据主导地位，家庭教育在社会主义核心价值观的传播中开始发挥较为明显的作用，传统媒体明显处于边缘化、弱影响的位置。在学校教育中，思政课堂的主渠道作用及志愿服务等实践平台的育人作用相对突出，但是思政课堂纯灌输式的教学模式面临着大学生希望加强改进的强烈诉求。大学生普遍认同社会主义核心价值观的内容，并有践行社会主义核心价值观的主观愿望，但仍须进一步强化情感体验和需要驱动，并在日常生活中自觉践行。

调研结果显示，在传播媒介通过技术革新极大影响着受众获取信息渠道的时代，受众去甄别、认同、选择、整合、内化信息的方式也发生了革命性的变化；同时，"三期叠加"新常态下社会结构的分化、利益关系的碎片化，使得社会成员的行为方式也发生了深刻变化，诸多因素的交织作用深度地改变了社会主义意识形态传播的内容、途径和效果。据中国互联网络信息中心数据，截至 2017 年 12 月，我国网民规模达 7.72 亿，手机网民规模达 7.53 亿，占网民总规模的 97.5%，其中 20~29 岁年龄段的网民占比最高，已达到 30.0%[4]。应该说移动互联网已经成为人们的基本生活场景，人们获取、交换信息的渠道在网络空间中也更趋多元、灵活、便捷；借助互联网技术衍生的强大链接功能，生活层面的东西已逐渐被纳入政治的视野，同时被赋予了政治的话语权。从意识形态传播的视阈来看，互联网的公共属性首先表现为政治传播功能，通过互联网渠道传播社会主义核心价值观，本身就是意识形态传播工作的"因势而动"，而青年大学生对网络获取信息的渠道偏好，自然为国家主导推动的社会主义核心价值观传播达成了一种路径上的契合，这就不难理解为什么更多大学生是通过网络渠道接触到社会主义核心价值观，但是碎片化的网络阅读很难让受众有系统或深入的了解。

高校固有的教育属性使其在开展意识形态工作时有着先天的优势，高校思想政治理论课、专业课、第二课堂活动、专题宣传均可成为大学生接触了解社会主义核心价值观的途径载体，对大学生认同践行社会主义核心价值观发挥了非常关键的作用。但是高校思想政治理论课传统的灌输式说教模式让大学生很难从感性上认同社会主义核心价值观的现实生活基础，相比起来，他们更愿意通过参与式、实践性、生活化的活动载体去获得情感体验和实践驱动。家庭教育是家长在言传身教和家庭生活实践中对子女施以一定教育影响的社会活动。其中，家庭仪式是家庭教育的重要组成部分，它是指家庭成员在家庭空间之内按照一定伦理道德规范进行的具有情感意义的较为固定的互动行为程序和表达方式[5]，在本质上具有传播活动的属性，其通过情感传播伦理，同时渗透着哲学观念、宗教思想甚至隐含着政治思想、法律观念等内容，在中国传统的宗法式传统里，家庭教育在意识形态传播方面发挥着极为重要的作用。

三、社会主义意识形态传播有效性提升的路径分析

社会秩序的生成与维系需要共同认可的价值观作为基础，社会主义意识形态的传播就是通过政治社会化通道，对社会成员的价值观和行为方式进行教育、引导和塑造，由此形成其对既定政治体制架构和现行政治制度体系的认同与支持，从而为维系政治系统运行稳定、巩固中国共产党的执政地位和社会公信力提供现实支撑。基于大学生社会主义核心价值观认知践行情况的调研数据，体现出社会主义核心价值观的传播现状和大学生对社会主义核心价值观传播策略的诉求，一方面反映了大众普遍理解和支持社会主义

核心价值观的内涵及推动传播的现实意义；另一方面也反映了社会主义核心价值观认知践行的成效仍然还有很大的改进空间。为了进一步论证自身执政的合法性与合理性，在国家意识形态体系下的特殊话语结构和叙事模式中，社会主义意识形态的传播必须与时俱进地调整、完善和优化传播策略，对意识形态的内涵进行时代赋义，保持对传播内容的持续更新，经常深入群众进行调研，以人民为中心，围绕人民的现实问题做好意识形态的传播工作，不断提升社会主义意识形态的引导和凝聚功能，为国家的发展营造凝心聚力、和谐有序的政治环境和稳定局面。

基于当前大学生认知践行社会主义核心价值观的具体情况以及大学生对传播策略的现实诉求，我们不难发现大学生更期待生活化的意识形态话语传播体系，期望在与传播源发生接触时能够与意识形态形成"响应"与"共鸣"，从而让自己的意识形态与国家规定的总体意识形态形成价值观念上的契合。大学生培育和践行社会主义核心价值观或接受社会主义意识形态需要完成对现有意识形态传播策略的重新定位，同时意识形态传播策略需要在生活化的视野下对传播内容、传播途径、传播方式及建章立法推动等四个方面调整优化。

一是强化传播内容的生活化和可感知性。纯粹的理论性话语体系难以唤起受众的认知契合和情感认同，要想增强社会主义核心价值观的培育践行实效，牢牢掌握意识形态的话语权，就要坚持在传播源头的质量控制上下功夫，结合大众的日常生活实践，加强对中华优秀传统文化资源的深入阐发，进一步丰富对社会主义核心价值观在生活层面的传播阐释，实现社会主义核心价值观从理论形态到感性形态的转化，将价值观通过可感知的传播内容融入社会成员的感性意识和感性行为。

二是广泛开展生活化的实践性传播活动。毛泽东曾指出，"感觉到了的东西，我们不能立刻理解它，只有理解了的东西才能深刻感觉它"，若要实现受众对意识形态传播内容的感知，必须要求其通过社会实践活动建立起感性认识，并在社会实践的体验中逐渐将其转变成理性认识，继而在未来的实践中能动地指导自己的行为，这样形成的实践体验才有可能与意识形态的传播形成认知上的共振，从而将意识形态内化成自己实践后的情感认同与理性认知，激发个体的总体意识形态与个体意识形态的融合与共鸣。

三是要突显学校、社会、家庭基于生活实践的渠道整合作用。现今的意识形态传播体系更注重单个传播渠道作用的发挥，尤其是在网络技术深刻影响着意识形态传播策略和成效的新形势下，如何完成各个有效传播渠道的整合并形成机制上的联动成为当前意识形态传播策略优化的现实课题。事实上，学校教育、社会舆论、家庭教育都是社会主义意识形态传播的主要渠道，但是要想形成多个传播渠道的叠加效应，必须找准三个传播渠道的共性，即基于生活实践的传播方式，这样才能有效促进三者的叠加放大效应，仅仅倚赖或侧重于某一种传播渠道是偏离现实、远离人们的生活实践的。

四是要加强意识形态传播的强制推动力和法治保障。社会主义意识形态的传播本身具有强烈的政治意义，其根本在于借助常态化的工具和手段来向社会成员进行意识形态的输送。作为受众的个体在没有法律规制等强制性措施的约束下具有过多的选择与随意性，在传播主体与受众之间没有形成强烈的共振时，意识形态的传播往往会因为受众可选择的空间过大而无法形成强制传播的牵引力，从而失去意识形态领域社会主义意识形态的话语权和主导地位。

参考文献

[1] 刘书林. 社会主义核心价值观的由来和发展趋势 [J]. 社会主义核心价值观研究，2016 (1).

[2] 习近平. 习近平谈治国理政 [M]. 北京：外文出版社，2014.

[3] 中共中央马克思恩格斯列宁斯大林著作编译局. 马克思恩格斯选集：第1卷 [M]. 北京：人民出版社，1995.

[4] 中国互联网络信息中心. 第41次《中国互联网络发展状况统计报告》[EB/OL]. (2018−03−05). http://www.cnnic.net.cn/hlwfzyj/hlwxzbg/hlwtjbg/201803/t20180305_70249.htm.

[5] 杨立川. 论家庭仪式传播的意识形态作用及其特征 [J]. 中国地质大学学报（社会科学版），2015 (4).

做好高校意识形态调查研究工作： 重大意义、科学方法及关键举措 ①

摘 要：调查研究作为马克思主义的科学方法论，受到以习近平同志为核心的党中央的高度重视。新时期做好高校意识形态工作，必须深入贯彻落实习近平新时代中国特色社会主义思想，坚持调查研究方法论，全面掌握高校意识形态工作情况，找准意识形态领域存在的突出问题，强化问题意识，研究解决对策，才能不断增强高校意识形态凝聚力和引领力。

关键词：调查研究 高校 意识形态工作

调查研究作为马克思主义的科学方法论，历来是共产党的优良传统。党的十八大以来，以习近平同志为核心的党中央把调查研究作为治国理政的重要方法。习近平总书记高度重视调查研究，曾指出，调查研究是谋事之基、成事之道。没有调查，就没有发言权，更没有决策权。在党的十九届一中全会上，习近平总书记进一步强调"要在全党大兴调查研究之风"[1]，足见调查研究是贯彻落实一切工作的基础。

① 本文是四川大学习近平新时代中国特色社会主义思想研究中心 2018 年度思政专项课题（项目编号：2018XZX—25）的研究成果。
② 李明凤，四川大学党委宣传部理论科科员，主要研究方向为思想政治教育。

新时代加强高校意识形态工作，提升意识形态凝聚力和引领力，必须深入贯彻落实习近平新时代中国特色社会主义思想，关键要坚持以习近平总书记倡导的科学方法论——调查研究为实施路径，全面了解意识形态工作情况，找准意识形态领域存在的突出问题，对症下药，研究解决策略，才能不断增强高校意识形态凝聚力和引领力，进一步巩固马克思主义在意识形态领域的指导地位，巩固师生团结奋斗的共同思想基础，为实现"两个一百年"奋斗目标和中华民族伟大复兴的中国梦凝聚起强大的精神力量。

一、新时代高校意识形态工作开展调查研究的重要意义

高校作为意识形态工作的前沿阵地，意识形态工作关乎其政治安全稳定。党的十九大以来，在习近平新时代中国特色社会主义思想的指导下，高校意识形态工作取得了显著成效，广大党员干部的"四个意识"进一步增强，师生员工的"四个自信"进一步坚定，思想共识进一步凝聚，意识形态领域呈现健康向上的发展态势。但是新时代有新情况新课题，受国内外各种因素的影响和冲击，高校意识形态领域风险依然较大，要提升高校意识形态凝聚力和引领力，推进高校意识形态工作开创新局面，必须坚持调查研究这一重要的工作方法。

第一，开展调查研究是推进中央意识形态工作决策部署在高校落地落实情况的有力保障。党的十八大以来，习近平总书记多次就高校意识形态工作和思想政治工作发表重要讲话，为加强和改进新时代高校意识形态工作明确了前进方向、提供了根本遵循。各大高校纷纷通过多种形式学习传达贯彻中央精神，学习宣传习近平总书记重要讲话精神可谓迅速见诸行动、形成声势。但是，一些高校"学习传达多、贯彻落实少"，中央关于高校意识形态工作的决策部署浮于学习表层，缺乏真抓实干，其中一个重要原因便是不少高校主要通过会议形式传达部署中央精神，没有俯下身、沉下去深入调研基层贯彻落实情况的具体举措，导致学习贯彻中央精神的效果出现"层层递减""大打折扣"等情形。正确的决策离不开调查研究，正确的贯彻落实同样也离不开调查研究。要推进中央关于意识形态工作的决策部署在高校落地见效，核心要义就是抓落实，重要保障就是沉到一线开展调查研究，深入了解基层学习贯彻中央决策部署的具体情形，结合实际开展落实工作。

第二，开展调查研究是有效掌握高校意识形态工作新态势和新问题的重要手段。做好高校意识形态工作需要常抓不懈、久久为功。新形势下随着国际国内形势的深刻变动，各种思想观念、社会思潮的不断变化，民族宗教领域不断出现新动向，高校意识形态领域面临的情况和问题也随之不断发展变化。高校师生在不同时期、不同节点关注的各类社会热点问题不一样，思想领域状况也因时因事而变，意识形态领域面临的情况也随之变化，新矛盾和新问题随时都在产生，故而开展意识形态工作不能刻舟求剑，需要因事而化、因时而进、因势而新，坚持不懈地开展和加强调查研究。只有在及时掌握高校意识形态各个领域、各个环节新情况及新动态的基础上，才能科学地进行分析研判和研究部署，为下一步加强和改进工作打好基础。要深入了解掌握基层意识形态领域情况、师生思想动态，重要前提就是开展调查研究，正所谓"没有调查，就没有发言权"。及时深入基层单位，走近教师、学生等群体，通过座谈、访谈、问卷调查、查阅资料等多种形式全面准确掌握基层意识形态的工作情况，才能客观梳理归纳出高校意识形态工作面临的新情况和新问题，及时发现工作方式方法等各方面存在的问题，根据情况对症下药，研究改进措施。

第三，开展调查研究是提升高校意识形态工作队伍能力和水平的有效途径。高校宣传思想工作队伍是党的宣传思想工作的一支重要力量。习近平总书记在 2018 年 8 月召开的全国宣传思想工作会议上对宣传思想工作和意识形态工作队伍提出殷切希望，"宣传思想干部要不断掌握新知识、熟悉新领域、开拓新视野，增强本领能力，加强调查研究，不断增强脚力、眼力、脑力、笔力，努力打造一支政治过硬、本领高强、求实创新、能打胜仗的宣传思想工作队伍"[2]。高校宣传思想工作要强起来，队伍首先要强起来。面对新形势下高校宣传思想工作和意识形态工作的使命任务，必须不断提高和增强这支工作队伍的本领和能力。其中，"加强调查研究""增强脚力"就是习近平总书记强调的意识形态工作队伍需要培养本领能力的重要方面。结合高校实际，"增强脚力"就是要提高深入师生、深入基层一线开展调研的能力。"纸上得来终觉浅，绝知此事要躬行"，坐在办公室里冥思苦想绝对产生不了好思想，构建不成大格局，锻炼不出好文风，解决不了真问题。意识形态工作者只有重视调查研究，沉到鲜活的基层一线，融入生动的基层实践中，才能真正增强脚力，进而掌握眼力、脑力和笔力等其他重要能力。

第四，开展调查研究是进一步筑牢高校宣传思想文化阵地的重要法宝。高校意识形态工作是一项十分复杂的系统工程，意识形态涉及的内容和领域非常宽泛，点多线长面广。习近平总书记在全国宣传思想工作会议上强调，要压实压紧各级党委（党组）责任，做到任务落实不马虎、阵地管理不懈怠、责任追究不含糊。要推进高校意识形态工作责任制落地，一个重点环节就是加强各类宣传思想文化阵地建设和管理，阵地主要包括教材，课堂，各类哲学社会科学报告会、讲座、论坛以及校园文化活动，社团、出版物、报刊、电视台，网络、宗教等，涉及不同领域、面向不同对象、涵盖不同内容。要实现对不同领域阵地科学有效的建设和管理，必须要通过调查研究全面准确掌握每一类阵地面临的现状、特征、问题，善于总结经验和智慧，才能在此基础上有的放矢，深入研究巩固阵地、筑牢防线的举措，进一步提高高校意识形态工作的科学性和针对性。

二、科学运用方法努力提高调查研究的针对性和实效性

做好新形势下高校宣传思想工作和意识形态工作，要深入学习贯彻习近平总书记关于宣传思想工作的重要讲话精神，密切围绕上级党组织关于宣传思想工作的决策部署，紧密结合学校宣传思想工作创新发展实际，特别是密切围绕师生思想领域关注关心的热点难点问题，深入调查研究高校意识形态工作责任制落实情况，深入调查研究师生思想政治工作情况，深入调查研究各类宣传思想文化阵地管理情况，把干扰高校政治安全稳定的因素摸清楚，把制约高校思想政治工作健康发展的瓶颈弄透彻，把影响意识形态阵地管理的风险点及矛盾点找准确，把基层一线工作中探索出来的好经验及好做法总结宣传到位，努力推动高校意识形态工作取得新进展、再上新台阶，为高校事业改革发展提供坚强的思想保证和强大的精神力量。

首先要坚持问题导向，确保调查研究发现真问题、掌握真情况。疑乃思之始，问乃学之端。马克思指出，"一个问题，只有当它被提出来时，意味着解决问题的条件已经具备了"，"问题是时代的口号，是他表现自己精神状态的最实际的呼声"。习近平总书记强调："坚持问题导向是马克思主义的鲜明特点……要以重大问题为导向，抓住关键问题进一步研究思考……"坚持问题导向和问题意识是搞好调查研究工作的重要前提，同时是进行调查研究的重要目的，问题导向中蕴含着批判态度、怀疑精神和忧患意识，只有带着问题意识开展工作，才能真正有效挖掘高校基层意识形态领域存在的问题和风

险，摸清困难点、矛盾点，发现工作中的不足和障碍，以问题为导向研究改进工作的突破口，为制定下一步工作思路和举措打好基础。

其次要坚持求真务实，确保调查研究落深、落细、落实。调查研究是一个不断接近现实、接近规律、接近科学的过程。习近平总书记指出："调查研究必须坚持实事求是的原则，树立求真务实的作用，具有追求真理、修正错误的勇气。"[3]实事求是、求真务实是开展好调查研究的重要原则，也是杜绝形式主义、官僚主义，走过场、摆花架的基本要求。高校要沉到基层了解意识形态工作现状，必须要拿出敢于揭露问题、直面问题、修正问题的勇气和魄力，不能充当"老好人"，鼓励基层师生讲真话、说实话，不做事先定调子、有结论的调研，尽量采取随机性调研，确保调研能深入实际、了解实事、掌握实情，真正找准工作中存在的问题、改革中面临的桎梏、发展中存在的困境。

最后要坚持"调查"与"研究"并重，确保找准解决问题的方向路径。调查研究，顾名思义要坚持"调""研"并行，两者是辩证统一的关系，调查是研究的基础，没有全面的调查就很难掌握实际情况，无法为研究和解决问题提供支撑依据。研究是调查的深化，没有深入的研究就很难看到问题的本质，无法为改革创新提供策略和智力支撑，最终推动工作取得成效。"把事情的真相和全貌调查清楚，把问题的本质和规律把握准确，把解决问题的思路和对策研究透彻。"[4]因此，坚持"调查"和"研究"并重，既要开好"调"的头，又要结好"研"的尾，通过调查掌握素材、发现问题，透过研究思考本质、解决问题，最终推动改革发展向深处走、向实处行。

三、紧紧围绕高校意识形态工作全方位开展调查研究，着力提升意识形态凝聚力和引领力

习近平总书记在十九大报告中指出："牢牢掌握意识形态工作领导权。意识形态决定文化前进方向和发展道路。必须推进马克思主义中国化时代化大众化，建设具有强大凝聚力和引领力的社会主义意识形态，使全体人民在理想信念、价值理念、道德观念上紧紧团结在一起。"[5]在2018年8月召开的全国宣传思想工作会议上，习近平总书记对做好宣传思想工作和意识形态工作提出了明确要求。高校将习近平总书记关于宣传思想工作的系列重要讲话精神落到实处，就要紧紧围绕高校意识形态工作的方方面面开展调

查研究，全方位掌握意识形态领域情况形势，有针对性地提出解决问题的路径，通过系列扎实有效的举措增强高校意识形态凝聚力和引领力。

一是紧密围绕意识形态工作体制机制开展调查研究，切实推进意识形态工作主体责任向基层下沉。认真调研高校基层党组织研判通报意识形态工作情况，制定意识形态工作管理制度，定期召开工作研究会，定期在党内通报意识形态领域情况，及时向上级党组织报告相关问题，建立健全舆情分析研判机制，制定完善意识形态各领域工作预案等。通过强化问题导向，进一步强化机制建设，完善做好意识形态工作的制度支撑；坚持做好日常研判和重要节点部署相结合，不断完善意识形态领域分析研判机制，落实定期开会研究工作制度。结合新形势和新要求完善涉及网络舆情、师德师风管理、学生突发事件等各个领域的应急预案和处理机制。

二是紧密围绕师生思想政治工作开展调查研究，坚持不懈地用习近平新时代中国特色社会主义思想武装师生头脑。通过问卷调查等形式掌握师生践行"两个维护"、坚定"四个自信"等政治建设方面的情况，深入基层掌握二级学院领导班子开展中心组学习，教职工政治学习，党员组织生活，落实党员领导干部带头讲党课、上思政课，推进习近平新时代中国特色社会主义思想"进教材、进课堂、进头脑"，组织理论宣讲团宣讲党的路线方针政策，加强师德师风建设，落实教师党支部书记"双带头人"培育工程，引导学生践行社会主义核心价值观等涵盖师生思想政治教育、引导工作全局全域的各项具体任务开展情况，通过调研进行政治体检，深入发现师生思想政治工作及师生自身存在的现实问题和不足，进一步在强化理论武装、有效推进习近平新时代中国特色社会主义思想"三进"上下功夫，在提升党员领导干部的思想理论水平和业务能力上着力，在加强师生日常思想政治教育上谋实招。

三是紧密围绕宣传思想文化阵地管理进行调查研究，着力提升意识形态工作的针对性和实效性。深入课堂了解课堂教学管理及教师用社会主义核心价值观统领课堂建设相关情况，掌握对教材和教学用书选用和编写的政治方向把关状况，摸清规范哲学社会科学报告会、研讨会、讲座等"一会一报"制度，加强校园各类媒体管理，加强对各类文艺作品、演出活动、展览活动等校园文化活动的管理和内容把关等。掌握高校加强校园网络文化建设情况，完善网络信息发布管理制度，做大做强网上正面思想舆论工作。了解抵御境外利用宗教进行渗透的行径，防范校园传教活动等。根据全方位的调研情况进一步强化重点难点阵地的科学有效管理，不断加强主办和主管单位的政治意识、责任意识，加强对各类宣传思想文化阵地的规范化管理，理顺逐层逐级审核把关流程。严格落实网络意识形态工作责任制，健全多级网络建设及信息安全管理领导体制，推进传统媒体和新兴媒体的融合发展，加强网络名师和网评员的培育力度，运用大学生喜爱的网络表达方式传播正能量，完善网络舆情监测体系，提升舆情危机应对和处理能力。

参考文献

[1] 习近平在党的十九届一中全会上的讲话 [J]. 实践（思想理论版），2018（1）.

[2] 习近平在全国宣传思想工作会议上强调：举旗帜聚民心育新人兴文化展形象 更好完成新形势下宣传思想工作使命任务 [N]. 人民日报，2018-08-23.

[3] [4] 习近平. 谈谈调查研究 [N]. 学习时报，2011-11-21.

[5] 习近平. 决胜全面建成小康社会 夺取新时代中国特色社会主义伟大胜利——在中国共产党第十九次全国代表大会上的报告 [N]. 人民日报，2017-10-28.

高校党的建设

GAOXIAO DANG DE JIANSHE

"两学一做" 学习教育常态化背景下 "双一流" 高校党风与学风建设 "1+1模式" 探讨

王茂江　伍　悦　周　缘①

摘　要：在"两学一做"学习教育常态化和高校"双一流"建设的趋势下，本文基于高校党风和学风相互联系、相互渗透、相互促进的良性循环，探索出高校党风和学风建设的"1+1模式"。"1+1模式"主体包括党员教师+后进学生，学生党员+后进同学，高年级学生党员+低年级学生班级；"1+1模式"内容包括严格管理+学风建设，热情服务+学风建设，思想引领+学风建设。探讨该模式有利于推动中国共产党党内教育从"关键少数"向全体党员拓展、从集中性教育向经常性教育延伸，也有利于加强"双一流"高校的党风和学风建设，为培养能担当中华民族伟大复兴大任的时代新人打下坚实基础。

关键词："两学一做"　党风　学风　"1+1模式"

2016年2月，中共中央办公厅印发了《关于在全体党员中开展"学党章党规、学系列讲话，做合格党员"学习教育方案》（以下简称"'两学一做'学习教育"），要求各

---

① 王茂江，西南石油大学理学院党委副书记，讲师，主要研究方向为思想政治教育。伍悦，西南石油大学理学院团委副书记，讲师，主要研究方向为思想政治教育。周缘，西南石油大学理学院助教，主要研究方向为思想政治教育。

地区各部门认真贯彻执行。2017年4月，习近平总书记对推进"两学一做"学习教育常态化制度化作出重要指示："要把思想政治建设摆在首位，坚持用党章党规规范党员、干部言行，用党的创新理论武装全党，引导全体党员做合格党员。要抓住'关键少数'，抓实基层支部，坚持问题导向，发挥先进典型示范作用。要落实好各级党委（党组）主体责任，落实好'两学一做'学习教育常态化制度化各项举措。"[1]

党的十九大报告指出，建设教育强国是中华民族伟大复兴的基础工程，要全面贯彻党的教育方针，落实立德树人的根本任务。加快一流大学和一流学科建设，实现高等教育内涵式发展。[2]高校只有抓住培养社会主义建设者和接班人这个根本任务才能办好，才能办出中国特色世界一流大学。2015年8月，《统筹推进世界一流大学和世界一流学科建设总体方案》的审议通过，标志着我国高等教育建设进入2.0时代，国家"双一流"建设正式拉开序幕。2017年1月，《统筹推进世界一流大学和一流学科建设实施办法（暂行）》公开发布，意味着"双一流"建设的顶层设计、配套制度、工作方案、遴选标准等都已具备。2017年9月，教育部、财政部、国家发改委正式公布世界一流大学和一流学科建设高校及建设学科名单，至此，我国"双一流"建设迈入新的发展轨道，这也必将推动中国高等教育发展开创新境界、迈入新时代。

"双一流"建设主要包括以一流的科学研究为基础，以一流的教育治理为支撑，以一流的社会服务为导向，以一流的经费投入为保障和以国际化一流建设为目标。[3]"双一流"大学不仅体现在一流大学、一流学科的建设上，更体现在人才培养上，其核心任务是培养出一流的学生，即具有正确的人生观、世界观、价值观的拔尖创新人才。高校是思想政治教育的重要阵地，推进"两学一做"学习教育常态化制度化，增强党员的党性修养，是高校的职责所在。基于"两学一做"学习教育常态化背景，探讨出"1+1模式"，对"双一流"高校的党风和学风建设具有重要意义。

一、"双一流"高校党风与学风建设的关系

党风与学风建设作为"双一流"高校人才培养的两个重要环节，二者具有统一的指导思想，具有激励学生奋发向上、培养学生健全人格的本质特征。对当代大学生而言，优良的党风指大学生党员在思想、政治、工作、生活等方面体现的坚定的原则、端正的

态度和良好的行为，集中表现为理论联系实际的作风、密切联系群众的作风、批评与自我批评的作风、谦虚谨慎艰苦奋斗的作风和民主集中制的作风。优良的学风指大学生要具有明确的学习目标、刻苦钻研的顽强毅力、踏实严谨的治学态度、理论联系实际的科学作风和大胆创新的治学精神。党风建设是帮助学生树立正确"三观"的坚强堡垒，是坚定理想信念的重要保障。学风建设是促进学生成长成才的重要途径，是高校全面贯彻党的教育方针、提高育人质量的重要保证，二者之间相互联系、相互渗透、相互促进，形成一个良性循环。

（一）高校党风建设是学风建设的核心和保障

在高校作风建设中，核心工作是党风建设。它决定着办学的方向，为学校的校风、教风和学风建设指明了发展方向。加强高校党风建设，发挥大学生党员在学风建设中的带头作用，可以促进学生积极进取、全面发展。在高校，无论是党员同志、发展对象还是积极分子，都要求具备优良的思想作风、高度的责任感与使命感、严明的组织纪律观念和优异的学习成绩。除此之外，在高校大学生党风建设工作中，党员的严格考察和培养，对大学生党员提出了更高的思想和学习要求。支部的形成和建设，通过组织生活会和社会实践等活动潜移默化地促进大学生对学习观念、学习意义、学习价值的正确认知。由此可以看出，高校党风建设为学风建设提供了保障。

（二）高校学风建设是促进党风建设的基础和重要环节

学风建设是一项统筹兼顾、循序渐进的工作，体现在学生德智体美劳全面发展的每一个环节，渗透于高校工作的方方面面。加强学风建设旨在通过改变大学生不良的学习动机和学习态度，使其树立正确的学习目标，强化主动学习意识，养成良好的学习习惯，以促进学习成效的提高。党员的发展与培养都离不开对学生学风、学习成绩的考察和考核，优异的学习成绩是其中一个重要的衡量标准，为追求加入党组织的大学生提供了标尺。加强学风建设可以为学生党员提供良好的成长环境，与此同时，优良的学风和学习成绩也是党支部、大学生党员发挥先锋作用的基础和保障。因此，学风建设是促进党风建设的基础和重要环节。

（三）高校党风建设与学风建设具有一致性和互补性

高校党风建设和学风建设二者之间具有一致性和互补性。一致性体现在二者工作对象都是大学生，其目的都在于培养高素质的社会主义建设者和接班人。通过加强党风建设，可以在思想上加强对学生的培养、教育和引导，使学生努力提高自身素质，成为有"德"的大学生；加强学风建设，可以帮助大学生提高专业技术水平，成为有"才"的大学生。因此，高校党风建设与学风建设在培养德才兼备的高素质大学生这一任务和目标上相统一。互补性体现在党风建设要为学风建设提供思想保证和政治保证，学风建设也要成为党建工作的重要载体和质量保障。因此，思想政治教育需要依靠学风建设来落实，党员是否合格也需要在学风建设的具体工作中体现。

二、"双一流"高校党风与学风建设存在的问题及原因分析

（一）党风建设存在的问题及原因分析

对照优良党风的内涵，不难发现，现阶段大学生能够坚持理论联系实际，开展批评与自我批评，坚持民主集中制，但党风建设上仍然存在一些问题：

1. 理论学习不够系统。党的十九大修订的《中国共产党章程》中关于党员义务的规定，强调党员应该认真学习马克思列宁主义、毛泽东思想、邓小平理论、"三个代表"重要思想、科学发展观、习近平新时代中国特色社会主义思想，学习党的路线、方针、政策和决议，学习党的基本知识，学习科学、文化、法律和业务知识，努力提高为人民服务的本领。[4]虽然党员会按期学习党的理论，但主动学、系统学、自主学的紧迫感不强，往往只是满足于完成任务、应付检查，在学深、学透、理论联系实际方面做得还不够到位，没有自觉地、有意识地将所学的理论知识融会贯通，不能较好地运用其立场、观点和方法去指导实践。其原因在于理想信念不够坚定，对学习的重要性认识不足。对于学生党员而言，除去党组织生活的集体学习，难以坚持系统学习党的相关理论知识。对于教师党员而言，繁重的教学任务、科研任务以及自身的其他事务，都会分散有限的精力，使其很难以高度的政治责任感对待学习。

2. 工作作风不够扎实。做事安于现状，处理方法简单，缺乏创新意识，工作作风不够扎实是高校党风建设中存在的主要问题。部分党员同志对待问题思考不够深入，处理工作不够严谨，甚至有时候将工作视为负担，忽略了工作方法的完善会给工作带来动力和便捷。其原因在于党性修养放松，对自身要求不严格。学生党员主要表现为在平时

的思想和学习上对自身要求不够严格，对自觉加强自身党性修养的重视程度不够，不能以一名合格党员的标准要求自己，逐步造成重外在、轻内涵的现象。对于教师党员来说，随着入党时间的推移，放松了党性锻炼，没有时刻保持警醒警惕，在工作安排上仅仅满足于上级安排什么干什么，抱有"事不关己、高高挂起"的念头和想法。

3. 宗旨意识不够强烈。《中国共产党章程》中对党员的要求强调，坚持党和人民的利益高于一切，个人利益服从党和人民的利益，吃苦在前，享受在后，克己奉公，多做贡献。[5]然而在日常生活中，部分党员对于"服务是我们的天职"的思想认识还不深入、不透彻，宗旨意识不够强，原因在于其宗旨意识淡化，对工作缺乏责任与担当。入党初期，很多党员能够牢记"全心全意为人民服务"的宗旨，然而时间一长，就会忘记或者淡化宗旨意识，无法坚持做到来自群众，回归群众，解群众之惑，甚至将个人利益排在了党的利益和群众利益的前头。也有部分教师党员，面对学生的问题没有抓住问题的本质，对学生的诉求和期望了解不清楚，工作思路停留在抓检查、抓稳定的表面，不能从根本上解决问题。

（二）学风建设存在的问题及原因分析

对照优良学风的内涵，不难发现，现阶段大学生的学习自主性、选择性和目的性有了显著增强，这在一定程度上体现了学风的进步方向，有利于人才的培养。但与此同时，当前高校学风也存在一些问题：

1. 功利性强，学习动力不足。部分大学生仅仅把学历当作求职的敲门砖，在求学期间热衷于挣钱体验生活，耽误了专业学习；个别学生注重物质享受，缺少精神追求。其原因在于学习目标缺失。步入大学之前许多学生最大的目标就是高考，一旦考上了大学，处于人生目标多样化阶段或面临新选择时反而容易迷茫，缺乏明确规划和学习动机。

2. 要求降低，自我约束力弱。在大学里，随意旷课、迟到早退、上课玩手机，课前不预习、课后不复习，考前抱"佛脚"、信奉"60分万岁"的现象一定程度存在；厌倦学习、抄袭作业、请人代写论文、考试舞弊等现象也占一定比例。其原因在于学生学习态度松懈，自我约束力弱。进入大学之后，学生可支配的时间变多，没有了老师和家长的有力监督，一些学生便将更多的时间花在吃喝玩乐上，花在网络游戏以及梳妆打扮上，等等。

3. 认同感低，毕业生质量下降。当前，大学生学习成绩不容乐观，主要表现为考试不及格人数日益增多，重修率居高不下，毕业生质量有待提高。其主要原因在于大学生学习动力不足，无目标、无激情，导致学习主动性不强、学风不佳，自我完善和自我发展能力不足，最终难以实现高质量的毕业及就业。在填报志愿时，部分学生缺少对专业的深入了解，缺少对自己兴趣特长的准确审视，或因服从专业调剂而缺乏专业认同感，影响了学习兴趣，长此以往便产生自我否定和挫败感，丧失学习信心。

三、党风与学风建设"1＋1模式"探讨

在"两学一做"学习教育常态化背景下，基于高校党风和学风存在的问题，探索"双一流"高校党风和学风建设的"1＋1模式"，对解决高校党建工作和学风建设存在的问题，推动党内教育从"关键少数"向全体党员拓展、从集中性教育向经常性教育延伸具有实践意义，对加强高校党风和学风建设，培养能担当中华民族伟大复兴大任的时代新人具有促进作用。

（一）拓展"1＋1模式"主体

1. 党员教师＋后进学生。教师队伍建设是教育工作的重要环节，党员教师既不同于一般教师，也不同于一般党员，他们是特殊的党务工作者。"两学一做"学习教育基础在学，关键在做。作为高校党员教师，必须牢固树立共产主义伟大信仰，坚定中国特色社会主义发展理念，忠诚于马克思列宁主义；要热爱教育事业，自觉遵守党的组织纪律，遵守国家的法律法规，自觉做社会主义核心价值观的传播者和践行者；在工作实践中，要树立正确的价值观和人生观，自觉把个人的利益、理想与所从事的教育教学工作紧密结合起来。在"两学一做"学习教育常态化背景下，"传道、授业、解惑"的党员教师在开展教书育人与实现中华民族伟大复兴"中国梦"中起着主导和推进作用，肩负着引导学生锤炼品格、学习知识、创新思维、奉献祖国的重任。尤其要注重发挥党员领导干部、支部书记、党员教研室主任的引领作用，主动与后进学生结对子，在思想上引导学生转变认知、合理树立目标，在学习上给予学业指导，在生活中关心学生身心健康。

2. 学生党员＋后进同学。一个党员就是一面旗帜。学生党员是学生群体中的先进

分子，在同学中发挥着先锋模范作用，是党组织与学生联系最紧密的桥梁。他们有着不同于普通大学生的身份和使命，同时兼具普通大学生的共性，其素质与能力的高低对后进同学发挥着积极的感召作用。学生党员应通过自己的实际行动，树立为后进同学服务的观念，成为后进同学学习的榜样。"1＋1"帮扶的模式，有助于引导学生党员在政治上积极向后进同学宣传党的路线、方针、政策，在学习上主动帮助、引导、督促后进同学进步，在生活中多关心后进同学，通过朋辈作用改善后进同学的落后状况。

3. 高年级学生党员+低年级学生班级。要充分发挥学生党员的主体作用，落实学生党员自主管理运行机制，建立健全学生带班党员管理办法，建立学生党员带班、高年级辅助低年级、优秀学生群体带动后进学生群体的帮扶联动机制，落实岗位职责，充分发挥高年级学生党员在党风和学风建设中的带头作用。具体来讲，可邀请高年级学生党员担任低年级学生班级的班导，从思想、学习、工作等多方面进行督导，发挥榜样作用，改善低年级学生班级的党风和学风建设面貌。

（二）丰富"1＋1模式"内容

1. 严格管理+学风建设。从严治党是中国共产党治党的重要原则，是改革开放和社会主义现代化建设条件下加强党的建设的基本方针和要求。在高校学风建设中要加强严格管理，创新开展"严格管理＋学风建设"的模式。就学校层面而言，高校应充分整合各类资源，按照既定的制度或标准要求，认真对学生学业加以管理并从严负责落实。根据不同年级、不同层次学生的特点，有针对性地确定学风建设活动主题，例如：对大一新生可重点抓好入学适应教育和养成教育，加强监督检查；对二、三年级学生要突出专业特点，重点抓好科研能力、创新能力和专业能力的培养；对大四毕业生应重点抓好毕业实习、毕业设计环节、就业教育与指导。就党员同志个体而言，要认真学党章党规、学系列讲话，努力做到讲政治、有信念，讲规矩、有纪律，讲道德、有品行，讲奉献、有作为。就普通同学而言，应知应会学业管理相关条例和细则，明确学习、考试、毕业和授位要求，激发学生的学习动力，合理规划学业和职业生涯。

2. 热情服务+学风建设。坚持全心全意为人民服务的宗旨，是我们党的最高价值取向。在高校学风建设中，应以学生为本，用心、用情、用智慧促进学生发展。创新"热情服务＋学风建设"模式，可以促使学生从"必须学"到"可以学"的意识转变，加强专业教育，使学生切实增强专业认同。建设校园文化，为学生成长成才营造良好氛围。

（1）加强专业教育，实现专业认同。高校应该重视学生专业教育，具体来讲，针对低年级学生，一方面应抓住入学教育的契机，通过培养方案帮助学生认识专业、了解专业、接纳专业，变"转专业"为"钻专业"；另一方面可邀请名师或杰出校友现身说法，让学生进一步感受到本专业的市场需求和发展前景，帮助学生明确专业方向，巩固专业思想，找准奋斗方向，合理规划生活。对于高年级学生来讲，可倡导学习与学术并举，进一步巩固专业知识，扩大知识视野，激发对专业的浓厚兴趣和深层认知，增强科研创新和实践能力，牢固专业思想。

（2）建设校园文化，营造良好氛围。校园文化是学校所具有的特定的精神环境和文化气氛，包括校风、学风、人际关系、集体舆论等方面。健康的校园文化可以陶冶学生的情操、启迪学生心智，促进学生的全面发展。高校应为广大学生打造向上、向善、向美的校园文化，营造良好的学习氛围。对大学生而言，树立典型榜样，规范各类活动，形成良性竞争，有利于促进校园文化建设和良好学风建立。学生党员是大学生群体中的核心力量，学生党员更应从自身做起，树立起好榜样。通过榜样教育提升受教育者的精神境界，使受教育者不断发展进步，努力达到榜样的精神境界，甚至超越榜样。校园文化对学生的人生观、价值观具有潜移默化的影响，其蕴含的渗透性、持久性和选择性对于提高学生的人文道德素养、拓宽学生的视野、培养跨世纪人才具有深远意义。

3. 思想引领+学风建设。思想建设是党的基础性建设。中国特色社会主义进入新时代，习近平总书记深刻指出，我们党不断历经艰难困苦创造新辉煌的重要原因就是始终重视思想建党、理论强党，鲜明提出增强党的思想引领力的时代命题。[6]开展"思想引领+学风建设"，可以激发党员和广大学生"我要学"的激情。

（1）加强理想信念教育，树立正确目标。理想指引人生方向，信念决定事业成败。没有理想信念，就会导致精神上"缺钙"。没有理想信念的人生，就像走路的人不知道目的地，会越走越消沉，越走越懒散。学习是学生的首要任务，只有目标明确，才能提升学习效果，促进学风建设与改善。高校是人才培养的重要基地，也是意识形态领域教育的重要基地。高校基层党组织在意识形态领域提升主动权，需要及时准确把握舆情动态，培育青年学生共同的理想信念和价值追求。具体来讲，党支部可以开展主题班会、演讲比赛等活动，加强大学生的理想信念教育，指导学生明确学习目的、端正学习态度、树立正确的"三观",帮助学生确立科学的职业规划目标。还可以通过开展市场需求活动、就业创业成功经验分享、发挥榜样的激励作用等,帮助广大青年学生进一步明确择业观,激发发挥潜能的原动力。

(2)加强核心价值观教育,培育良好品质。2014 年,习近平总书记在北京大学师生座谈会上阐述了践行社会主义核心价值观的重要性,提出社会主义核心价值观的践行是社会发展的精神层面的关键问题。学生党员在高校学生中居于核心地位,学生支部也是党组织的重要组成部分。对于学生支部来讲,开展社会主义核心价值观教育不能仅依靠常规的说教、灌输等封闭式教育模式,基层党支部可以通过举办专题讲座、主题演讲比赛、师生恳谈、辩论比赛等教育形式,同时充分利用自媒体,开通微信公众号、博客等内容丰富、形式多样、生动活泼的教育方式,将社会主义核心价值观的内容不断融入学生党课、思想政治理论课以及第二课堂。

高校是立德树人、培养人才的主阵地,是广大青年学生学习知识、增长才干、放飞梦想的重要场所。党建工作和学风建设是高校思想政治教育领域的永恒主题,扩大"1+1 模式"教育主体,积极实现全员育人。丰富"1+1 模式"教育内容,大力推进全程全方位育人。奋进在新时代,高校要肩负起国家和民族的希望,不忘育人初心,牢记历史使命,扎实推进教育教学改革,加快"双一流"建设,培养德智体美劳全面发展的社会主义建设者和接班人,为实现中华民族伟大复兴的中国梦做出新的更大贡献!

参考文献

[1] 抓住"关键少数" 抓实基层支部 保证广大党员以身作则发挥先锋模范作用 [N]. 人民日报,2017—04—17.

[2] 习近平在中国共产党第十九次全国代表大会上的报告 [EB/OL]. (2017—10—28). http://cpc.people.com.cn/n1/2017/1028/c64094—29613660.html.

[3] 马世栋. "双一流"视野下的高校思想政治教育改革研究 [D]. 哈尔滨:黑龙江大学,2018.

[4] [5] 中国共产党章程 [EB/OL]. (2017—10—24). http://www.12371.cn/special/zggcdzc/.

[6] 双传学. 坚持思想建党 增强党的思想引领力 [J]. 党建研究,2018(5).

在脱贫攻坚伟大实践中加强高校党的领导和党的建设

李　烨　管清贵　马丽萍①

摘　要：高校具有突出的人才和科技优势，在助力教育脱贫攻坚中发挥着重要作用，然而高校在参与扶贫工作中暴露出来的一些深层次问题，说明高校在加强党的领导和党的建设方面存在薄弱环节，与新时代党的建设总要求还有差距。把脱贫攻坚作为试金石、磨刀石和实战场，高校能够进一步强化政治功能和思想武装，加强干部队伍和专业人才队伍建设，提升基层党建质量，完善体制机制，深化全面从严治党，在为打赢脱贫攻坚战提供坚实保证的同时，进一步加强党的领导与党的建设。

关键词：脱贫攻坚　高校　党的领导　党的建设

一、前言

党的十八大以来，以习近平同志为核心的党中央站在全面建成小康社会、实现中华民族伟大复兴中国梦的战略高度，做出了一系列重大部署和安排，全面打响了脱贫攻坚

---

①　李烨，四川大学党委组织部干部，主要研究方向为高校基层党务、思想政治工作。管清贵，四川大学党委组织部副部长，主要研究方向为基层党组织建设和党建实务。马丽萍，四川大学党委组织部干部，主要研究方向为高校基层党组织和党员队伍建设。

战。扶贫先扶智，治贫先治愚。"扶志"是扶思想、扶观念、扶信心，帮助贫困地区和群众树立起摆脱贫困的斗志和勇气；"扶智"是扶知识、扶技术、扶思路，帮助和指导贫困群众提升脱贫致富的综合素质。而教育扶贫是一项扶智又扶志的根本脱贫举措，是阻断贫困代际传递的重要途径。高校汇聚了大量人才与科技资源，是社会各类组织中的智力高地，在人才培养、科学研究、社会服务、文化传承与创新、国际交流与合作等方面肩负着重要职责，发挥着重要作用。在脱贫攻坚已经进入啃硬骨头、攻坚拔寨的关键时期和冲刺阶段，国内高校也积极发挥自身优势，投身脱贫攻坚战，取得了诸多成绩，形成了一些典型样本。教育部网站集中展示了华南理工大学、南京农业大学、浙江大学、电子科技大学等直属高校的精准扶贫精准脱贫典型项目，以及首届省属高校的精准扶贫精准脱贫典型项目。然而在收获成绩的同时，高校扶贫也存在问题和不足。要解决这些问题，高校必须进一步加强党的领导和党的建设，这样才能在教育脱贫攻坚工作中实现自身新的突破，在新时代更具新担当，做出新作为。

二、高校在助力脱贫攻坚中存在的问题

2018 年 2 月，习近平同志在四川成都主持召开打好精准脱贫攻坚战座谈会时发表重要讲话，指出要集中力量解决脱贫领域"四个意识"不强、责任落实不到位、工作措施不精准、资金管理使用不规范、工作作风不扎实、考核评估不严格等突出问题。这些问题在高校开展教育脱贫攻坚工作中也有具体体现。比如，在政治站位和思想认识上存在差距，对脱贫攻坚的重要性、紧迫性、相关性认识不够深；在深入精准贯彻中央关于教育脱贫攻坚的战略部署、创造性地开展工作、主动担当作为方面存在短板；在把脱贫攻坚作为培养锻炼高校干部的重要平台，积极主动选派扶贫干部，并加强支持、关爱和监管方面存在不足；在脱贫攻坚战中发挥党支部战斗堡垒和党员先锋模范作用方面还有欠缺。同时，有研究认为，我国高校虽然具有教育扶贫的传统，但也存在同质化、功利化、盲目化的现象[1]。也有研究认为，我国高校存在对少数民族贫困生的培养缺乏针对性、对农村脱贫攻坚的科研支持能力较弱等不足[2]。还有研究指出，国内高校对大学生参与贫困地区精准扶贫工程的引导不够，应该下更大的功夫采取更加有效的措施帮助大学生打破固有就业观念，更好地激励他们为全面实现小康社会贡献自己的力量。

三、加强高校党的领导和党的建设是解决问题的根本途径

"找准病根"才能"对症下药"，也才能"药到病除"。看待高校在助力教育脱贫攻坚中存在的问题，不能仅从工作技术层面来看，而要站得更高，看得更深，想得更透，要认识到这些问题实际是从深层次上揭示出高校在强化党的领导、提升党建工作质量和水平方面存在薄弱环节。党政军民学，东西南北中，党是领导一切的。正是因为高校各级党组织一定程度上存在的虚化、弱化现象，没有将"两个责任"落实到位，没有执行好党管干部、党管人才的原则，才导致教育脱贫攻坚成效打了折扣。因此，高校各级党组织要深刻认识加强党的领导和党的建设对抓好脱贫攻坚等重大任务落实所具有的极端重要的意义，大力推进党的政治建设、思想建设、组织建设、作风建设、纪律建设，下大力气、大功夫解决好在落实党的领导过程中存在的"中梗阻"问题，切实将党的领导贯穿办学治校、教书育人全过程，为打赢脱贫攻坚战、决胜全面建成小康社会提供坚实的政治、思想和组织保证。

四、在助力脱贫攻坚中加强高校党的领导和党的建设的思路举措

把握新时代对高校加强党的领导和党的建设提出的新要求，高校要把抓教育脱贫攻坚作为强化高校党的领导的试金石，作为提升高校党建质量的磨刀石，解决"党的领导弱化"和"党的建设缺失"问题。

（一）加强政治建设，强化政治功能

打赢脱贫攻坚战是当前的重大政治任务。作为党领导下的高校，必须坚决贯彻落实中央重大决策部署。高校要以打赢脱贫攻坚战为实战场，检验"四个意识"是否树牢，"四个自信"是否坚定，是否做到"两个维护"，是否能够坚决执行党的政治路线，是否能够在政治立场、政治方向、政治原则、政治道路上同党中央保持高度一致。高校党员干部特别是主要领导干部，要不断提高政治觉悟和政治能力，把对党忠诚、为党分忧、为党尽职、为民造福作为根本政治担当。高校党委要强化政治引领，加强对脱贫攻坚工作的领导，进一步健全机构，落实责任，统筹协调脱贫攻坚工作，将工作成效纳入年度

领导班子考核和绩效考核，切实推动工作落实。

（二）强化思想武装，筑牢信念之基

当前的脱贫攻坚工作既面临一些多年未解决的深层次矛盾和问题，也面临不少新情况、新挑战。高校要以打赢脱贫攻坚战为契机，抓好思想建设，用习近平新时代中国特色社会主义思想武装全体师生员工，通过党委中心组理论学习、支部主题党日活动、专题组织生活会、民主生活会等多种形式，深入学习贯彻习近平总书记关于扶贫工作重要论述和在全国教育大会上的重要讲话精神；通过组织扶贫地现场调研、扶贫干部报告会等多种方式，加强对师生员工的党性国情教育、爱国主义教育，增强紧迫感、使命感；通过扎实开展"不忘初心、牢记使命"主题教育，引导广大党员干部深化对党的宗旨的认识，解决好世界观、人生观、价值观这个"总开关"问题，自觉做共产主义远大理想和中国特色社会主义共同理想的坚定信仰者和忠实实践者。武汉大学、华中农业大学等高校就开展了脱贫攻坚主题党日活动，组织全体党员认真学习《中共中央 国务院关于打赢脱贫攻坚战三年行动的指导意见》《中共中央 国务院关于打赢脱贫攻坚战的决定》等重要文件，将思想和认识统一到党中央的要求上来。

（三）助力干部队伍建设，做好干部资源储备

党的干部是党和国家事业的中坚力量。教育脱贫攻坚战为高校干部特别是青年干部成长提供了重要舞台。高校党组织要坚持党管干部的原则，教育引导有志于为党和人民建功立业、做一番作为的干部到边远贫困地区、边疆民族地区和革命老区去，鼓励他们积极投身脱贫攻坚实践，增进同人民群众的感情，真正想明白当干部为什么、在岗位干什么，走好管理岗位上的每一步。要教育引导干部在脱贫攻坚工作中切实增强学习本领、政治领导本领、改革创新本领、科学发展本领、依法执政本领、群众工作本领、狠抓落实本领和驾驭风险本领，真正成长为可以担当重任、能打硬仗的高素质干部。此外，高校党组织要把脱贫攻坚实绩作为选拔任用干部的重要依据，在脱贫攻坚第一线考察识别干部。对于在脱贫攻坚中表现突出、成绩显著、群众公认的，在选拔任用、职务职级晋升、评先评优等方面予以优先考虑，既使他们感受到组织的温暖，在扶贫工作中放得下心、扎得了根，也使他们回到学校后能够快速转化为推动学校改革发展的宝贵资源。比如四川大学坚持严管与厚爱结合、激励与约束并重，制定和完善了挂职干部管理

办法等制度文件，在提高其待遇的同时，强化对其实地工作表现的了解，严格扶贫干部的管理考核。

（四）激发科研人才动力，培养优秀专业人才

人才是打赢脱贫攻坚战、实现民族振兴的战略资源。高校各级党组织要坚持党管人才的原则，鼓励和引导科研人才、专业人才向脱贫攻坚一线流动，努力形成人人渴望成才、人人努力成才、人人皆可成才、人人尽展其才的良好局面。要主动申报和积极建设精准扶贫与地区发展研究中心等智库机构、科研平台，围绕当前精准扶贫工作的重大理论和现实问题开展研究，为地方党委和政府推进扶贫攻坚提供决策咨询。要组织相关学科领域的专家、学者深入贫困地区开展调查研究，帮助贫困地区认清现状，因地制宜、实事求是地制定发展规划及提供意见和建议。要加强产学研合作，鼓励科技人员开展技术咨询服务，加快先进实用技术成果在贫困地区的转化。要加大政策激励力度，对表现优秀的人员在职称评聘、薪酬待遇等方面给予倾斜照顾。高校各级党组织不仅要激励具有党员身份的专家学者积极发挥先锋模范作用，还要增强工作主动性，强化凝聚力、吸引力、向心力，对在脱贫攻坚中积极贯彻党的路线方针政策、增进同人民群众感情、切实发挥作用的党外人才，要主动出击、主动关心，引导他们不断向党组织靠拢。

（五）提升基层党建质量，强化战斗堡垒作用

党的基层组织是确保党的路线方针政策和决策部署贯彻落实的基础。中共中央印发的《中国共产党支部工作条例（试行）》明确指出，高校中的党支部要保证监督党的教育方针贯彻落实，巩固马克思主义在高校意识形态领域的指导地位，加强思想政治引领，筑牢学生理想信念根基，落实立德树人的根本任务，保证教学、科研、管理各项任务完成。高校党委要以助力教育脱贫攻坚为主题，召开专题组织生活会、民主生活会，组织开展主题党日活动等，推进"两学一做"常态化制度化，落实好"三会一课"制度、领导干部双重组织生活制度，进一步增强党内政治生活的政治性、时代性、原则性、战斗性。结合打赢脱贫攻坚战，认真实施党建"对标争先"建设计划和教师党支部书记"双带头人"培育工程，加强教师党支部、学生党支部建设，使其成为师生最贴心、最信赖的组织依靠，成为学校教书育人、推进事业改革发展的坚强战斗堡垒。

（六）深化从严治党，完善体制机制

习近平同志强调，要建立长效机制，对脱贫领域的突出问题，一经举报，要追查到

底；对查实的典型案件，要坚决予以曝光，严肃追究责任；对发现的作风问题，要举一反三，完善政策措施，加强制度建设，扎紧制度笼子。十九届中央第二轮巡视对全国26个地方和单位党组织开展脱贫攻坚专项巡视工作。中央纪委国家监委网站开辟了"扶贫领域腐败和作风问题曝光专区"，第一批集中曝光了24起典型案例，第二批集中曝光了20起典型案例，引发了社会广泛关注。作为承担着教育脱贫攻坚重要任务的各所高校，要从贯彻落实打赢脱贫攻坚战的重大政治任务，全面建成小康社会、实现中华民族伟大复兴中国梦的政治高度，把全面从严治党引向深入。高校各级党组织要增强持之以恒推动全面从严治党向纵深发展的思想自觉、政治自觉和行动自觉。按照用"四个意识"导航、用"四个自信"强基、用"两个维护"铸魂的政治要求，着力发现和认真解决管党治党中存在的各种深层次问题。高校党委要深入学习贯彻中央和教育部党组关于巡视巡察工作的相关精神，督促各级党组织和纪检监察机构严格落实"两个责任"，强化监督执纪问责。进一步健全廉政风险防控机制，特别是针对掌握脱贫攻坚人、财、物使用分配权力的核心单位、关键岗位人员，应加强监管，不断织密制度的笼子。

五、结语

消除贫困、改善民生、逐步实现共同富裕，是社会主义的本质要求，是我们党的重要使命。坚决打赢脱贫攻坚战，要真脱贫、脱真贫是中国共产党向全国人民乃至向全世界做出的庄严承诺。高校应紧紧抓住这一难得的挑战和机遇，坚定不移、坚持不懈，在抓、在管、在落实上下足功夫，在学校的各项工作中全面加强党的领导和党的建设，在打赢教育脱贫攻坚战的同时，为不断夺取全面建成小康社会、推进中国特色社会主义事业、实现中华民族伟大复兴新胜利做出应有的贡献。

参考文献

［1］熊文渊. 高校教育扶贫：问题与路径［J］. 当代教育科学，2014（23）.

［2］沈万根，马冀群. 民族高校参与民族地区农村精准扶贫过程中的问题及对策［J］. 民族教育研究，2018（3）.

新形势下高校学生党支部建设质量提升研究①

陈启胜②

摘　要： 高校学生党支部建设是高校基层党建的重要组成部分，切实关系到高校学生的理想信念教育和人才培养成效，关系着高校培养新时代社会主义事业建设者和接班人的重要使命。新形势下，提升高校学生党支部建设质量，要建立健全党建组织，培养和提升基层党建工作队伍；落实和完善制度建设，促进党支部规范化、精细化管理；注重组织文化建设，促进党支部创新发展，将高校学生党支部建设成为学习型党支部、服务型党支部、创新型党支部和信息化网络化党支部。

关键词： 高校学生党建　党支部建设　质量提升

一、引言

习近平总书记在党的十九大报告中指出，要实现中华民族复兴的伟大梦想，必须深入推进党的建设新的伟大工程，要不断提高党的建设质量，把党建设成为始终走在时代

---

①　本文是四川大学中国特色社会主义理论研究中心研究项目、四川大学中央高校基本科研业务费专项项目"新形势下高校基层党支部建设考评及质量提升研究"的成果。
②　陈启胜，四川大学商学院辅导员，主要研究方向为高校党建和思想政治教育。

前列、人民衷心拥护、勇于自我革命、经得起各种风浪考验、朝气蓬勃的马克思主义执政党[1]。全面推进新时期党的建设，要把全面从严治党落到实处、落到基层。"青年兴则国家兴，青年强则国家强"，高校基层党建关系着广大青年群体的思想引领和培养教育，关系着广大青年生动实践中华民族伟大复兴中国梦的价值体现和理想实现，深受党和国家的高度重视。

习近平总书记在全国高校思想政治工作会议上指出，要加强高校的基层党组织建设，创新体制机制，改进工作方式，提高党的基层组织做思想政治工作的能力。高校学生党支部建设是高校基层党建的重要组成部分，切实关系到高校学生的理想信念教育和人才培养成效，关系着高校培养新时代社会主义事业建设者和接班人的重要使命。如何根据内外环境的变化，不断加强和创新学生党支部建设，持续提高学生党支部建设质量，充分发挥党支部的战斗堡垒作用，成为高校面临的重要任务和挑战。本文结合高校学生党支部建设的实践，对新形势下提升高校学生党支部建设质量进行探索。

二、高校学生党支部建设质量提升的着力点

随着社会环境和大学生群体特征的变化，高校学生党支部建设面临新的挑战。传统的高校基层党建工作中存在一些不适应之处。如对自身建设重要性认识不足，措施不力；工作方式方法陈旧，滞后于形势发展；考核激励机制不完善，难以调动党务工作者积极性；保障措施不到位，支部开展活动缺乏必要条件；等等[2]。"互联网＋"带动信息技术的普及使得高校党支部建设的环境发生巨大改变，传统的工作模式受到挑战。面对高校内外环境的新特点，高校基层党支部建设应该坚持项目创新与工作创优相结合，注重党支部工作求实、求特、求活，要着力打造一支高素质的基层党建队伍[3]。

高校可以通过打造学习型、服务型和创新型党支部推进高校党建工作与时俱进，不断创新，持续提高基层党建质量。2017年2月，教育部印发《普通高等学校学生党建工作标准》，从组织领导、教育培养、发展党员、党员管理、作用发挥、条件保障等六个方面，对新时期高校学生党建工作提出详细而明确的标准，推进高校学生党建工作组织化、制度化、具体化，要求高校和院系党组织充分发挥主体作用，坚决落实"四个合格"目标要求，有效开展学习型、服务型、创新型党组织创建，领导和支持学生党组织

发挥好组织带动、工作带动、队伍带动、榜样带动作用。

在新形势下，高校学生党支部建设应在《普通高等学校学生党建工作标准》指导下，应用系统性的思维和方法，从组织建设、制度建设、文化建设等方面，不断提高学生党支部建设的质量。具体而言，可以从以下三方面着力。

（一）建立健全党建组织，培养和提升基层党建工作队伍

健全的高校党建组织和强有力的学生党建队伍是高校学生党支部建设的重要保障。学生党支部具有支部成员思想活跃但相对不成熟、成员相对集中但变动周期较短、成员学习能力较强但课业负担较重等特点。高校学生党建队伍要多方式融入大学生群体，才能实现对大学生群体的理想信念教育和思想引领。高校学生党建队伍的选拔和培养需要结合组织要求和学校特点，不断细化强化，在此基础上逐步建立健全学生党建工作机制。高校需要统筹校院两级的学生党建队伍建设，选优配强学生党支部书记和支部委员、专兼职组织员，注重从优秀辅导员、骨干教师、优秀大学生党员中选拔学生党支部书记[4]。在内外环境快速变化的背景下，高校要注重对学生党支部的组织设置、党支部书记和支部委员的持续培养和教育，把学生党建工作队伍的教育培训纳入学校人才队伍建设总体规划。同时，结合新时代高校思想政治教育要求和高校学生党员群体特点，高校需要积极拓展和创新学生党组织的具体组织形式和活动开展形式。例如，可以探索依托学校重大项目组、学科课题组和学生公寓、社区、社团组织等建立党支部，也可以利用互联网技术等对在校期间出国出境交流学习等特定的学生党员群体建立党支部。新时代背景下，高校学生党建工作需要向最活跃、最具创新能力的组织拓展，做到哪里有学生党员哪里就有学生党组织，哪里有党组织哪里就有健全的组织生活和党组织作用的充分发挥[5]。

（二）落实和完善制度建设，促进党支部规范化精细化管理

不断加强高校基层党建的制度建设和制度落实，实现高校学生党支部规范化精细化管理，是促进高校学生党支部建设质量持续提升的重要举措。高校学生党支部要积极贯彻学习上级党组织和学校的各类会议和文件精神，在入党积极分子培养、发展对象培养、预备党员教育、党员继续教育等方面遵照《普通高等学校学生党建工作标准》和学校党委相关要求，做到遵守制度、规范管理。只有严格落实和执行各项制度，实现党支

部的规范化管理，才能把握好高校学生党员的发展关口和培养环节，强化学生的政治素养和纪律观念。同时，高校学生党支部需要加强党支部内部制度和细化规则建设，在党支部组织生活、日常管理等方面，结合支部特色，建立学生党支部的补充制度体系，注重过程管控，促进党支部的精细化管理。

科学的考评体系和合理的奖惩机制是高校基层党建制度建设的重要组成部分，可以促进高校学生党支部建设权责明晰，奖惩分明，持续提升党支部建设质量。设计科学合理的考评指标体系是高校基层党支部考核评价的关键环节，高校要结合《中国共产党章程》、上级党组织文件要求和学校实际，明确高校学生党支部考核的关键指标。高校需要定期开展优秀党支部和优秀党员表彰、党支部"三分类三升级"等考评活动，推进高校基层党建工作的规范化。对于学生党支部考评的结果，高校要科学应用，明确权利与责任，设计具体的奖惩机制，调动高校党务工作者和支部成员的积极性，督促存在问题的党支部及时整改。

（三）注重组织文化建设，促进党支部创新发展

高校党支部文化兼具校园文化和党组织文化的特征，是党组织文化在高校的具体体现，因此，高校党支部文化既需要体现党组织的信念，符合党组织的价值目标，体现党组织对于党员的各种要求，还应围绕高校教育目标，以学生成长成才为目标，着力于营造团结紧张、积极向上的氛围，体现大学的精神和文化。高校学生党支部成员大多为青年大学生，这一群体思维活跃，学习欲望和能力强，容易受到所处环境的影响。所以，高校基层党组织良好的氛围和文化建设对于大学生党员在校期间的教育和将来的发展都有重要影响。学生党支部建设可以结合校园和专业特点，通过党组织生活、主题活动、特色项目等，打造特色的党支部文化，强化支部成员的融入感，更好地带动大学生党员成长成才。

三、高校学生党支部建设质量提升途径

高校学生党建工作要围绕切实发挥高校党组织和党员的作用，采取科学系统、注重实效的系列措施来提升高校学生党支部建设的质量。高校要加强学生党组织在思想信念教育、培养管理、服务工作等方面的针对性、实效性，发挥学生党组织在专业学习、志

愿服务、社会实践、就业创业等方面的引领和示范作用，引导学生党员做党的路线方针政策的宣传者，做先进科学知识的探索者，做互助友爱、勇于奉献的践行者，做勇于创新、服务祖国的争先者。高校在学生党支部建设过程中，可以通过建设学习型党支部、服务型党支部、创新型党支部和信息化网络化党支部等途径来提升学生党支部建设的质量。

（一）将高校学生党支部建设成为学习型党支部

建设学习型党支部体现出高校党组织持续学习、与时俱进、永葆先进的发展理念，是其应对环境变化和社会发展的必然要求。学习型的党支部，是指党支部能够把学习摆在十分突出的位置，在推进党支部的各项建设中着力营造浓厚的学习氛围；建立持续学习的各项制度和学习机制，党支部成员能够牢固树立先进的学习理念，具有良好的学习习惯，学习活动已经成为一种经常化、普遍化和制度化的行为。高校学生党支部成员主要是在校大学生和研究生等群体，学习能力强，可培养性和可塑造性强。但是多数学生的政治意识仍处于培养阶段。因此，高校需要结合学生党员群体的特点，将学生党支部建设成为学习型组织，以良好的学习制度和浓厚的学习氛围带动党支部成员的成长和发展。对于高校学生党支部来说，一方面要深入系统地学习马克思主义理论和党的其他先进思想、理论和政策，提高党性修养，坚定共产主义理想信念；另一方面，可以结合高校学生学术研究和科研训练活动，鼓励以学生党支部为单位申请党建类研究课题，带动学生党员参与高校党建的理论研究，并将调查研究结果应用于高校党建的实践指导。

（二）将高校学生党支部建设成为服务型党支部

建设服务型党支部是落实中国共产党"为人民服务"的根本宗旨，不断强化高校党员服务意识和服务能力，提高高校学生党员奉献精神和实践能力的具体要求。党的十八大报告提出："以服务群众、做群众工作为主要任务，加强基层服务型党组织建设。"当前的高校学生群体，在成长过程中受到的家庭、学校和社会关注多，经受的社会考验和实践锻炼机会少，自我意识强烈，更需要通过多种渠道强化他们的服务意识和奉献精神。高校在学生党支部建设中，要不断强化"为人民服务"的宗旨，通过校园活动、志愿服务、社会实践、网络宣传、岗位挂职等多种形式，强化学生党支部的服务导向，着重培养学生党员的服务意识和奉献精神，通过社会实践、公益服务等形式，增强高校学生党支部的战斗力和凝聚力。

（三）将高校学生党支部建设成为创新型党支部

建设创新型党支部是高校响应创新驱动型国家发展战略、深化高校党建内涵、提高高校人才培养质量的重要手段。创新是时代的主旋律和最强音，是五大发展新理念的核心和灵魂，是一个国家、一个地区的核心竞争力。习近平总书记强调："坚持创新发展，就是要把创新摆在国家发展全局的核心位置，让创新贯穿党和国家一切工作，让创新在全社会蔚然成风。"高校开展创新型党支部建设，具有良好的队伍基础和环境基础。高校学生党员群体文化水平高，学习能力强，创新意识和能力较强，高校创新氛围浓厚，这些对于建立创新型党支部形成有利的条件。创新型党支部的建设，有助于提高学生党员群体的创新意识和创新实践能力，将服务于高校培养什么样的人、如何培养人以及为谁培养人这个根本问题。

（四）将高校学生党支部建设成为信息化网络化党支部

在信息化社会，将高校学生党支部建设成为信息化网络化党支部是时代的必然要求。移动互联网的普及以及新媒体的快速发展给高校基层党建工作带来了新挑战和新机遇。强化信息化和网络化党支部建设，可以抢占网络思想传播阵地，加强网络宣传主流意识形态力度，以现代化技术手段开辟网络党建新平台，强化党建工作成效。新形势下，高校师生成为网络上最活跃的群体，因此，高校党建工作必须要自觉地适应环境的变化，积极探索党务信息化和"互联网＋党建"模式，运用信息化手段，利用党务信息库及大数据分析提高学生党员发展、教育、管理和服务的精细化水平，实现党务智慧管理；加强"两微一端"等新媒体平台建设，充分利用微信、微博等新媒体，制作出优秀的党课、微课作品，大胆创新学生党建与思政工作的理念、内容和方式，打造大学生党建专属的新媒体品牌。

四、结语

高校学生党建是大学生思想政治教育的核心，关系到高校培养什么样的人、如何培养人以及为谁培养人这个根本问题。在全面从严治党的新形势下，高校学生党建工作应该坚决贯彻党的总体部署，主动适应环境需求，与时俱进，勇于创新，不断提升高校学生党建质量和水平。

参考文献

［1］习近平. 决胜全面建成小康社会 夺取新时代中国特色社会主义伟大胜利——在中国共产党第十九次全国代表大会上的报告［N］. 人民日报，2017－10－28.

［2］丁一志. 高校基层党支部建设存在问题分析及对策［J］. 黑龙江高教研究，2013（6）.

［3］蔡世华，王增国，冯震，马文彬. 从严从实加强高校基层党支部建设［J］. 学校党建与思想教育，2016（9）.

［4］［5］中共教育部党组关于印发《普通高等学校学生党建工作标准》的通知［Z］. 教党〔2017〕8号，2017－02－28.

理论与实践

LILUN YU SHIJIAN

关于我国监察体制改革的若干思考[①]

唐丽媛[②]

摘 要：《中华人民共和国监察法》的公布施行，标志着我国监察体制改革进入新阶段。改革后的监察权是一种高位阶复合型权力，具有反腐败专门性、地位独立性、组织严密性、权力行使强制性、权力运行主动性、履职过程客观性、规范权力程序性等特点。如何处理国家权力与公民权利、办案效率与实质正义的关系、监察委员会与其他国家机关的关系，以及监察法与刑事诉讼法的衔接问题是现阶段监察体制改革面临的主要难题。转变工作思维方式、确立基本原则、建立监督机制是解决难题的首要前提。

关键词：监察体制　监察权　调查权　程序思维

党的十九大做出战略部署，要求"构建党统一指挥、全面覆盖、权威高效的监督体系"。国家监察体制改革是以习近平同志为核心的党中央做出的重大决策部署，是事关全局的重大政治体制改革，是推进国家治理体系和治理能力现代化的重大举措。监察体制改革和《中华人民共和国监察法》（以下简称《监察法》）的制定已成为全民关注的最

---

① 本文受四川大学法学院"研究阐释党的十九大精神专项课题"的资助，是"国家监察立法与刑事诉讼法的衔接问题研究"（项目编号：SCULAW0418）的成果。

② 唐丽媛，四川大学文化科技协同创新研发中心综合办公室主任，四川大学法学院 2015 级博士研究生，主要研究方向为债权法。

重大的问题之一。[1]在全面依法治国、"法治反腐"的背景下，运用法治思维和法治方式反对腐败，沿着法治路径推进和完善监察体制改革，建立新时代有中国特色的监察体制，具有重要的理论与现实意义。

一、新时代监察体制改革立法进程梳理

2016年11月7日，中共中央办公厅印发《关于在北京市、山西省、浙江省开展国家监察体制改革试点方案》，对在三省市设立监察委员会进行部署；2016年12月25日，第十二届全国人大常委会第二十五次会议审议通过了《关于在北京市、山西省、浙江省开展国家监察体制改革试点工作的决定》，规定监察委员会的产生方式、组织结构与职权；2017年11月4日，全国人大常委会通过了《关于在全国各地推开国家监察体制改革试点工作的决定》，国家监察体制改革试点工作在全国各地展开。深化国家监察体制改革，目的是加强党对反腐败工作的统一领导，整合分散的反腐败力量，成立国家、省、市、县监察委员会，实现对所有行使公权力的公职人员监察全覆盖。国家监察委员会就是中国特色的国家反腐败机构，国家监察法就是反腐败国家立法。[2]2017年6月，全国人大常委会对监察法草案进行了初次审议。2017年11月7日，《中华人民共和国监察法（草案)》在中国人大网公布，公开征求意见。2018年3月11日，十三届全国人大一次会议审议通过宪法修正案，对宪法做出21处修改，其中10处与设立监察委员会有关，特别是在宪法第三章国家机构中增加"监察委员会"一节，是对我国政治体制中国家机构的权力关系做出的重大调整，充分彰显了监察委员会在国家治理体系中的重要作用，为推进国家治理体系和治理能力现代化提供重要保证。2018年3月20日，十三届全国人大一次会议审议通过《中华人民共和国监察法》，并公布施行。至此，监察体制改革的立法框架已初步完成。

新设立的监察委员会整合了原行政监察机关和检察机关的部分职能，影响到有关法律的适用。因此，全国人大常委会在做出上述国家监察体制改革试点工作相关决定时，也对行政监察法、刑事诉讼法等法律条款做出暂时调整或者暂时停止适用的决定。《监察法》公布施行后，《中华人民共和国行政监察法》同时废止。

二、监察权的沿革和特点

（一）我国历史上监察权演变

中国古代监察制度发轫于西周，秦汉时期确立了御史与谏官并存的复合性监察制度体系；隋唐时期御史与谏官相辅相成，复合性监察制度体系臻于完备；宋以后谏官制度逐渐衰微，及至明清时期形成了以御史与谏官制度合一的、以督察院为主体的单一监察制度体系。[3]中国古代监察制度在当时历史条件下对维护封建国家的统一、整顿吏治和遏制腐败、稳定统治秩序起到了重要的作用。但是，古代监察机构基于人治，为了维护自上而下的君主统治，澄明"吏治"和巩固皇权，不能从根本上阻止官员的违法乱纪和贪污腐败行为。

近代革命先驱孙中山吸收当时西方的"民主共和""三权分立"思想，并借鉴我国古代的监察制度，形成了"五权宪法"的思想。南京国民政府时期将这一思想付诸实践，宪法将国家权力分为立法、行政、司法、考试和监察五权，由监察院作为专门监察机关独立执掌监察权。尽管如此，民国时期的监察体制受到当时专制政权的影响，监察机构对高级官员贪污贿赂行为无力处置，虽然其法律地位较高，仍难以发挥作用。[4]

中华人民共和国成立后，设立监察部作为行政监察机构，同时人民检察院实际上行使部分监察权。改革开放以来，行政监察机构的独立性得以加强，审计机关与监察机关分离，将贪污贿赂和渎职纳入监察范围，党的纪律检查委员会与监察部门合署办公，实行纪检监察一体化。纪检监察合一的工作机制极大地震慑了贪污腐败行为，行政监察体制发挥了很大的监督作用，为设立独立的监察委员会打下了坚实的基础。

（二）域外监察制度的发展

近代监察制度在瑞典正式诞生，并发展出国际流行的议会监察专员模式。第二次世界大战以后，西欧及其他地区国家经济发展进入繁荣期，现代政府也出现了机构膨胀和职权扩张的趋势，新兴国家在社会转型中也面临着反腐和保护人权的需求，监察制度在此背景下开始在世界范围内广泛传播，其制度内容、适用范围等在演化发展中，演变出各式各样的监察制度模式。随着世界各国监察机构数量的增多，国际合作需求日益增加，跨区域和全球性的监察合作组织也逐步发展起来。[5]与之相伴，监察制度的适用范围不断扩大，监察权的内容呈现多元化趋势。监察权的配置没有最好的模式，只有最适合的模式，我们应充分借鉴国际成功经验，构建适合我国国情的监察制度。在国际监察合作成为主流的大背景下，我国也有必要积极参与国际监察领域的合作。

（三）新时代监察权的内涵和特点

新时代监察权是一种高位阶复合型权力。它具有反腐败专门性、地位独立性、组织严密性、权力行使强制性、权力运行主动性、履职过程客观性、规范权力程序性等特点。

1. 权力架构上，从行政监察到国家监察。此次监察体制改革提高了监察权在国家权力结构中的等级，将监察权从行政权中剥离出来，使其成为与行政权、司法权并立的一种新型国家权力。各级监察委员会与各级人民政府、人民法院、人民检察院均由同级人民代表大会产生，对同级人民代表大会及其常务委员会负责，并接受其监督（地方各级监察委员会同时对上一级监察委员会负责并接受其监督），形成人民代表大会统摄下的"一府一委两院"的国家机构新格局。

2. 监察对象的人员范围更加广泛。在对人的监督上，较之原行政监察，《监察法》实施后的监察对象从国家行政机关工作人员以及法律法规授权、行政机关任命或委托从事公共管理的工作人员扩大到所有行使公权力的公职人员，包括：中国共产党机关、人民代表大会及其常务委员会机关、人民政府、监察委员会、人民法院、人民检察院、中国人民政治协商会议各级委员会机关、民主党派机关和工商业联合会机关的公务员，以及参照《中华人民共和国公务员法》管理的人员；法律、法规授权或者受国家机关依法委托管理公共事务的组织中从事公务的人员；国有企业管理人员；公办的教育、科研、文化、医疗卫生、体育等单位中从事管理的人员；基层群众性自治组织中从事管理的人员；其他依法履行公职的人员。

3. 监察权的权能有所扩大。监察委员会将原行政监察机关的职责、人民检察院的反贪污贿赂局、反渎职侵权局以及预防腐败局查处贪污贿赂、失职渎职以及预防职务犯罪等反腐败相关职责整合，结束了原有的反腐败机构分立的局面，使监察权内涵更加充实，监察机构队伍更加壮大，职权明显扩大。监察权的权能不是行政监察、预防腐败、反贪反渎职能的简单叠加，而是在党的直接领导下调查和处置职务违法和职务犯罪，开展思想政治工作和理想信念宗旨教育，做到惩前毖后、治病救人，努力取得良好的政治效果、法纪效果和社会效果。[6]

三、监察体制改革面临的主要难题

（一）如何处理国家权力与公民权利、办案效率与实质正义的关系

作为监察对象的公职人员，一方面应当接受监察委员会监察；另一方面，其作为公民也享有最基本的权利保障。某些调查手段的运用，有时难以避免造成监察权与作为被监察者的公职人员公民基本权利之间的冲突。因此，监察委员会的权力配置，必须考虑自身权力与被监察者权利的关系，在权力配置的选择上体现出对公民权利的尊重，避免"只转权力、不转权利"的片面思维。[7]从改革目的和主要任务方面考察，"效率"是此次监察体制改革的重要追求。然而，效率并非现代社会法律制度价值追求的全部，如同法律在其制度设计和实际应用中不能片面强调秩序、自由和平等一样，它也同样不能绝对地强调效率的价值。处理好办案效率与实质正义的关系才能最终促进正义价值的实现。

（二）监察委员会与其他国家机关的关系问题

依据宪法和《监察法》的相关规定，监察委员会依法独立行使监察权，监察机关在办理职务违法和职务犯罪案件中与其他国家机关互相配合、互相制约，在这一原则性的规定下尚有一些问题需要厘清。

一是监察监督与检察监督的关系。检察机关反贪污、反渎职和预防职务犯罪等相关职能被整合至监察委员会，其原侦查权也被监察委员会调查权吸收，这在某种程度上破解了以往检察院"同体监督"的困局。但是仍然面临检察机关的立案监督如何适用于监察委员会、职务犯罪案件审查批捕的适用、检察院对监察机构的调查活动如何监督以及监察委移送案件需要补充侦查时，检察院自行侦查的启动条件等问题。

二是监察权与审判权之间的关系。一方面，涉及证据采信的问题，2012年《刑事诉讼法》正式确立了非法证据排除规则；2017年6月27日，最高人民法院、最高人民检察院、公安部、国家安全部、司法部联合发布《关于办理刑事案件严格排除非法证据

若干问题的规定》，进一步对非法证据排除规则进行了完善，将之贯彻于包括侦查、提起公诉、一审、二审、死刑复核乃至审判监督程序在内的刑事诉讼全过程。《监察法》第33条规定，监察机关在收集、固定、审查、运用证据时，应当与刑事审判关于证据的要求和标准相一致。这就要求监察委在调查活动中注重证据来源的合法性，不能采用法律禁止的方式获取证据。另一方面，是证人出庭的问题，我国证人出庭率尤其是职务犯罪证人出庭率很低，这影响了庭审实质化改革的进程，监察委员会是首先接触到证人证言的主体，如何在获得一手调查资料的同时帮助提高证人出庭率，在庭审过程中，监察委员会调查人员能否作为检方证人出庭作证，是一个难以回避的问题。

（三）国家监察立法与刑事诉讼法的衔接问题

随着监察体制改革的推进，刑事诉讼流程将发生变化，刑事诉讼法中关于检察机关对直接受理的案件进行侦查的有关规定将不再适用，检察机关对贪污贿赂、失职渎职类案件的侦查权将实质上转移至监察委员会，这涉及诸多与刑事诉讼法（包括"两高"就适用刑事诉讼法制定的重要司法解释）的衔接配套问题。譬如：监察委员会调查权定位模糊，其实质是什么，是否是一种侦查权？监察委员会调查职务犯罪案件是否应当遵循刑事诉讼法的现有相关规定？对留置措施如何规制？监察委对职务违法和犯罪调查期间，如何保障被调查人的辩护权？检察机关的监督职能是否应当覆盖监察委员会的调查行为，对之如何进行监督？监察体制改革对刑事诉讼程序、以审判为中心的刑事诉讼制度改革还会产生哪些影响？上述问题的解决，对于国家监察立法、刑事诉讼法的修订都具有十分重要的意义。

四、对推进我国监察体制改革的建议

（一）实现监察工作思维方式的转变——从机关思维到程序思维

从新中国成立初期设立的人民监察委员会，到后来的中华人民共和国监察部，中央纪委、监察部合署办公，分别承担党的纪律检查和行政监察两项职能。长期以来，我国监察权隶属于国家行政权，以往的监察体制改革均围绕机构和职责两个要素展开，未跳出监察体制的自我封闭空间，形成了以机关整合为中心的权力改革路径和方法论。[8]机关思维有其自身优势和作用，但不利于现代民主原则和宪法经济观作用的发挥。新时代监察体制改革，必须以程序思维为主导，在监察权的设立和实施环节，体现分权思想，追求现代宪法价值，并实现适度的程序分离。

具体说来，一方面，各级监察委员会在对政务违纪违法和职务犯罪这两类不同性质的行为行使监察权时，应当遵循不同的程序，在监察委员会内设机构的考虑上，也应当体现这种程序的分离，以实现不同性质的调查权在程序上的区分。另一方面，鉴于违纪违法和犯罪具有行为上的牵连性，两类调查权在打击腐败方面具有目的上的一致性，为形成反腐败合力，还应当重视政务违纪违法和职务犯罪调查程序的有效衔接，确立交叉办案的原则。

（二）确立监察权运行的基本原则

1. 正当程序原则。《联合国反腐败公约》序言部分强调："承认刑事诉讼程序和判决财产权的民事或者行政诉讼程序中遵守正当法律程序的基本原则。"[9]监察委员会在调查有关职务犯罪的案件中，应当严格遵循法定程序，避免受到非法律因素的影响。

2. 人权保障原则。《中华人民共和国宪法》第三十三条规定："国家尊重和保障人权。"尊重和保障人权是民主政治和社会文明的标志，贯彻人权保障原则是所有国家机构应尽的职责。监察委员会在高效率调查案件事实的同时，应将打击违法犯罪和保障人权有机结合，兼顾对调查对象基本权利的保护。

3. 比例原则。比例原则要求国家机关干预人民基本权利的手段和其所欲达成的目的之间，必须合乎比例，具备相当性。监察机关在采取调查强制措施时，应与案件严重程度和被调查人的人身危险程度相适应，确保调查强度的合法、合理。对于留置措施的使用，应当慎之又慎，建立严格的审批程序，严格限定留置的期限。

（三）建立监督制约机制

监察委员会同纪委合署办公，履行纪检、监察两项职责，在领导体制上与纪委的双重领导体制高度一致，首先必须始终接受党的领导和监督，依法接受各级权力机关，即人民代表大会及其常务委员会的监督。此外还包括：

1. 自我监督。自我监督首先可以通过监察委员会内设机构的方式来实现，譬如各部门独立行使职权，建立专门的干部监督室；其次是建立完善的内部工作规程制度，包括审批制度、案件集体审理制度、回避制度、查案与审案分离制度、责任追究等制度，促进权力的规范行使。

2. 司法监督。《中华人民共和国刑事诉讼法》第八条规定："人民检察院依法对刑事诉讼实行法律监督。"监察机关对职务犯罪的调查活动实质相当于一种犯罪侦查活动，是刑事诉讼的组成部分，理应接受检察机关的法律监督。职务犯罪案件中，监察委行使的调查权、人民检察院行使的公诉权以及人民法院行使的审判权形成了分权制衡的格局，这客观上为司法机关对监察机关调查活动的监督提供了可能性。人民检察院可以以法律监督机关的身份对监察委员会执法方面出现的问题发出检察建议。

3. 社会舆论监督。基于自媒体和数字传媒、互联网等技术手段，社会媒体和公民个人可以形成一张监督之网。广大社会公众通过新闻媒体、网络、信访等多种途径监督监察委员会，形成最广泛的公众参与监督国家监察机关的机制。

此外，为加强对监察机关及其工作人员的监督，维护被调查人及其家属的合法权益，监察立法应完善复审、复核、申诉等必要的权利救济途径，细化权利行使的细则。

参考文献

[1] 陈光中，邵俊. 我国监察体制改革若干问题思考 [J]. 中国法学，2017（4）.

[2] 王岐山. 开启新时代 踏上新征程 [N]. 人民日报，2017-11-07.

[3] 张生. 中国古代监察制度的演变：从复合性体系到单一性体系 [J]. 行政法学研究，2017（4）.

[4] 朱福惠. 国家监察体制之宪法史观察——兼论监察委员会制度的时代特征 [J]. 武汉大学学报（哲学社会科学版），2017（3）.

[5] 叶青，王小光. 域外监察制度发展评述 [J]. 法律科学，2017（6）.

[6] 以确立监察委员会宪法地位为契机 健全党和国家监督体系 [EB/OL]. （2018-03-12）. http://www.ccdi.gov.cn/toutiao/201803/t20180312_166069.html.

[7] 周佑勇. 监察委员会权力配置的模式选择与边界 [J]. 政治与法律，2017（11）.

[8] 秦前红，底高扬. 从机关思维到程序思维：国家监察体制改革的方法论探索 [J]. 武汉大学学报（哲学社会科学版），2017（3）.

[9] 樊崇义，王建明.《联合国反腐败公约》与我国职务犯罪侦查研究 [M]. 北京：中国方正出版社，2011：53.

改革开放 40 年来四川大学改革发展成就初探[①]

张超哲　贾贞超　罗　林[②]

摘　要：改革开放以来，四川大学与国家相呼应，与时代同进步，经历了数次管理体制机制改革，实现了两次文理与工科、医科大学强强合并，始终秉持包容、进取、正义、济世的大学精神，成为国家改革开放的巨大受益者、社会正义的勇敢坚守者、高教改革的模范引领者、办学实力的持续彰显者、党的领导的坚定践行者。四川大学改革发展是国家高等教育改革发展的缩影，是中国综合性大学改革发展模式的集中体现。在全面推进国家"双一流"建设背景下，梳理改革开放 40 年来四川大学改革发展成就，对进一步振奋精神、提振士气，互学互鉴、取长补短，推进新时代中国世界一流大学建设具有重要意义。

关键词：四川大学　改革开放　高等教育　发展成就

1978 至 2018 年，四川大学通过调整、改革、并校等取得了辉煌成就，镌刻了中国高等教育改革和川大百廿历史传承的光辉岁月，全面展示了其涵乾纳坤、合而能融的包容胸怀，勇立潮头、敢为人先的进取精神，求是崇真、追求卓越的治学风范，匡时济

---

① 本文是四川大学习近平新时代中国特色社会主义思想研究中心研究项目（项目批准号：2018XZX−35）及四川大学 2018 年共青团工作专题研究项目（项目批准号：2018TW28）的成果。

② 张超哲，世界史博士，四川大学党委办公室秘书科副科长，四川大学南亚研究所研究人员。贾贞超，医学博士，四川大学校医院预防保健室主任。罗林，四川大学信访办公室副主任。

世、大德厚爱的价值追求。因改革而兴，应并校而盛。新时代，在全面建设世界一流大学的背景下，四川大学也必将因全面深化改革而强。梳理研究四川大学 40 年改革发展成就，对进一步振奋精神、提振士气，互学互鉴、取长补短，推进新时代世界一流大学建设具有重要意义。

一、四川大学始终是国家改革开放的巨大受益者

"沉舟侧畔千帆过，病树前头万木春。"1978 年改革开放，中国各行各业都一扫阴霾，迎来了春天，教育领域更是如此。1978 年以来，中国高等教育经历了 3 次"春天"，分别是 20 世纪 70 年代后半期、20 世纪 90 年代中后期以及党的十八大之后的新时代。而在这 3 次"春天"里，四川大学始终沐浴春风。

其一，四川大学是国家恢复高考后最早一批受益的高校。中国高等教育的"春天"早于 1977 年 8 月邓小平主持的科学教育座谈会来临，之前科教行业是"文化大革命"时期的重灾区，亟须破茧革新，体现了国家对高等教育的重视。四川大学是中国高等教育浴火重生的首批"宠儿"。1977 年，四川大学的三支前身——老四川大学、成都工学院、四川医学院在全国率先全面恢复高考招生，分别招收了本科生 917 名、805 名、440 名，三校之和应该是当时全国所有大学招生人数之最。① 1978 年，国家开始全面改革整顿高等教育，老四川大学、成都工学院、四川医学院全部进入全国重点大学行列。成都工学院于 1978 年更名成都科技大学并被确定为中科院直属的全国重点大学，1980 年划转为教育部直属全国重点大学；四川医学院被确定为卫生部直属全国重点大学，并于 1985 年更名为华西医科大学；老四川大学继续维持自 1960 年以来全国重点大学地位，并于 1981 年成为全国第一批有权授予博士学位和硕士学位的学校，同时还是最早对香港地区招收研究生的院校之一。[1] 在改革开放之初，四川大学的前身老四川大学、成都科技大学、四川医学院全部进入全国重点大学行列，这在中国超大型综合性大学发展历史上是绝无仅有的。

---

① 参见四川大学史稿：第 2 卷［M］. 成都：四川大学出版社，2006：144－145；四川大学史稿：第 3 卷［M］. 成都：四川大学出版社，2006：109；四川大学史稿：第 5 卷［M］. 成都：四川大学出版社，2006：93.

其二，四川大学是国家首批"211 工程"和"985 工程"重点建设高校。20 世纪 90 年代，是中国高等教育大改革、大调整、大发展时期。国家启动"211 工程"建设后，四川大学（成都科技大学与老四川大学于 1994 年合并）与华西医科大学高度重视，举全校之力积极准备、全面争取。在全体师生的共同努力下，两校同时于 1997 年正式入选"211 工程"建设高校，华西医科大学还成为国内 4 所首批"211 工程"医科高校之一。国家正式启动"985 工程"建设后，四川大学积极扩充办学实力，2000 年实现与华西医科大学的合并，2001 年顺利进入国家"985 工程"一期建设高校行列。"211 工程"和"985 工程"是党和国家推进中国高等教育率先发展、落实教育强国战略的重大举措。四川大学能够进入首批国家"211 工程"和"985 工程"建设行列，体现了党和国家对四川大学的无限厚爱和高度期盼，也侧面展现了四川大学的雄厚办学实力和历史担当情怀。

其三，四川大学是国家首批"双一流"建设 A 类高校。进入新时代，党中央启动了世界一流大学和一流学科建设（简称"双一流"建设）。2017 年 9 月，四川大学进入国家"双一流"建设 A 类高校行列，其中，A 类学科达到 16 个，位列全国高校第九位，西部高校第一位。四川大学为加快推进世界一流大学建设步伐，及时制定《四川大学世界一流大学建设实施方案》，明确世界一流大学建设"施工图"，重点建设 12 个一流学科（群）和 19 个超前部署学科（群），设立了"首席科学家负责制"，签订"一流学科建设目标责任书"，并于 2018 年 1 月及时召开 2000 余人的推进大会，集聚共识、形成合力。入选国家首批"双一流"建设 A 类高校，四川大学实至名归，更显责任重大。

二、四川大学始终是社会正义的勇敢坚守者

"千磨万击还坚韧，任尔东西南北风。"40 年来，四川大学历经风雨，不动其心、不改其志，始终做真学问、明真事理、念真苍生、为真天下。

国家特殊时期，始终不改正义初心。1976 年 1 月，共和国开国总理周恩来逝世。四川大学师生顶住巨大压力，举行大会，沉痛悼念周恩来总理；成都工学院师生勇敢走

出校门举行悼念总理的游行。[①] 1978 年 1 月，四川大学还举行周恩来总理逝世两周年纪念大会，发放悼念诗集以示纪念。这不仅仅是川大师生对周恩来总理人格魅力和治国才能的极致景仰，更体现了川大师生对正义的坚守、对高等教育新秩序的无限期盼。1977 至 1978 年，老四川大学、成都工学院、四川医学院分别成立清查办公室和落实政策办公室，尽量从保护师生的角度出发，明辨是非、清查问题、纠正错误、平反错案，积极拨乱反正，为师生恢复名誉。这不仅是落实上级要求，更体现了一所大学对正义的执着、对人性的尊重。

坚持人本情怀，积极参与抗震救灾和灾后重建。四川大学坚持以人为本，充分发挥学校人才、医疗、科技优势，积极参与抗震救灾和灾后重建。2008 年，四川汶川发生特大地震。四川大学师生第一时间行动起来。在发挥学校科学优势反复研究推算，在确保师生安全的前提下，率先全面复课，为成都市和四川省维护社会稳定起了带头作用；及时制订"地震灾区受灾考生关爱计划"和《四川大学师生参加抗震救灾、灾后防疫和灾后重建鼓励计划》；先后捐款捐物 2100 万元，组织 1365 支师生志愿服务队；收治来自重灾区的危重病人 2817 人；特别是与香港理工大学联合，筹建了全球首个"灾后重建与管理学院"；积极向中央报送灾后重建对策建议，受到国家高度重视。[2] 在后来的青海玉树地震、四川雅安地震、云南鲁甸地震以及尼泊尔地震中，四川大学始终站在人民立场，走在第一线，冲在最前方，积极救死扶伤，参与灾后重建。

三、四川大学始终是高教改革的模范引领者

"路漫漫其修远兮，吾将上下而求索。"40 年来，四川大学始终秉持勇立潮头、敢为人先的进取精神，承担社会责任、顺承民意期待，先后引领了中国高等教育 3 次大的改革潮流。

一是积极引领改革开放之初大学领导体制改革。四川大学积极响应国家改革开放基本国策，服从改革、支持改革、引领改革。成都工学院于 1978 年率先更名为成都科技

---

① 参见四川大学史稿：第 2 卷［M］. 成都：四川大学出版社，2006：126；四川大学史稿：第 3 卷［M］. 成都：四川大学出版社，2006：102.

大学，改为由中国科学院和四川省双重领导、以中国科学院为主的领导体制，并于1980年归转教育部直接领导；四川医学院积极响应国家改革，及时恢复卫生部和四川省双重领导、以卫生部为主的领导体制，并于1985年更名为华西医科大学。同时，四川大学还积极在办学层次、专业结构、科研结构、服务社会等方面进行内部治理结构改革，一些成功做法得到社会和同类高校的认可和借鉴。改革开放之初的改革虽是国家主导的实验性改革，不过，四川大学身先士卒、率先突破的成功做法为国家全面深化高等教育领域改革提供了样板、增强了信心。

二是积极引领20世纪90年代中国高等教育综合改革。1993年，国家颁布实施《中国教育改革和发展纲要》，中国高等教育领域迎来了以大改革、大发展、大提高为标志的改革发展热潮。老四川大学和成都科技大学审时度势、顺应改革发展潮流，主动向国家提交了《关于两校合并的报告》。[3]1994年，老四川大学与成都科技大学实现合并，成为当时大学强强合并的首例成功案例，对全国高等教育管理体制改革产生了重要影响，在全国具有重要示范作用。江泽民、李鹏等时任党和国家领导人就两校合并为学校题词并寄予深切厚望，时任副总理李岚清多次亲临学校视察指导合并工作。2000年，四川大学与华西医科大学再次实现强强合并，与北京大学一道开创了与医科强校成功合并的先例。四川大学两次强强合并得到了国家的大力支持和高度认可，李岚清在考察新四川大学时说："四川大学是我们改革最早的大学，对我国高校的改革作出了历史性的贡献，可以说是高校体制改革的先锋。"[4]此轮改革，是四川大学主动作为和国家积极倡导的完美结合，取得了重大并校成果，为今日四川大学的发展奠定了结构和实力基础。

三是积极引领新时代全国本科教育模式改革。近十多年，四川大学以"办中国最好的本科教育"为目标，充分汇聚学校多学科优势，积极开展以"小班化、探究式"课堂改革、非标准答案考试、全过程学业评价考核为核心的本科教育革命，通过重奖一线教学老师、实施教师资格证和教学能力培养合格证"双证"上岗制度、开展"国际课程周""大川世界"海外交流访学计划等一系列重大创新举措，初步形成了"四川大学本科教育模式"，赢得了国家和社会的高度认可。2018年6月，改革开放以来首次全国本科教育工作会议在四川大学成功召开，原校长谢和平院士牵头申报的"以课堂教学改革为突破口的一流本科教育川大实践"项目获得2018年国家教学成果特等奖。这不仅是国家对川大本科教育成果的高度认可，更旨在向全国、全社会推广四川大学本科教育模式的重大体现。坚持以本为本、推进四个回归（回归常识、回归本分、回归初心、回归梦想）、建设一流本科教育，不仅是国家的要求，也是川大本科教育的百年梦想和不懈追求。

四、四川大学始终是办学实力的持续彰显者

"会当凌绝顶，一览众山小。"40年的四川大学，以起点高、规模大、结构优、实力强著称于世。四川大学因改革开放而兴，因强强合并而盛，持续保持雄厚实力。

四川大学是唯一一所全部由国家重点大学强强合并而成的综合性大学。1978年，四川大学、成都科技大学、四川医学院已是国家重点大学，并且成为第一批有资格招收研究生的高校。当年，老四川大学16个专业21个研究方向招收研究生79名，成都科技大学3个专业招收研究生10名，四川医学院招收研究生53名。三校之和，在全国高校当中屈指可数。[①] 20世纪90年代，三所学校当时都有实力申报"211"工程大学。1994年，老四川大学与成都科技大学乘势实现强强合并后，与华西医科大学同时被国家确定为"211"工程大学。2000年，抓住国家推进高校管理体制改革的机会，四川大学与华西医科大学再次实现合并。正因为三所大学强强合并，2001年，四川大学顺利进入首批国家"985"建设高校行列。

四川大学是全国综合实力最强的综合性大学之一。40年来，四川大学新增江安校区3000多亩[②]，三个校区总面积达到7050亩，稳居全国高校前列；四川大学全日制本科生、研究生分别从1978年的2100余人、140余人增加至当前的37000余人、23000余人，规模稳居全国前三位；四川大学专任教师高级职称已经从1978年的100~500人发展到当前的4232人[③]，总规模稳居全国前列；四川大学科研经费从1978年的不足

---

① 参见四川大学史稿：第2卷 [M]. 成都：四川大学出版社，2006：179；四川大学史稿：第三卷 [M]. 成都：四川大学出版社，2006：131；四川大学史稿：第5卷 [M]. 成都：四川大学出版社，2006：94.

② 1亩≈666.67平方米。

③ 1978年，四川大学高级职称55人，未收集到成都工学院和四川医学院的具体数字；不过直到1985年，华西医科大学高级职称也才318人，根据当时三校专任教师规模和实际测算，1978年三校高级职称教师总数应该在100~500人之间。

600 万元增加至当前的近 20 亿①，位列全国第 12 位②。除军事学外，四川大学目前涵盖了所有学科门类，本科招生专业达到 131 个，博士点 354 个，硕士点 438 个。目前，四川大学进入全国排名第 1~10 位的学科有 12 个，特别是进入 ESI 排名全球前 1% 的学科领域达到 16 个，其中，化学、材料科学、临床医学 3 个学科领域进入全球排名前 1‰。

四川大学是文理工医协同发展最好的世界一流大学建设 A 类高校。老四川大学以文理见长，远有巴金、徐中舒、方文培、周太玄等，近有项楚、曹顺庆、李安民、冯小明等；成都科技大学工科实力雄厚，远有张洪沅、张铨等，近有钟本和等；四川医学院的医学实力更是享誉中外，远有"双枪老太婆"乐以成、陈志潜，近有魏于全、周学东。三所重点大学合并，为新的四川大学奠定了良好的综合基础。在 2017 年学科评估中，四川大学 16 个学科入选 A 类，位列全国高校第九，西部高校第一，其中文理工医分别有 5 个、3 个、3 个、5 个，发展相当平衡。四川大学是全国高校中学科结构最好的一所高校，羡煞世人，为新时代高校推进学科交叉融合提供了内生基础和动力。

五、四川大学始终是党的领导的坚定践行者

"兵无主自乱，鸟无翼不飏。"坚持党的领导是中国高等教育最大的特色，马克思主义是我国大学最鲜亮的底色。40 年来，四川大学党委始终坚持把方向、管大局、做决策、保落实，带领全校师生员工朝着具有中国特色、川大风格的世界一流大学乘风破浪，龃龉前行。

坚持召开党员代表大会，科学系统谋划学校奋斗目标。1986 至 2018 年，四川大学先后召开了四次党代会，认真总结办学经验，客观寻找差距，明确发展路径，提振师生士气。1986 年，四川大学第五次党代会提出要"将四川大学建设成……能适应和促进现代科技与文化发展及国民经济建设需要的，有自己特色，有国际影响的第一流社会主义大学"。2006 年，四川大学第六次党代会提出了建设"国内一流、国际知名的高水平

---

① 1978 年，四川大学科研经费 185 万，成都科技大学科研经费 81.1 万，未找到四川医学院 1978 年的科研经费数据，不过 1986 年其科研经费为 330 万。基于办学规模和当时形势，本文认为 1978 年三校科研经费总和不会超过 600 万。

② 数据及排名根据互联网权威网站信息综合而得。

研究型综合大学"的奋斗目标，并提出了学校"三步走"战略。① 2011 年，四川大学第七次党代会提出了早日"建成中国一流研究型综合大学"的奋斗目标。这是对 2006 年学校"三步走"战略的具体推进和再细化。2017 年，四川大学第八次党代会与新时代同频共振，提出了"建设具有中国特色、川大风格的世界一流大学"的奋斗目标，并提出了建设世界一流大学"新三步走"战略，明确到建国 100 周年、学校建校 150 周年左右，一批学科进入世界一流行列，若干学科进入世界一流前列，学校综合实力进入全球高校前 150 强。40 年来，学校发展目标的不断丰富和发展，不仅见证了学校党委掌舵领航四川大学发展的历史烙印，更体现了学校党委勇担时代责任、科学谋划学校发展的高尚品质和履职能力。

始终高度重视党建工作，是全国高校党建大户。40 年来，四川大学高度重视基层党建工作，积极创新设置党组织，积极发展优秀师生入党，持续优化师生党员和干部队伍建设，为党和国家凝聚了一大批人才，吸收了一大批优秀同志。比如，成都科技大学1985 年在整党期间新发展党员 278 人（其中教授 6 人，中级职称 32 人），对清除过去和"文化大革命"中的"左"的影响，解决"知识分子入党难"问题在全校起到积极作用。[5]学校党管人才、党管干部工作成效显著。截至目前，四川大学党委下设党委（总支）50 余个，党支部 800 多个，党员近 2 万人。其中在职教职工党员 5000 多人，占在岗教师总数的近 52%；学生党员 1 万余人，占学生总数的近 20%。四川大学党建工作成效明显，多次受到上级不同形式的表彰奖励。

改革开放的 40 年，之于四川大学，是峰回路转、柳暗花明的 40 年，是芝麻开花、步步高升的 40 年，是长风破浪、高挂云帆的 40 年。40 年来，四川大学始终受惠党和国家，始终融通古今和中外，始终回馈社会和人民。未来，四川大学仍必将以"千里长江归海时"的气度，"千帆一道带风轻"的气魄，过万重山、担千斤担、圆百年梦，仍必将以国家受益者、社会正义者、改革引领者、实力彰显者、党的践行者的形象享誉中西、泽被后世。

---

① 1985 年，中央发布《关于教育体制改革的决定》，要求高校逐步试行校长负责制。自此，因国家教育体制改革以及 1994 年和 2000 年三校强强合并等原因，四川大学党代会自 1986 年之后未能定期召开。

参考文献

［1］党跃武. 四川大学史话［M］. 成都：四川大学出版社，2017：279.

［2］四川大学 抗震救灾 川大在行动［J］. 大学（研究与评价），2009（Z1）.

［3］卢铁城. 强校之路：以四川大学为例［M］. 北京：高等教育出版社，2015.

［4］四川大学党委办公室，校长办公室，校史办公室. 四川大学（2006—2015）［M］. 成都：四川大学出版社，2016：1.

［5］四川大学史稿：第 3 卷［M］. 成都：四川大学出版社，2016：176.

完善校友工作 发挥育人功能 助力高校"双一流"建设

——四川大学海外校友工作模式初探

邓建萍①

摘　要：在坚定不移地建设世界一流大学和一流学科进程中，大学校友已成为助推这一宏伟蓝图实现的重要力量。海外校友在提升母校的国际声誉和影响力、师资建设、学科发展、人才培养等方面发挥着特殊作用，因此国内很多高校开展了海外校友工作研究和实践，并已积累了一系列经验。本文以四川大学为例，分析海外校友工作存在的问题，对创新海外校友工作模式进行初步探索，进一步推动校友工作迈上新台阶，为助推"双一流"建设做出积极贡献。

关键词：育人　校友工作　助力

建设世界一流大学和一流学科是党中央、国务院做出的重大战略决策，对于提升我国教育发展水平、增强国家核心竞争力，实现从高等教育大国到高等教育强国的历史性跨越具有重大意义。习近平总书记在北京大学师生座谈会上明确指出，要坚定不移地建设世界一流大学。国务院出台的《统筹推进世界一流大学和一流学科建设总体方案》将"争取社会资源、扩大办学力量"等作为高校发展"双一流"宏伟蓝图的一个需要突破

---

①　邓建萍，四川大学对外联络办公室科长。

的关键环节，而奋斗在世界各个领域且数量众多的高校校友，是"双一流"建设中的一支重要队伍。

校友是与大学通过学缘关系结成的重要群体，双方之间已有一定的情感基础，校友支持在高校世界一流大学建设中发挥了极其重要的作用。以四川大学为例，四川大学校长李言荣指出，评价一所大学，大致四个方面：师资力量、科研成果、人才培养、社会声誉，校友们就是大学评价发展的主要推动力量之一。而海外校友工作的开展，能够更好地凝聚海外校友力量，让海外的川大校友成为中华文化、川大文化的薪火传递接力手，进一步提升母校的国际声誉和影响力，更好地服务于学校的发展，在建设国际化师资队伍、提升科学研究水平、培养具有国际化视野的人才等方面发挥积极重要作用，从而更好地服务于学校建设世界一流大学新的伟大事业。

一、四川大学海外校友分会工作现状

四川大学校友总会共成立各类校友分会 97 个，国内省级和中心城市基本全覆盖，但海外校友会建设相对薄弱，仅在日本、美东、美国硅谷、加拿大、英国、德国、芝加哥、法国、瑞士、澳大利亚成立了 10 个校友分会。目前，比较活跃、与校友总会联络频繁的有英国、美国硅谷、加拿大、芝加哥、日本等校友分会，这 5 个校友分会定期举办联谊活动和换届，并负责接待学校前往当地的领导和工作人员。美东校友分会负责人已回到国内创业，德国、法国的校友分会均为自发成立，在当地开展活动，与学校联系较少。

四川大学校友总会服务校友的方式包括微信、微博、校友网等媒体宣传平台，各类校友分会、学生校友联络协会，《川大校友》和《群星璀璨》校友刊物，等等。目前，负责全部校友工作的工作人员有 6 人，海外校友联络工作按片区分工开展。

二、国内高校海外校友会现状及存在的差距和原因

国内部分一流大学海外校友工作开展已初具规模，机构和服务日趋完善，具体情况如下表：

部分一流大学海外校友工作开展情况

学校	海外校友分会状况	工作人员状况	服务内容
清华大学	有 50 个海外校友分会（完善备案），覆盖美国、加拿大、英国、法国、德国、澳大利亚、新西兰、日本、新加坡、泰国、马来西亚、瑞士等 12 个国家	有 37 位校友工作人员；设有专人负责海外校友工作	校友值年返校聚会；"两刊一网"；为校友提供免费的电子邮箱；发行校友信用卡；提供终身学习平台"清华校友学堂"；开通服务号、订阅号等三个微信公众号
北京大学	有 29 个海外校友分会（完善备案），集中在美国、加拿大、英国、日本、法国、澳大利亚、德国、新加坡、马来西亚、新西兰、韩国、缅甸、瑞士等国家	有 18 位校友工作人员和外聘专人；有专人负责海外校友工作	办理校友卡；提供学校免费校友邮箱；发行校友专属信用卡；一刊一网一微博一微信；推出"i 北大人"，查看最新北大人讯息；"北京大学创新创业扶持计划"，促进北大校友创业及北大科技成果转化；校友企业招聘
浙江大学	有 48 个海外校友分会，遍布北美洲、欧洲、澳洲、东南亚、非洲等国家和地区	有 45 位校友工作人员；有专人负责联络海外校友工作	"一网一刊一报一博一微信"，启动班级、年级校友微信群建设；校友值年返校活动；时空连线同学会；"缘定浙大"校友集体婚礼；大学之声新年音乐会；浙大校友创业大赛；校友体育运动嘉年华

对标这些知名高校的海外校友工作情况，四川大学校友总会自 1996 年成立以来，海外校友分会发展相对缓慢，还存在相当大的差距。

首先，校友总会组织架构相对单一，校友工作人员配备较少。四川大学校友总会秘书处设在学校对外联络办公室，由校友工作科负责整个学校校友会的日常工作，部门单一，不利于校友工作高效开展。其中，校友工作科工作人员只有 4 人，未设有专人负责海外校友工作。根据校友工作经验（美国高校），每 1 万名校友需配备 1 名专职校友工作人员，专职工作人员的数量直接影响校友工作的服务质量。

其次，没有形成完善校友工作机制和全员校友工作的意识。校友资源的基础在学院，各学院虽设有校友工作联络岗，但几乎均为兼职，校友工作占其工作的很小一部分，加之学校信息共享渠道不畅通，导致校友工作覆盖面不够，联络渠道有限。院校联动有待加强，在全校师生间的普及度有待进一步提高。

再次，海外校友分会开展工作缺少连续性。大部分海外校友分会是借四川大学 2006 年 110 周年校庆之机发展起来的，由于当时时间匆忙，海外校友分会的主要负责人大部分由川大留学生、海外华侨等校友组成，随着时间推移，很多留学生学成归国，一部分华侨也将事业重心移回国内，导致校友分会负责人缺失，活动开展困难；部分海外校友分会是由当地校友自发成立开展活动，主要依托国际交流合作处等部处、学院联络，由于前期信息沟通不畅，校友总会掌握的海外校友数据有限，与海外校友接触和交流的机会更少，导致工作进展缓慢。海外校友分会的负责人大部分为学者身份，学者在时间和经费上能力有限，组织开展活动较少。

最后，与海外校友分会联络不密切。校友总会开展校友工作的重心在国内校友会组织建设，对海外校友分会的开展主要依托国际交流合作处等部处、学院，且与海外校友分会的联络基本为邮件联络，方式单一。

三、发挥海外校友育人功能，助力学校"双一流"建设

针对学校海外校友工作存在的不足之处，本文建议在以下六方面完善校友工作，充分发挥海外校友的育人功能。

（一）围绕学校发展主线，明确校友工作目标

围绕学校创建世界一流大学的目标，以联络为基础，以活动为载体，建设校友文化，强化校友服务网络，打造校友与学校发展共同体。明确海外校友工作五年目标：海外校友联络率达到80％；海外校友返校率达到50％；学校校友服务团队不低于20人，并有专人负责海外校友工作；明确校友工作的宗旨，增进友谊与合作，开展教育、科研、学术等多种文化交流，加强同优秀校友的联系，让这些遍布世界各地的优秀校友来增强学校文化的多样性，达到吸收世界先进文化来增强自身竞争力的目的。

（二）加强对校友工作的领导和队伍建设

以校友总会、学院二级岗、毕业生联系人、学生志愿者为层级的全立体、多方位的校友服务网络，形成"总会统筹、部门协调、校系结合、相关部门互动"的服务新局面。以学院、年级作为联系广大校友的情感纽带，进一步深化校友工作，各学院设立年级联络人，组建毕业年级理事会，让学生一毕业就融入校友体系；以地区校友会为区域纽带，继续推动和支持海外校友分会的建设，探索海外校友工作的新模式和经验；以海外行业校友会为职业发展纽带，借助按行业属性成立的各类校友联谊会，助力校友职业

发展。加强校友工作队伍建设：在思想建设方面，加强理论学习，提高思想认识；在组织建设方面，增强组织观念，履行岗位职责；在制度建设方面，提高政策水平，严格办事成效；在业务建设方面，规范业务管理，提高服务成效；在作风建设方面，培养严谨作风，强化责任意识。

（三）开展海外校友品牌活动，营造校友文化氛围

一是设立海外校友分会"人才工作站"，协助学校海外引进人才工作。重视海外校友资源，大力实施"新海纳人才计划"，开展"校友荐优才"活动。依托海外校友资源，向学校推荐海外优秀科研、专家人才；结合学校"科技创新能力提升计划"，开展"百川行"校友企业进学院活动；定期邀请海外校友会代表人物和负责人回川参观考察和讲学，有目的、有计划地鼓励海外校友为国内引介先进的科学技术和人才，推动海内外学术交流和合作，为国内各领域的科技创新和科学发展输送新的血液。二是组织海外校友返校行，营造良好的校友文化氛围。借母校每年校庆之机，积极邀请海外校友返校，开展"五个一"活动：举办"一"场欢迎会，开"一"讲座、送"一"本书、吃"一"餐饭，更新"一"次通讯录。三是举办"智汇百川·四川大学海外校友企业招聘专场"，助推学校就业工作。结合学校"学生能力培养计划"，开展"校友有约"分享活动、"大川实习季"校友企业实习实践活动和"大川招聘季"校友企业专场招聘等活动。联合学校相关部门及海外校友会，在打造海外校友企业招聘季品牌活动的基础上，制定常态化服务机制，继续跟踪服务好海外校友企业及在校生。四是实施"2 会＋N 活动"计划，凝聚海外校友人心。建议已成立的海外校友分会每年举办一场迎新会、一场年会、N场主题活动。一场迎新会，即"此心安处是吾乡"，倡议各海外校友分会举办迎新校友活动；一场年会，即在岁末年初举办多种形式的海外校友团拜会；N 场主题活动，即围绕一个主题，开展 N 场论坛、分享会、推介会或文体活动。

（四）提高来华留学生及校友服务能力

一是在欧美等发达地区和国家成立留学生校友会。如在美国、加拿大、澳大利亚等国家成立留学生校友分会，更好地凝聚川大留学生的校友力量。二是积极响应和贯彻国家"一带一路"建设要求，推进在与我校有联合培养学生的国家成立校友分会，如非洲、尼泊尔、印度等国家和地区，更好地服务国家重大战略和外交大局。在提高对来华留学生校

友服务能力方面可完善以下几点措施：建立"国际学生中心"，举办留学生及留学生校友新年晚会、国际文化交流节、参访中国文化活动等；完善留学生数据库，维护、更新留学生及留学生校友数据库，为校友工作联络提供基础保障；指导成立留学生川大校友分会、校友俱乐部、校友专业协会等；建立定期拜访留学生校友分会及留学生校友制度，在学校国际交流处的大力支持下，依托培养学院及相关部门，定期拜访，加强开展留学生校友会工作。

（五）开展海外校友工作"150"计划

学校每年积极参加"1"次各海外校友分会的相关校友活动，利用参加海外校友分会活动的机会至少拜访"5"位在各领域有较大影响力的海外校友，每年给学校推荐"10"位重点海外校友或关心学校的海外贤达。开展重要海外校友的精准对接联络和服务，在重点海外校友片区设专人对接联系，做好服务工作。

（六）塑造"校友"品牌，讲好海外校友故事

确立"内聚人心，外树形象"的宣传宗旨，打造"校友"品牌。以"两刊一网多平台"（两刊为《川大校友》《群星璀璨》，一网为四川大学校友网，多平台为四川大学校友会和各分会官方微信号、四川大学校友会和各分会官方微博号等新媒体平台）为阵地，针对海外校友具体情况分类制定宣传策略，形成微信、微博、校友网、《川大校友》等多平台、立体式宣传体系，使海外校友宣传有温度、有力度、有高度。

一是办好《川大校友》《群星璀璨》。基于《川大校友》《群星璀璨》杂志定位为校友的自我宣传平台，开辟海外校友专版，以人物专访为主，注重对海外校友典型人物、热点人物的挖掘报道。

二是建好校友总会网站。改版校友网站，开设海外校友专栏，讲述海外校友故事，预告海外校友活动。

三是管理好川大校友会微博。专门设置微博"海外校友"话题，建设新媒体联盟，加强与校友的互动；同时加强与其他官微的互动，联动宣传，以树立川大校友会形象。

四是创新川大校友总会微信。以"海外川大人"为核心，设置《母校新闻》《校友会动态》《校友风采》《大美川大》等栏目，加强内容更新，满足海外校友的多元资讯需求；以线下活动带动线上宣传，举办校友海外风景微摄影比赛、校友投票等活动，增强互动，培育海外校友文化。

改革开放 40 年来我国高等教育的发展与变革

邓　忠①

摘　要：改革开放 40 年来，中国高等教育的改革和发展取得了巨大进步。改革开放前期，我国高等教育开始进行复兴和探索。到 21 世纪初期，国家开始全面推动高等教育的深化改革和全面发展，"211""985"等工程及"双一流"的持续建设为我国高等教育的改革和发展奠定了坚实的基础。党的十八大以来，习近平新时代中国特色社会主义思想为我国高等教育发展指明了方向，推动高等教育改革发展取得突出成就。

关键词：改革开放四十年　高等教育　发展变革

一、改革开放前期的复兴和探索

1977 年 9 月，在北京举行的全国高校招生工作会议上，教育部决定恢复全国高考，再次通过统一考试，在公平竞争的原则下，择优录取人才进入大学。至此，中国高等教育的发展开始进入一个新的历史时期。改革开放初期的高等教育改革以拨乱反正、整顿

---

①　邓忠，四川大学招生就业处干部。

提高为主，党的十一届三中全会后，我国高等教育的改革与发展开始进入一个全新的阶段。教育部先后颁布了《全国重点高等学校暂行工作条例（试行草案）》《中华人民共和国学位条例》等，为后续改革奠定了基础。1985 年 5 月 27 日，《中共中央关于教育体制改革的决定》在中共中央会议上通过，要求"各级党委和政府把教育摆到战略重点的地位，把发展教育事业作为自己的主要任务之一，上级考查下级都要以此作为考绩的主要内容之一"。该决定正式提出了我国改革开放新时期的教育方针，把教育放在了与经济建设同等重要的地位，并指出"必须从教育体制入手，有系统地进行改革"，至此我国的高等教育事业正式开始大步改革，大步发展。这一阶段的改革涉及高等教育的管理制度、办学制度、招生就业制度、劳动人事制度等各个方面。1992 年，《关于加快改革和积极发展普通高等教育的意见》在第四次全国高等教育工作会议上颁布，提出"211工程"计划，并于 1994 年正式启动，1995 年 11 月《"211 工程"总体建设规划》出台。1993 年 2 月颁发的《中国教育改革和发展纲要》提出了 20 世纪 90 年代我国高等教育改革和发展的基本内容，对我国高等教育质量全面提高具有重要指导作用，我国高等教育改革开始进入深化改革的新阶段。

在这一时期，邓小平有关高等教育的相关论述成为我国高等教育改革与发展思想的主要来源。在 1978 年召开的全国科学大会上，邓小平提出了"科学技术是第一生产力"的重要论断，将科研工作放在了重要的位置，深刻影响了我国高等教育的改革和发展。"科教兴国"的战略方针作为 21 世纪我国高等教育改革的基本指导思想，在 1995 年颁布的《关于加速科学技术进步的决定》中首次被提出。同时，"教育要面向现代化，面向世界，面向未来"，这是邓小平提出的我国高等教育的改革方向，即我国高等教育的改革和发展要为社会主义现代化建设服务，要积极吸取和引进其他国家先进的发展经验和技术以及优秀人才，通过培养和储备人才来推动未来我国各项事业的迅速发展。此外，邓小平还认为"注重学生学习马列主义、毛泽东思想，树立正确的世界观，培养无产阶级革命事业的接班人"是高校的责任与义务，这一观点为日后我国高校思想政治工作发展提供了思想基础。

二、21 世纪初期的深化发展

《中华人民共和国高等教育法》于 1999 年 1 月 1 日起正式开始实施。1 月 13 日，国务院批转了教育部《面向 21 世纪教育振兴行动计划》。1999 年 6 月，全国教育工作会议通过《中共中央 国务院关于深化教育改革，全面推进素质教育的决定》，同年"985 工程"计划也开始启动。至此，我国高等教育的改革已面向 21 世纪，为进一步全面提高素质教育质量做好了准备。自"211 工程"和"985 工程"实施以来，截至 2017 年 5 月，累计分别覆盖了 116 所高校和 39 所高校，在推进和提高高校教育质量水平上做出了卓越贡献。2011 年 4 月在清华大学 100 周年校庆上，胡锦涛同志提出把"提高创新能力"作为全面提升高等教育质量的重要途径。在贯彻落实党中央的战略决策下，教育部和财政部以创新为核心重点，全面提升教育质量。因此，以引导和推动高校达成学科、人才和科研三位一体化发展为目的的"高等学校创新能力提升计划"应运而生。2013 年 11 月召开党的十八届三中全会，对如何促进高等教育内涵发展、如何推进全面深化改革进行了规划。2015 年 10 月，国务院出台了《统筹推进世界一流大学和一流学科建设总体方案》，指明了我国高校发展的战略方向，强调"双一流"建设的目的是提高我国高等教育的质量水平，为各个行业培养优秀人才，增强国家的核心竞争力，这对未来我国高等教育的改革和发展具有十分重要的意义。

在这一时期，我国高等教育事业的改革和发展呈现出全面化、国际化、现代化和多样化的特点。1999 年，《中共中央 国务院关于深化教育改革，全面推进素质教育的决定》提出"扩大高中阶段教育和高等教育的规模，拓宽人才成长的道路，减缓升学压力"[1]，从此，普及化成为我国高中教育和高等教育改革和发展的新目标之一，办学规模和毛入学率不断提升。到 2010 年，党和国家对高等教育普及化发展提出了新要求，《国家中长期教育改革和发展规划纲要（2010—2020 年）》提出，到 2020 年高等教育大众化水平进一步提高，毛入学率提高到 40％，而这一目标已在 2015 年提前实现。截至 2016 年，我国高等教育体系的规模已成为世界之最，全国共有高等学校近 2900 所，在校生总规模 3700 余万人，毛入学率已超过 40％。这宣告我国高等教育的发展正向着全面普及化进行，向达到毛入学率 50％的目标不断迈进。同样为保障偏远农村地区青少年受教育的权利，2012 年我国陆续实施了国家、地方、高校"农村贫困地区定向招生专项计划"，截至 2017 年，累计有 27.4 万的农村学生和贫困学生通过三大专项计划获得接受高等教育的机会，有效促进了高等教育的公平和全面化、普及化。2016 年，我国已成为世界第三大留学目的国，在全面发展的同时，我国高等教育也不断向国际化迈进，来华留学的学生人数达到 44.3 万人。而国内出国留学与毕业回国人数也持续增加，从 1978 年到 2016 年年底，各类出国留学人员累计达 458.66 万人。同时我国高等教育在不断推进现代化进程，力求走在国际科研前列，2016 年我国发表的 29 万篇国际科技论文中，高校占了 83.1%。而在我国经济的迅猛发展和人民生活水平日益提高的背景下，公立办学体制和国家投资体制已无法满足社会的需要，因而出现了多样化的办学体制和层次。2015 年，全国已有 1300 余所独立设置的高等职业院校，全日制在校生数达到 1000 余万人。民办高校的规模也从 1992 年的 6 所扩大到 2016 年的 742 所（含独立学院 266 所）。

这一时期，教育始终坚持为社会主义现代化服务，为人民服务。2002 年，党的十六大报告中指出"坚持教育为社会主义现代化建设服务，为人民服务，与生产劳动和社会实践相结合，培养德智体美全面发展的社会主义建设者和接班人"[2]。2004 年，《2003—2007 年教育振兴行动计划》明确指出"坚持教育为人民服务的宗旨……办好让人民满意的教育"。2007 年，在教育要为人民服务的思想指导下，党的十七大报告中明确提出"育人为本"，这成为我国高等教育改革和发展的基本出发点，而高等教育改革和发展的基本目标是"办好人民满意的教育"。2010 年的《国家中长期教育改革和发展规划纲要（2010—2020 年)》中提出未来十年我国高等教育改革发展的战略主题是"坚持以人为本、全面实施素质教育"，指导思想之一是"办好人民满意的教育"，工作方针是"育人为本"，一切工作的出发点和落脚点是"促进学生健康成长"。

三、新时代高等教育的发展和改革

纵观改革开放 40 年，我国高等教育的发展取得了长足进步。党对教育的战略地位的认识经历了"战略重点"到"战略首位"再到"优先发展"三个阶段。在这 40 年间，我国高等教育的普及化进程不断向前迈进，高校办学规模持续扩大。一流大学建设成绩斐然，高校学术水平和国际影响力不断提高。科研成果数量和水平显著提高，努力服务国家战略，促进了经济社会发展。各级政府重视高等教育，地方高校和高等职业学校建设发展迅速。在 2017 年 10 月召开的党的十九大上，习近平总书记指出为实现中华民族的伟大复兴，必须把新时代中国高等教育的改革和发展放在优先位置，把建设教育强国作为基础工程，必须坚定实施"科教兴国战略""人才强国战略"和"创新驱动发展战略"，"加快一流大学和一流学科建设，实现高等教育内涵式发展"。习近平总书记关于教育工作的系列重要讲话精神，为我国高等教育发展指明了前进方向。

习近平总书记在关于新时代高等教育的重要论述中指出，我国未来的高等教育改革和发展，首先，应坚持社会主义的政治方向。早在2016年的全国高校思想政治工作会议上，习近平总书记就指出："我国高等教育肩负着培养德智体美全面发展的社会主义事业建设者和接班人的重大任务，必须坚持正确的政治方向。"进一步贯彻落实党的教育方针，加强和坚持党对高等教育的领导成为根本核心。在2018年全国教育大会上，习近平总书记强调要坚持中国特色社会主义教育发展道路，培养德智体美劳全面发展的社会主义建设者和接班人。其次，要坚持中国特色办学方向。"我国有独特的历史、独特的文化、独特的国情，决定了我国必须走自己的高等教育发展道路，扎实办好中国特色社会主义高校。"要求立足于国情和实践的基础，对高等教育的办学模式进行改革，以形成具有中国特色的高等教育理念。"为人民服务，为中国共产党治国理政服务，为巩固和发展中国特色社会主义制度服务，为改革开放和社会主义现代化建设服务"是我国高等教育发展的正确方向。坚持落实立德树人是我国高等教育改革与发展的根本任务，是以习近平同志为核心的党中央对我国教育工作的重大部署，也是我国高等教育改革与发展的根本要求。最后，习近平总书记还指出为实现高等教育的内涵式发展，要进行全面深化教育改革，加快一流大学和一流学科的建设，为社会主义现代化建设培养优秀人才。2017年4月，教育部等五部门《关于深化高等教育领域简政放权放管结合优化服务改革的若干意见》出台，这是国家层面对高等教育"放管服"改革的宏观设计和指导，强调政府将办学自主权还给高校，减少体制机制对高校自由发展、特色化发展的束缚，遵循自然客观的发展规律。促进教育公平是我国高等教育事业发展的长期重要任务，要求不断提高高校的毛入学率和招生规模，使更多人拥有接受高等教育的机会，不断提高贫困学生高考的录取质量和数量，继续坚持完善高校招生制度，开展针对贫困地区学生的"国家农村和贫困地区定向招生专项计划"和"国家支援中西部地区招生协作计划"。

改革开放40年来，我国高等教育改革和发展取得巨大成就，得益于以下四方面。

第一，始终坚持党的领导。在办学治校的各项工作中紧跟党的步伐，坚决贯彻落实党关于高等教育的方针政策，始终坚持正确的政治方向。坚持贯彻落实党委领导下的校长负责制，各高校始终坚持党委领导的核心作用，大力推进依法治校，力求建立高效、协调的工作机制，不断提升办学质量。

第二，始终坚持与国家发展、民族振兴同向同行。自改革开放以来，党对中国高等教育改革和发展的方针政策的制定和调整，皆立足于当时社会经济的发展情况和社会主义现代化的进程。

第三，始终坚持普及与提高并重。自邓小平提出"办教育要两条腿走路，既注意普及，又注意提高"以来，全面普及教育、提高教育的质量水平始终是我国高等教育改革和发展的两大重点。从普及九年义务教育，提高高校的毛入学率，到为农村贫困学生开展专项计划，党一直力求推进教育的全面普及，坚持推进重点学校建设，实施一流大学和学科建设工程。

第四，始终坚持中国特色建设模式。改革开放以来，党对于我国高等教育改革和发展的决策始终立足于中国特色社会主义的国情，坚持一切从实际出发，实事求是。既着眼当下，又放眼未来，充分尊重改革实践的社会历史性。各高校也立足实践，积极吸取国外的先进理念，坚持党的领导，扎根中国大地办大学。

参考文献

[1] 中共中央 国务院关于深化教育改革，全面推进素质教育的决定［EB/OL］．（1999－06－13）．http://old. moe. gov. cn/publicfiles/business/htmlfiles/moe/moe_177/200407/2478. html.

[2] 全面建设小康社会，开创中国特色社会主义事业新局面——在中国共产党第十六次全国代表大会上的报告［EB/OL］．（2002－11－08）．http://cpc. people. com. cn/GB/64162/64168/64569/65444/4429118. html.

社会主要矛盾转变视野下旅游业优化升级路径研究

谭志敏①

摘　要：旅游业是国民经济的战略性支柱产业。党的十八大以来，我国旅游业经历了从小众旅游向大众旅游、从粗放型旅游向比较集约型旅游发展的转变，旅游业战略性支柱产业地位更加稳固。新时代随着社会主要矛盾的转变，旅游业肩负起从浅层次旅游向深层次旅游、从旅游大国向旅游强国转变的新使命，要实现新发展，旅游业亟须优化升级。本文基于社会主要矛盾转变的视野，梳理了当前旅游业发展面临的主要矛盾，阐述了旅游业优化升级的重要意义，并探讨了推进新时期旅游业优化升级的具体路径。

关键词：社会主要矛盾　旅游业　优化升级　路径

　　党的十九大报告明确指出，中国特色社会主义进入新时代，我国社会主要矛盾已经转化为人民日益增长的美好生活需要和不平衡不充分的发展之间的矛盾。[1]党中央关于社会主义矛盾变化的判断，为新形势下加强和改进旅游业指明了方向和遵循。当前旅游发展进入新阶段，迫切需要深化旅游供给侧结构性改革，大力推进优质旅游、幸福旅游、生态旅游、红色旅游、乡村旅游等旅游业态的全面发展，不断满足人民日益增长的

① 谭志敏，四川大学旅游学院硕士研究生，主要研究方向为旅游文化学、旅游规划与开发。

旅游需要，使广大人民群众在旅游中切实感受文化、增长文化、喜爱文化、传播文化，通过旅游的优化升级不断增强人民的幸福感，并提升国家的文化影响力。

一、当前制约旅游业优化升级的主要矛盾分析

人民日益增长的美好生活需要和不平衡不充分的发展之间的矛盾体现在旅游领域，表现为人民日益增长的美好旅游需要与不平衡不充分的旅游供给之间的矛盾。当前制约旅游业优化升级的主要矛盾集中表现在旅游供需数量、供需质量、供需结构、供需时空等方面。

（一）旅游需求与供给数量之间的矛盾

在旅游供需数量上，旅游参与群体不广泛、不普及是最关键的矛盾。随着大众旅游时代的到来，旅游成为全民向往的休闲活动，旅游需求量不断增长。理论上，全社会各类群体都有平等享有并参与旅游活动的权利，各阶层的旅游需求都应得到满足。但在实际生活中，旅游供给数量较旅游需求而言是相对有限的，旅游供给的这种既定性与旅游需求的多变性，导致旅游供需数量上的矛盾。因此，受收入水平、消费能力、贫富差距、气候条件、社会环境等各种主客观因素的影响，仍有相当一部分群体的旅游需求得不到满足，旅游尚未成为所有人普遍参与的社会活动，仍有部分群体无法享受旅游的乐趣。

（二）旅游需求与供给质量之间的矛盾

在供需质量上，旅游体验不美好、不幸福是最突出的矛盾。一方面，由于旅游业的快速发展，旅游景区的基础设施和接待设施建设跟不上旅游发展的步伐，日益增长的游客给景区交通、住宿、生态环境等带来巨大压力，造成了景区厕所脏乱差、历史文物破坏等不良现象，降低了人们的旅游体验，也不符合人民对美好旅游的期待；另一方面，旅游供应商服务能力不足导致旅游服务质量低下、效率不高，如部分旅行社没有根据旅游者需求设计旅游线路和安排行程，服务标准照搬普通旅游团的规格执行，甚至公司之间大打价格战，以致旅游服务市场秩序混乱，行业现状与"人民群众更加满意的现代服务业"的行业目标不符，严重影响旅游业的声誉。

（三）旅游需求与供给结构之间的矛盾

在供需结构上，旅游开发不适应、不匹配是最显著的矛盾，主要表现为人民丰富多样的旅游需求与滞后缓慢的旅游供给之间的矛盾。"人口老龄化"和"亚健康"趋势使得老少咸宜的温泉保健、森林养生和冬季避寒类旅游项目受到越来越多的群体喜爱，但我国休闲度假、康体健身、养生养老等旅游项目建设起步较晚，且旅游产品的开发还停留在较浅层次的观光方面，对旅游产品的后续开发和深度挖掘还不足，旅游产品同质化严重，类型单一，缺乏特色和创意，与旅游业发达国家多样化、全面化、细分化的旅游产品相比仍有不小差距，这一矛盾导致我国旅游业的大量客源流失境外，巨大的旅游市场和潜在的旅游需求得不到有效释放。

（四）旅游需求与供给时空之间的矛盾

在供需时空上，旅游时空结构不合理不平衡是最普遍的矛盾。我国众多旅游景区、旅游项目都普遍面临淡旺季差别过大的问题，其根本原因在于旅游供给时空结构不合理。一方面，主要受自然条件和资源因素制约：一是由于气象气候的季节性规律变化，导致游客的旅游行为同步发生变化，形成了时间维度上的淡旺季；二是由于气象气候的地域差异，造成自然旅游资源的游览观光内容及旅游活动项目的地域性，形成了空间维度上的淡旺季。另一方面，由于国家对旅游业的大力支持和经济的不断发展，人们可支配的收入增多，出游动机愈发强烈，大众旅游需求旺盛，但现实生活中，不完善的带薪休假制度使得人们很难自主安排旅游时间，人们有意愿旅游而时间分配不均，导致出游目的地和闲暇时间都过于集中，形成明显的淡旺季。

二、新时期推进旅游业优化升级的重要意义

新时期推进旅游业优化升级，对于坚定人民对美好生活的向往、提振人民的文化自信、讲好中国故事进而提升国家形象和影响力具有重要意义。

（一）有利于坚定人民对美好生活的向往，进一步培育社会主义核心价值观

作为五大幸福产业之首，旅游业是人民感受美好幸福、享受生活乐趣的产业。目前旅游已成为人民生活的日常组成部分，也是获得幸福感的重要渠道。探索旅游业优化升

级，对于提升经济发展水平、提高人民生活质量具有重要意义，有利于满足人民日益增长的美好生活需要，坚定人民对美好生活的向往，助力人民过上幸福快乐的美好生活。推进旅游业优化升级，还有利于引导人们在旅游过程中坚持正确的文化理念和主流价值观，在旅途中践行社会主义核心价值观的内涵，进一步培育人们对社会主义核心价值观的认同感，助推社会主义现代化建设。

（二）有利于提振人民的文化自信，进一步继承发扬中华优秀传统文化

文化是旅游的灵魂，文化因素已渗透旅游的各个方面，同时旅游是文化的展示方式，是传播优秀文化的有效载体。旅游业作为一个高度依赖文化资源的现代服务业，在继承和传播中华优秀传统文化上发挥着不可替代的重要作用。中华优秀传统文化的社会影响和价值在很大程度上是以旅游者为载体、以旅游产品为形式进行展示、观赏、传播的。推进旅游业优化升级有利于以人们喜闻乐见的方式丰富优秀传统文化的时代内涵和现代形态，有利于人们理解、认知和接受传统文化的优秀基因和独特内涵，并进一步展示和传播中华优秀传统文化，提振人们对传统文化的自信心和自豪感，不断增强文化自信和激发文化活力。

（三）有利于讲好中国故事，进一步提升国家形象和影响力

文化是中国故事传播的纽带，旅游是国家形象展示的窗口。在中国日益走向世界舞台中央的国际背景下，旅游已成为向世界讲好中国故事的重要载体和塑造中国形象的有效手段。旅游的跨文化功能对于加强中外文化交流、促进中华文化传播具有重要意义。大力发展入境旅游，推进入境旅游业优化升级，有利于让国外游客深层次了解中华文化的丰富内涵，以旅游经历的方式呈现及传播优秀、真实、立体、全面的中国，扩大中华民族的影响力。大力发展出境旅游，推进出境旅游业优化升级可以以旅游为载体潜移默化地向世界弘扬中国精神、讲述中国故事，有利于塑造美丽、开放的中国形象。

三、新时期推进旅游业优化升级的具体路径探索

新时期推进旅游业优化升级要坚持以习近平新时代中国特色社会主义思想为指导，以打造优质旅游、幸福旅游、生态旅游、红色旅游、乡村旅游为路径，不断满足人民更

高品质的旅游需要，实现旅游业又快又好地发展，推进我国向世界旅游强国迈进。

（一）深入打造优质旅游，助推供给侧改革取得实质性成效

推动我国旅游业从高速旅游增长阶段向优质旅游发展阶段转变，旅游发展不能仅仅以速度和规模取胜，必须深入贯彻落实"创新、协调、绿色、开放、共享"的新发展理念，以优质旅游推动旅游业发展方式的转变、旅游产品结构的优化、旅游增长动力的转换，进而推进旅游业供给侧改革。新形势下打造优质旅游要从"食、厕、住、行、游、购、娱"等旅游要素切入：一是完善旅游餐饮业相关制度法规和行业标准，取缔旅游风景区的无证餐饮，消除景区食品安全隐患，保证旅游食品的安全性；二是开展新一轮"厕所革命"，改善旅游厕所硬件设施和卫生条件，实现厕所标识规范化和厕所设备智能化；三是进一步优化星级饭店、精品酒店、旅游民宿服务，严格监管旅游住宿业市场，减少"数据欺熟""天价入住"等行业乱象；四是持续优化旅游外部交通环境，完善景区内部交通系统，开辟旅游公交、旅游专线、景区直通车等，打通旅游交通"最后一公里"；五是大力推进全国5A、4A级旅游景区建设，实施优质旅游品牌战略，有重心、有计划地建设多个旅游品牌强省，打造一批中国旅游示范城市；六是丰富旅游业态，推出邮轮旅游、房车旅游、低空旅游等新型旅游产品供游客购买消费；七是完善旅游娱乐供给体系，开展民俗表演、山水实景旅游演艺等多种形式的文化娱乐活动。

（二）大力发展幸福旅游，实现人民更高品质的美好生活需要

推进旅游业优化升级应紧紧围绕满足人民日益增长的美好生活需要，关注旅游在促进人民生活幸福方面的作用，大力发展幸福旅游。政府部门应完善与人民幸福旅游密切相关的制度，如带薪休假制度等，高度重视人民休假权利，确保人民有充足的闲暇时间享受旅游的幸福与乐趣。旅游企业要切实做好周期性市场细分调研，基于调研结果区分不同类型游客的需求差异性，有针对性地设计旅游产品，如针对老人的"怀旧舒适旅游"、针对女性的"浪漫唯美旅游"、针对家庭游客的"温馨幸福旅游"等，提供真正符合游客需要的幸福旅游产品。旅游景区要从保障游客安全的角度出发，做好基础设施的定期维护和旅游接待设施的更新换代，对于旅游特殊人群，如残疾人、老年人、孕妇等，提供残疾人解说装置、轮椅租借、母婴室、婴儿车存放等服务，保证特殊人群设施使用有效供给和安全便利，为幸福旅游注入人文关怀。游客自身要发挥旅游主体地位的

功能和优势，充分利用互联网技术和自媒体手段，积极参与"朋友圈集赞""有奖分享""摄影攻略大赛"等景区活动，将旅途中有趣的游玩经历、拍摄的原创照片、撰写的游记攻略分享到线上平台，在旅游中发现幸福、体味幸福、追求幸福。

（三）积极探索绿色旅游，加快推进新时代生态文明建设

为促进传统旅游业向资源节约与环境友好产业优化升级，旅游业必须牢固树立可持续发展观，践行"绿水青山就是金山银山"的理念，积极探索绿色旅游，加快旅游业在经济、社会、生活方面的绿色转型。探索绿色旅游，就要把旅游可持续发展理念贯穿到旅游规划、开发、管理、服务的全过程，积极打造绿色旅游新品牌，提供更多优质的绿色旅游产品，形成人与自然和谐共生的绿色旅游新格局。一是构建旅游绿色饭店标准体系，推广绿色就餐方式，提供无污染的绿色食品；二是倡导酒店使用环保、节能、绿色材料，鼓励酒店减少一次性用品的使用；三是采用近自然、无污染材质设计景区人行游步道，旅游施工建设要尽量避开生态脆弱带区域；四是在门票、导游图上印制生态知识和注意事项，加强游客的环境保护和生态文明教育；五是发布绿色旅游消费指南，引导游客绿色低碳消费；六是建立生态景观解说系统及废物收集系统，以警示标语、宣传口号等多种途径唤起游客环保意识。旅游供应商要紧密结合人民日益增长的康体养生、养老益寿、休闲健康等旅游需求，开发一系列符合人民需要的绿色旅游项目，加快建设一批休闲养生、运动健身、疗养康复、保健养老的生态旅游区。

（四）不断丰富红色旅游，大力传承弘扬红色文化

旅游业优化升级要高度重视红色旅游发展，充分利用红色旅游资源，不断挖掘优秀红色基因，传承发扬红色文化传统，多主题、多领域、多渠道发展红色旅游，不断丰富红色旅游发展形式。一是结合不同地区红色旅游优势，打造主题特色鲜明、文化内涵丰富、教育功能突出、形式内容多样的红色旅游产品，创新红色旅游的多种业态。二是构建"红色文化＋旅游＋教育"新模式，用情景规划和体验设计强化旅游者的参与意识，发挥红色旅游在主题教育、文化体验以及休闲放松等方面的作用，使旅游者在红色旅游过程中经历红色教育，体会红色精神，领悟红色文化。三是创建红色旅游发展研究中心，发挥红色旅游的教育、宣传、引领功能，积极与高校、社区、机关、企业等开展合作，联合建立红色旅游发展研究基地、爱国主义教育基地、红色文化培训班等，通过寓

教于乐的方式引导人们瞻仰红色遗迹、聆听革命故事、学习红色文化、传承红色基因，从而不断提升红色旅游市场竞争力，促进红色旅游健康持续地发展。

（五）全面推进乡村旅游，深入落实乡村振兴战略建设美丽中国

新形势下旅游业优化升级必须立足乡村现状，积极推进乡村旅游。摸清乡村旅游业的发展条件和特色资源，开发乡村旅游特色产品、提供别具风格的旅游服务、营造游客与自然和谐共处的良好体验，不断提升游客在乡村旅游过程中的消费力度，有效将乡村地区的自然资源转化为经济资源。全面推进乡村旅游，具体来说要从四个方面发力：一是结合乡村实际梳理乡村特色旅游资源。深入挖掘乡村的历史文化底蕴，将传统文化与乡村旅游结合起来，因"村"制宜，科学开发乡村旅游项目，做好乡村旅游发展的整体规划。二是深入推进旅游扶贫、旅游富民工程。开发农家乐和乡村民宿，吸纳当地村民就业，促进本地农产品销售，拉动乡村经济发展，助力乡村精准扶贫。三是因地制宜，将符合旅游发展条件的贫困村改造成为独具特色的旅游村。根据不同乡村的特色优势，打造各具魅力的旅游山村、旅游渔村、旅游民俗村、旅游特色产业村等，着力避免乡村旅游的同质性，通过乡村旅游的差异性提升乡村旅游吸引力。四是深入打造乡村旅游名片。以乡村地区丰富多彩的自然景观、沁人心脾的空气环境吸引游客，以健康安全的农家食品、宁静怀旧的"乡愁"体验留住游客，将不同类型的村庄打造成不同主题的特色小镇、生态体验区和田园综合体，让每个村庄都有属于自己的旅游名片。

参考文献

[1] 习近平. 决胜全面建成小康社会 夺取新时代中国特色社会主义伟大胜利——在中国共产党第十九次全国代表大会上的报告 [N]. 人民日报，2017-10-28.